m November
1957 wurde in
Frankfurt
das Callgirl
Rosemarie
Nitribitt
ermordet
aufgefunden.

Das Mädchen
Rosemarie war
sie nur für
die feinsten
Kreise.

Die Bundesrepublik
hatte ihren
ersten Skandal.

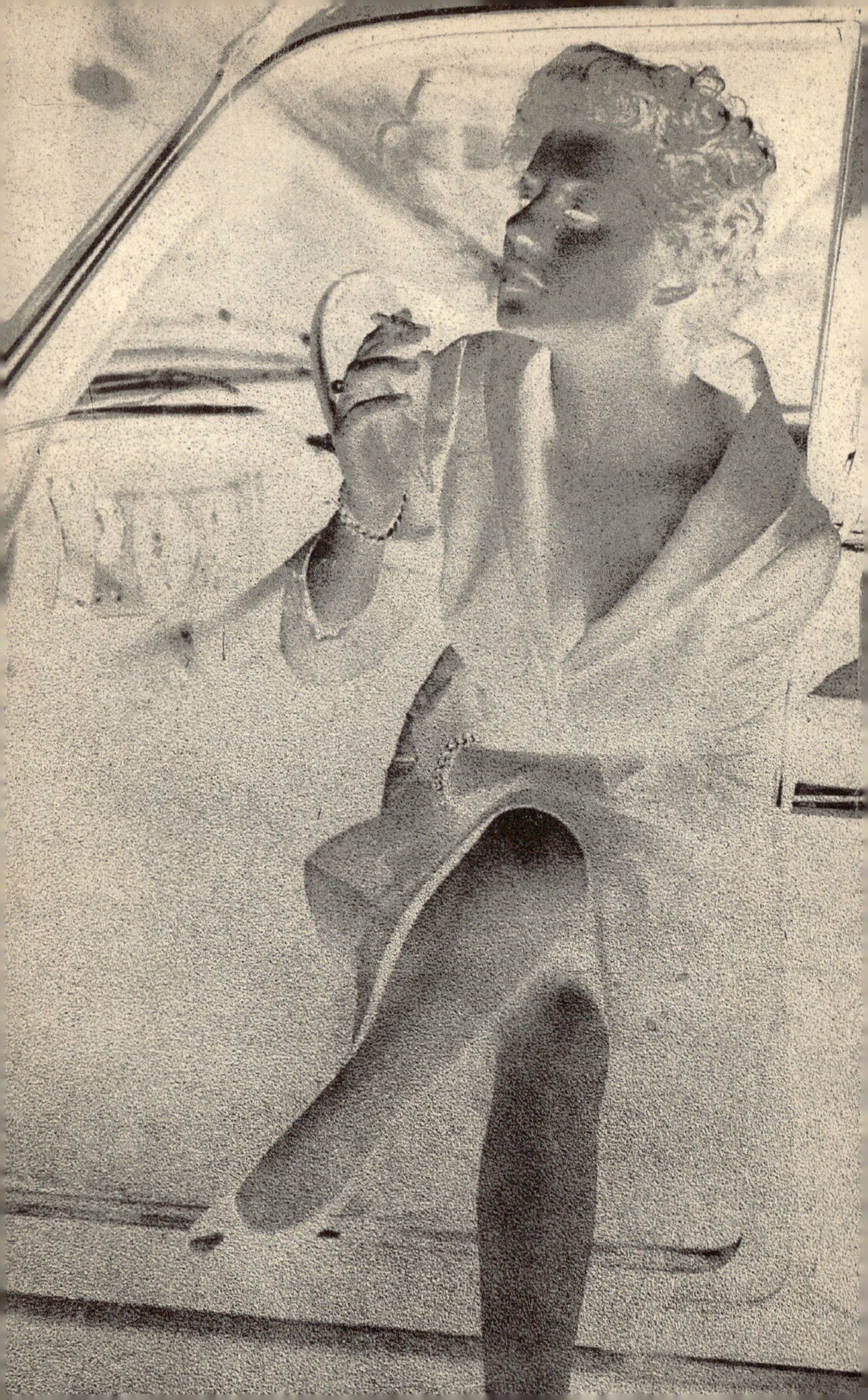

Erich Kuby

Das Mädchen Rosemarie

Liebe, Leben und Tod des Callgirls Rosemarie Nitribitt

WUNDERLICH TASCHENBUCH

*Veröffentlicht im Rowohlt
Taschenbuch Verlag GmbH,
Reinbek bei Hamburg, März 1998*

Umschlaggestaltung Susanne Heeder

*Satz Century Old Style Postscript (PageOne)
Gesamtherstellung Clausen & Bosse, Leck
Printed in Germany
ISBN 3 499 260158*

Das Mädchen R.N. ist nach ihrem Tod eine Figur des öffentlichen Lebens geworden. Die Gestalt der Rosemarie in diesem Buch lehnt sich an bekannte Tatsachen an, entfernt sich aber auch davon und ist in wesentlichen Punkten frei erfunden.
Alle übrigen Namen und Einzelheiten sind ausschließlich Phantasieprodukte.
Sofern überhaupt Ähnlichkeiten oder Bezüge mit bestimmten Personen oder Ereignissen in dieses Buch hineingelesen werden könnten, würde es gegen die Absicht des Verfassers geschehen. Insbesondere wäre es völlig abwegig, die erfundene Handlung zu datieren. Wenn im Buch von *der Regierung* oder *dem Minister* die Rede ist, so ist damit selbstverständlich keine bestimmte Regierung, kein bestimmter Minister gemeint.

Die zahlreichen Rosemaries zwischen Hamburg und München reden nicht öffentlich. Wie kämen sie dazu, sich das Geschäft zu verderben.

Jene Rosemarie aus Frankfurt redet nicht mehr, sie wurde im Spätherbst 1957 ermordet. Man hat sie so tief verstummen lassen, daß nicht einmal ihr Tod für sie sprechen durfte. Seine Umstände sind zur Stunde noch ungeklärt.

Dennoch ist sie eine Person des öffentlichen Interesses und, was mehr bedeutet, sogar des öffentlichen Bewußtseins geworden. In den Monaten nach ihrer Ermordung beschäftigte sich die öffentliche Meinung mit diesem Mädchen mehr als mit irgendeiner anderen Person von allgemeiner Bemerktheit.

Liest man nach, was darüber geschrieben wurde, so sieht man, daß sich kaum jemand die Mühe gemacht hat, ein Bild der Ermordeten zu rekonstruieren, obschon ihr absonderliches Schicksal, das ihr schrecklicher Tod nachträglich ins Licht gestellt hat, dazu herausfordert. Auch die Kriminalstory, die natürlich in einem Mordfall enthalten ist, fand nur geringes Interesse. Es sind die gesellschaftlichen Bezüge; es ist die Tatsache, daß der Kundenkreis dieses Mädchens, das heute jeder kennt, aus der Oberschicht unserer industriellen Gesellschaft stammte; es ist das enorme Einkommen, das Rosemarie in der letzten Phase ihres Lebens hatte – diese Umstände lösten die publizistische Lawine aus und erklärten ein Erschauern des Volkes. Hier brach ein Damm aus Geld, aus viel Geld, der normalerweise die Schicht der Wenigen, in der Rosemarie heimisch war, vor den Augen der Vielen verbirgt. Die nach der Ermordung bekannt gewordenen, unbestreitbaren und unbestrittenen Tatsachen, von denen man jetzt so tut, als wären sie böswillige Erfindungen, haben eine gesellschaftliche Ruinenlandschaft erkennen lassen.

In jedem anderen, weniger betulichen, weniger von Heuchelei wie von Schimmel überzogenen Lande wäre es im Winter 1957/58 zu einem ungeheuren gesellschaftlich-politischen Skandal gekommen. Er hängt noch in der Luft, solange ein Täter nicht gefunden, eine gerichtliche Klärung nicht herbeigeführt ist, aber er bleibt dort wohl hängen, selbst wenn der Kriminalfall geklärt würde, denn bei uns stehen sogar die Hüter einer als christlich ausgegebenen Ordnung innerlich vor denjenigen stramm, die in Rosemaries Gegenwart als deren Kunden vermutlich nicht gar so stramm gewesen sind, wie sie sich öffentlich geben.

Nun legen wir dieses Buch vor, damit jenes Land nicht so blamabel stumm bleibe, das die Rosemaries in zehn Jahren hervorgebracht hat als des deutschen Wunders

Liebeskinder. Wir empfänden es als doch zu armselig, wenn sich die Reaktion auf das, was da bekannt geworden ist, nur in Witzen und in ‹Tatsachenberichten› äußerte. Das Buch einen Roman zu nennen, nur deshalb, weil es im einzelnen durchaus erfunden ist, wäre wohl verfehlt; nicht nur, weil es den Begriff, literarisch genommen, nicht zu füllen vermag, sondern auch, damit es sich niemand zu leicht mache und sage: das ist ja nur ein Roman. Es gibt eine höhere Art von Wirklichkeit über dem Individuellen und Zufälligen; um Übereinstimmung mit ihr ist dieses Buch bemüht.

Es mag Ärgernis erregen, aber es ist nicht selber das Ärgernis. Der Überbringer schlechter Nachrichten ist nicht ihr Urheber. Bevor also einer Geschrei erhebt, möge er sich die einfache und schlagende Tatsache vor Augen führen, daß nicht eine Romanfigur, sondern ein Mädchen ermordet wurde mit Namen Rosemarie, das im Frankfurter Telefonbuch von 1957 steht. Es wurde von der Welt, die wir meinen, ausgehalten. Glänzend ausgehalten. Warum? Nach einer Antwort auf diese Frage sucht dieses Buch.

Der Verfasser hat außerdem einen Film gleichen Titels in gleicher Absicht geschrieben. Es ist denkbar, daß Leser dieses Buches den Film sehen und Filmbesucher das Buch lesen werden. Sie werden sich fragen, aus welchem Grunde Film und Buch trotz ihrer Übereinstimmung in Thematik und Fragestellung voneinander weitgehend abweichende Handlungsinhalte haben. In hohem Maße erklärt sich der Unterschied aus den verschiedenen Darstellungsmitteln – aber doch nicht ganz. Überlegungen, welcher Art und wie relativ klein der Kreis der Konsumenten eines Buches auch im besten Falle ist, verglichen mit Art und Zahl der Konsumenten eines Filmes selbst im Normalfall, bestimmten den Verfasser gleichfalls, zwei verschiedene Schlüssel für zwei verschiedene Schlösser zu machen. Und außerdem hatte er zu bedenken, daß die Freiheit der Äußerung in unseren angeblich freien Verhältnissen um so geringer wird, je größer der Kreis derjenigen ist, die erreicht werden können. Würde man, was hier gesagt werden will, beispielsweise in der Sprache Heideggers, also eigentlich sekretiert zum Ausdruck bringen, so brauchte man sich über die Grenzen der Freiheit hier und heute wohl überhaupt keine Gedanken zu machen. Die Massenregime, geistig leer, moralisch neutral, fürchten nicht das Wort an sich, sondern seine Verbreitung.

Wer aus diesen Bemerkungen den Schluß zieht, daß es dem Verfasser also offenbar nicht darauf angekommen ist, ein Kunstwerk zu schaffen, das selbstverständlich nicht in Variationen angeboten werden könnte, sondern etwas zu bewirken – nämlich eine Erschütterung des Ansehens, welches die Rosemarie-Kunden als Leitbilder unserer Gesellschaft skandalöserweise genießen –, dem sei mit keinem Wort widersprochen.

Im September 1958

E.K.

Das Zimmer war blau, blau in der Hauptsache, Teppiche und Wandbespannungen waren blau, Holzwerk und Türen cremefarben, und als Schmitt, der als letzter eintrat, das Moos dieses uferlosen blauen Plüschs unter den Sohlen seiner italienischen Schuhe spürte, hielt er an, beugte sich hinab und berührte das Textil zärtlich.

Das Zimmer war wirklich blau und fast ein Saal. Im Verzeichnis der Räumlichkeiten des Palasthotels hieß es das Blaue Konferenzzimmer. Ein ovaler Tisch, blau verhangen, war von zwanzig blauen bequemen Stühlen umsäumt. Bei den Sitzungen des Isoliermattenkartells waren nie mehr als acht besetzt. So viele Mitglieder hatte das Kartell. Das heißt, eigentlich waren es nur sieben, Ministerialdirektor Hoff vertrat die Regierung. Die Herren pflegten zu ihren Zusammenkünften regelmäßig und pünktlich zu erscheinen. Es war ihnen wichtig. Sie hatten sich da auf eine große Sache eingelassen. Keiner von den sieben Industriellen, heilige Zahl, Hartog sprach es sogar einmal aus, keiner produzierte Isoliermatten, nur Herr v. Killenschiff besaß neben seinen Werken in Zonst irgendwo auch eine Fabrik für Glaswolle. Das Wort Isoliermattenkartell war Bruster eingefallen, als sie in ihrer ersten Sitzung nach einer Tarnbezeichnung suchten. Man brauchte ein handliches Wort zur

Verständigung und für die Akten. Sie hatten es mit Gelächter angenommen. Diese Auguren lächelten sich nicht mehr zu, sie wieherten miteinander, wo jene nur lächelten.

Was treiben Sie denn da? fragte Bruster den Alleininhaber der chemischen Werke Mallenwurf & Erkelenz, der noch immer den Teppich streichelte. Ich staune, sagte Schmitt und setzte sich an den Tisch, die haben hier ein wirklich fabelhaftes Personal. Vor drei Jahren haben sie das Hotel renoviert, muß ich ja wissen, wohnte damals wochenlang hier, es war schauderhaft, aber der Teppich sieht aus, als hätten sie ihn gestern gelegt. Bei mir zu Hause verbrauchen sie einen Perser, der zweihundert Jahre lang wie neu war, in einem Jahr mit dem Staubsauger. Meinen Sie, man könnte den Mädchen beibringen, mit der Bürste nicht aufzudrücken? Sie lernen es nicht.

Natürlich nicht, sagte Hartog, wenn sie mit Maschinen umgehen könnten, würden Hausmädchen keine Hausmädchen, sondern Arbeiterinnen sein. Bei mir kommt kein Staubsauger auf einen echten Teppich. Ach, sagte Bruster, und wie –? Vielleicht mit der Hand klopfen wie die alten Germanen? lachte Nakonski. Alle interessierten sich für das Gespräch, nur Hoff blickte ärgerlich drein. Genau, sagte Hartog.

Wollen Sie behaupten, sagte Schmitt, Sie hätten Personal, das jede Woche die Teppiche zusammenrollt, ins Freie trägt, über eine Stange hängt, klopft, bürstet, Staub schluckt und so weiter? Hartog antwortete fast verlegen: Das macht das Stubenmädchen zusammen mit dem Diener. Und wie lange sind die schon bei Ihnen? fragte Bruster. Das Mädchen ungefähr acht Jahre, der Diener war schon bei meinem Vater. Na dann, sagte Nakonski.

Die elektrische Uhr über der Tür zeigte halb drei. Die Sitzung war für 2 Uhr 15 angesetzt worden. Wie lange, schätzungsweise, erkundigte sich Ministerialdirektor Hoff, beabsichtigen die Herren noch über Dienstmädchen zu sprechen? Sie haben wohl keins? meinte Schmitt. Er war der Älteste am Tisch: weiße Haare und Sonnenbräune aus Klosters, frisch gekirnt. Er sah aus wie ein Friedensrichter aus einem amerikanischen Film. In diesem Kreis leistete nur er es sich, Hoff schlecht zu behandeln, und versäumte keine Gelegenheit dazu. Längst bedauerte er, sich in die Sache eingelassen zu haben, die sie nun schon seit fast einem Jahr immer wieder im Blauen Konferenzzimmer des ‹Frankfurter Palasthotels› zusammenführte und die eigenen Produktionspläne durcheinanderbrachte.

Ich meine nur, sagte Hoff, Dienstboten sind bekanntlich ein unerschöpfliches Thema. Also los, sagte Bruster, fangen wir an; was haben Sie Schönes? Nichts Schönes, antwortete Hoff. Die Schwierigkeiten, die sich bei Mallenwurf ergeben haben – die Herren kennen das Statement vom 14. … – die Herren kannten es – … stellen alle unsere Termine in Frage.

Sie waren eben auch zu kurz, warf Bruster ein.

Wir haben sie gemeinsam beschlossen, entgegnete Hoff, hier ist das Protokoll jener Sitzung.

Geschenkt, sagte Nakonski, wir haben uns eben geirrt. So schnell geht es nicht.

Wir haben uns wirklich geirrt, Herr Ministerialdirektor, sagte Hartog. Unser Irrtum lag darin, zu glauben, wir brauchten gewisse Kinderkrankheiten nicht mehr durchzumachen. Wir hatten gehofft, die Erfahrungen der anderen ohne weiteres übernehmen zu können. Stimmt aber nicht. Wir haben fünfzehn Jahre verloren und können sie nicht in einem Jahr aufholen, da beißt die Maus keinen Faden ab ...

Hartog gebrauchte zuweilen Redensarten, die den anderen nie in den Sinn gekommen wären. Vom Verteidigungsminister, Hoffs Chef, hatte er einmal gesagt: Er will uns immer zeigen, wo der Barthel den Most holt, aber das wissen wir selber. Dergleichen Wendungen stammten aus bäuerlicher Tradition, kamen von weither in der Familie Hartog. Das Isoliermattenkartell im ganzen kam nicht von weither. Selbst Killenschiffs Adel stammte nur vom Vater, oder richtiger gesagt von Kaiser Wilhelm II. Was da an Tradition war, wußte der geschickte Sohn zu verbergen, er tarnte sich sogar in seiner Sprechweise, glich sie den anderen an, die kaum achthundert Worte im Gebrauch hatten. Viel mehr zu gebrauchen, fehlte ihnen der Anlaß. Hartog und Gernstorff waren zudem die einzigen in diesem Kreis, deren Familien schon seit einem runden Jahrhundert in der Industrie und reich waren. Die Hartogschen Werke in Essen hatten Kriege und Krisen spielend überstanden.

Sie saßen bis um sieben Uhr im Blauen Zimmer zusammen. Ein Kellner brachte von Zeit zu Zeit, durchs Telefon beordert, etwas zu trinken, Mineralwasser und schwarzen Johannisbeersaft. Niemand hat je die Landschaften voller Sträucher mit schwarzen Johannisbeeren gesehen, die es irgendwo geben muß, wenn man den Umsatz dieses Getränkes in gehobenen Schichten bedenkt. Es ist ein Geheimnis, das vielleicht nur chemische Fabriken lösen können. Außer Flüssigkeiten nahmen die Herren Pillen und Medizinen zu sich – alle außer Hartog und Schmitt. Jener aus Disziplin nicht, dieser, weil ihm nichts fehlte. Er war den siebzig nahe, und die deutsche Geschichte hatte es gut mit seiner Generation gemeint: in den Jahren des Wachstums hatte sie alles in Hülle und Fülle gehabt, von 1914 ab wurde sie an Entbehrungen gewöhnt, und an der Völlerei der letzten Jahre beteiligte sich Schmitt nicht. So war er gesund geblieben, und nicht einmal sein Auto vermochte ihn zu ruinieren. Von seiner Villa zum Verwaltungsgebäude hatte er einen Weg von zwanzig Minuten durch den eigenen Park, den er meistens zweimal, wenn nicht viermal am Tag durchquerte.

Nakonski hatte von seiner Frau ein silbernes Döschen für seine Pillen zu Weihnachten geschenkt bekommen; auf der vergoldeten Innenseite des Deckels konnte er jedesmal lesen: DENK AN MICH! Dieselben Worte hatte Frau Gernstorff auf den Anhänger zum Autoschlüssel ihres Mannes gravieren lassen und ihm überdies für viel Geld einen Stofftiger geschenkt, der im Rückfenster lag und auf einen Unfall lauerte.

Nur Hoff war nicht verheiratet. Drei, Nakonski,

v. Killenschiff und Bruster, hatten sich ihrer ersten Frauen mit Hilfe von Rechtsanwälten entledigt und zwischen 1950 und 1955 jüngere und hübschere geheiratet, die besser zu ihrem neuen Reichtum paßten. Frau Schmitt hatte sich ihrerseits scheiden lassen, weil sie der Gesundheit ihres Mannes seelisch nicht gewachsen war, und war glänzend versorgt worden, bevor sie die Entlassung der dritten Sekretärin, mit der ihr Mann auf Reisen ging, hätte durchzusetzen versuchen müssen. Sie gab mit ihrem Rückzug einem knapp fünfundzwanzigjährigen Mädchen namens Erika Bulger Gelegenheit, Schmitt und die Firma Mallenwurf & Erkelenz zu heiraten, das wegen seiner Figur unter vielen Bewerberinnen ausgesucht worden war, auf der Industriemesse von 1954 den Interessenten für Möve-Traktoren Kaffee anzubieten. Bei dieser Gelegenheit war sie von Schmitt bemerkt worden. Eben diese Erika Schmitt, geb. Bulger, war es, die nach Rosemaries Tod, als man allgemein vermutete, das Mädchen sei auch durch Erpressungen zu ihrem vielen Geld gekommen, die Äußerung tat: Ich kann nicht verstehen, was es da zu erpressen gab. Wir wissen doch alle, wie unsere Männer herumschlafen.

Sie hatte die Realistik im Umgang mit ihrem Mann derart entwickelt, daß ihn ein Sekretärinnen-Verhältnis, das er nun wieder neben der geborenen Bulger betrieb, es zog sich ein halbes Jahr hin und nahm anstrengende Formen an, ganz verwirrte. Er wußte nicht mehr genau, wo er nun eigentlich seine Freiheit fand, bei seiner Frau oder bei der anderen; die Unbefangenheit beider im Bett unterschied sich in nichts, und so wäre er wahrscheinlich ganz davon abgekommen, herumzuschlafen, wenn nicht Rosemarie in das Isoliermattenkartell eingebrochen wäre.

Die Sitzung zog sich schier endlos hin. Die Konstruktionsteile, die in Schmitts Werken entwickelt werden sollten, das Herzstück der Steuerungsapparatur, zeigten sich störrisch. Sie veränderten die elektrischen Befehle willkürlich. Verdammt, sagte v. Killenschiff, das Ding ist doch kein Mensch, das muß doch funktionieren. Eben nicht, sagte Schmitt, wir stehen vor einem Rätsel. Ich glaube, Prosky hat in den letzten Wochen keine Nacht richtig geschlafen.

Prosky war erster Fachmann für Elektronik, Professor Prosky, der die Universitätslaufbahn aufgegeben hatte, um Chefkonstrukteur bei Mallenwurf & Erkelenz zu werden.

Da hilft nur Geduld, sagte Hartog, ich kenne das aus dem eigenen Betrieb. Wir haben im Januar einen neuen Automaten aufgestellt, er arbeitet immer noch nicht ganz zuverlässig. Aber eigentlich ist das doch sehr interessant, finden Sie nicht, man konstruiert so ein Ding, setzt es zusammen aus achtzigtausend Teilen, alles ist berechnet, mathematisch gesichert, elektronisch vielfach kontrolliert – und dann hat es Launen. Richtige Launen. Ist gar keine Maschine mehr. Wir haben entsetzlichen Ärger mit der neuen Anlage, aber ich ärgere mich nicht, mich freut's eigentlich, verstehen Sie, es ist etwas Neues.

Es war schon Ende April, ein drückend schwüler Tag, jähe, verrückte Unterbrechung einer Kältewelle, die den Winter ungebührlich, aber schon nicht mehr ungewohnt verlängert hatte. Hartogs Meditationen gingen allen auf die Nerven. Bruster stand auf, um ein Fenster zu öffnen. Wenn Hartog nicht so reich gewesen wäre, wäre er anders mit ihm umgegangen; er hielt seine Zurückhaltung für Pose. Desungeachtet duzten sie sich, obwohl Hartog sich nicht so leicht mit jemandem duzte. Er wußte gar nicht, wie er dazu gekommen war, mit Bruster Brüderschaft zu schließen, es war an jenem Abend zuviel getrunken worden.

Vielleicht war es in diesem Augenblick, in dem Bruster auf das Fenster zuging, um es zu öffnen, daß er sich entschloß, sich von dem Regierungsprojekt wieder zu lösen, an dem sie hier im Blauen Konferenzzimmer arbeiteten. Er war alles andere als klug, aber er hatte eine Witternase. Sie sagte ihm, daß es zu Verwicklungen kommen würde, und was Hoff da eben äußerte, um das Gespräch wieder zur Sache zurückzuführen, lag genau in der Richtung, in der seine Befürchtungen liefen.

Wenn wir im Herbst nichts zeigen können, sagte Hoff, werden uns die Franzosen den Rang ablaufen. Wir haben absolut zuverlässige Informationen darüber, daß in Chalieux eine Fernrakete bereits auf dem Prüfstand steht, die …

Sollen sie doch, dachte Bruster, ich brauch das nicht, solche Sputniks, ich verkauf mein Zeug auch so. Er machte Draht. Hartog, Schmitt und andere machten auch Draht, er machte nur Draht. Das sagt sich so, und es klingt nach nichts. Aber es gibt nur noch wenige Plätze in Europa, von denen aus man keinen Draht sieht. Von dem zu schweigen, der als Kabel vergraben ist. Es gibt Draht so fein wie Menschenhaar, und auch solchen Draht machten die Brusterschen Fabriken, isolierten und wickelten ihn, Kilometer auf winzige Röllchen. Wunder sind überall.

Bruster blickte vom zweiten Stock auf Garage und Tankstation im Innenhof des Hotels. Ein weißgekleideter Junge füllte Benzin in einen offenen Amerikaner, der wie eine unaufgeräumte Wohnung aussah. In dem Durcheinander von Decken, Paketen, Zeitungen, Photoapparaten hing über dem Rücksitz ein Baby in einer Wachstuchschaukel; die Eltern bewohnten die vordere Bank. Während sich der Vater über die Lehne zu dem Baby neigte, saß die Mutter hinter den Schalthebeln, ihre winzigen Hände umfaßten das Steuerrad. Sie bezahlte den weißen Jungen und kurvte hinaus. Zwischen der Tankstelle und der Einfahrt zu den unterirdischen Garagen unterhielt sich ein Mechaniker mit einem Mädchen. Es gefiel Bruster auf den ersten Blick. Die Perspektive erlaubte keine genaue Abschätzung der Figur. Wenn sie keine kurzen Beine hat, ist sie prima gewachsen, dachte er. Der Mechaniker ging weg, hinunter zu den Garagen. Das Mädchen wendete sich dem Ausgang des Hofes zu. Bruster beugte sich vor, zu einem letzten Blick. Da schaute das Mädchen herauf. Bruster grinste. Es verzögerte den Schritt. Hallo, rief Bruster mit unterdrückter Stimme. Es war ganz still im Hof. Das Mädchen blieb stehen. Es

 schaute sich um, es sicherte, würde ein Jäger

gesagt haben, Bruster war jetzt auf Jagd. Die ist richtig, dachte der Mann am Fenster. Der Blick, mit dem es sich umgesehen hatte, imponierte Bruster. Er zog ein Notizbuch heraus, schrieb auf eines der perforierten Blätter, eingeheftet zwischen ‹Wichtige Telefonanschlüsse› und ‹Postgebühren›: *20 Uhr vor dem Hotel, beescher SL,* riß das Blatt heraus, umwickelte damit teils aus ballistischen, teils aus taktischen Gründen ein Fünfmarkstück und ließ die Sendung fallen. Er war sich dessen so sicher, daß das Mädchen sie aufheben würde, daß er, ohne noch einen Augenblick am Fenster zu verweilen, zum Tisch zurückkehrte.

Es ging immer noch um den Terminplan. Das mag alles sein, sagte Gernstorff gerade, aber der Minister muß einsehen, wir können kein Wunder tun. Nee, sagte Bruster, noch saß er kaum, das können wir nicht. Gelächter, aber nicht bei Hoff. Wissen Sie denn, wovon wir reden? fragte er. Und ob, sagte Bruster, wir reden schon den ganzen Nachmittag über dasselbe, aber niemand traut sich scheinbar, es zu sagen. Wir reden von einem Jahr. Hoff wiederholte fragend: Von einem Jahr? Mindestens, sagte Bruster, der Minister wünscht, daß wir schon im kommenden Herbst etwas zeigen können, aber ich sage Ihnen, es wird genau ein Jahr länger dauern. So etwas habe ich im Gefühl, und da täusche ich mich nicht. Was Prosky jetzt bei Schmitt erlebt, werden wir so oder so noch alle erleben. Die Botokuden würden solche Dingerchen bauen, wenn es so leicht wäre.

Ihr Gefühl in Ehren, sagte Hoff, aber noch ein weiteres Jahr, das ist unmöglich. Unmöglich gibt's nicht, gab Bruster zurück, mit offenbarem Hohn ein Wort des Ministers, das er auf der ersten Zusammenkunft im Blauen Konferenzzimmer besser nicht verwendet hätte, ins Gegenteil verkehrend.

Gegen zwanzig Uhr stopften sie ihre Papiere in die Mappen. Hoff verabschiedete sich noch unter der Tür und verschwand im Lift. Die Herren lockerten ihre Wirbelsäulen. So geht's nicht, sagte Schmitt zu Hartog, wir sind doch keine Wehrwirtschaftsführer, die sich einfach herumkommandieren lassen. Zum ersten Mal an diesem ganzen Nachmittag tat Gustav Härwandter den Mund auf, vielleicht, weil er sich als ehemaliger Wehrwirtschaftsführer getroffen fühlte: Wir sollten vorschlagen, daß der Minister zur nächsten Sitzung kommt.

Härwandter wußte nicht, daß Hoff schon in seinem Zimmer saß und dem Minister telefonisch Bericht erstattete. Dieser Bericht trug dazu bei, daß der Geheimdienst bald darauf beauftragt wurde, Brusters, Schmitts und Nakonskis Auslandsbeziehungen und Privatleben zu überwachen, sie erschienen als unsichere Kantonisten. Der Geheimdienst bediente sich, als es soweit war, auch Rosemaries, aber Bruster bezahlte ihr mehr.

Das ist ein guter Vorschlag, sagte Hartog, ich habe den Eindruck, dieser Hoff glaubt, wir wollten nicht. Da glaubt er richtig, sagte Bruster so leise, daß es nur Nakonski hören konnte. Nun sei mal friedlich, erwiderte dieser.

Sie standen vor dem Lift, der hinter dem Mattglas der Tür nach oben vorbeizog, eine Kiste voll Licht.

Gehen wir zu Fuß, sagte Schmitt. Und wohin? fragte Killenschiff.

Ich gehe essen, meinte Schmitt, ins Chinesische, wer kommt mit? Es zeigte sich, daß nur Gernstorff ihn begleiten wollte. Und Sie? fragte er Hartog.

Freunde, rief Nakonski und blieb auf der Treppe stehen, hob ein wenig die Arme, die Handflächen nach außen kehrend, Freunde, das Leben ist lebenswert. Ich höre die Nachtigall trapsen, sagte Killenschiff, Sie alter Sünder! Wir hören sie, sagte Schmitt, aber ich gehe doch essen. Hartog schüttelte den Kopf. Nein, sagte er, mir ist es zu früh, ich will noch ein bißchen an die Luft. Luft in Frankfurt? meinte Nakonski, da müssen Sie erst mal zwanzig Ka-Em fahren; also, was ist nun, wer kommt mit? Du doch bestimmt? Heute nicht, sagte Bruster und warf einen Blick auf seine Uhr, ich habe eine Verabredung. Na, so was, sagte Nakonski. Mit ihm kam nur Härwandter. Sie gingen in die Halle und nahmen Portier Kleie auf die Seite.

Hartog verließ als erster das Hotel. Es war schon dunkel draußen. Der Parkplatzwächter hielt ihm den Schlag auf und schloß ihn mit sanfter Bestimmtheit. Hartog, häufiger Gast im Palasthotel, hatte sich angewöhnt, dem Mann für dieses behutsame Türenschließen eine Mark zu geben. Jegliche Meisterschaft macht sich bezahlt, und Hartog haßte Türenknallen.

Die kleine rot-weiß gestrichene Schranke, die die Ausfahrt auf die Straße versperrte, war geöffnet. Hartog wollte gerade Gas geben, als ihn eine Frauensperson, die plötzlich vor seinen Scheinwerfern stand, zwang, hart zu bremsen.

Das Verdeck seines Wagens war zurückgeschlagen. Die Frau kam um den Wagen herum, öffnete die Tür, stieg ein und schlug sie wieder zu.

Sachte, sagte Hartog. Er blickte das Mädchen an. Soviel er sah, war es jung und blond. Es saß da, steckte die Hände in die Taschen seines Regenmantels und schaute geradeaus durch die schräge Scheibe.

Und? fragte Hartog.

Das Mädchen wendete ihm einen Augenblick ihr Gesicht zu, häßlich war es nicht, dann schaute es wieder an ihm vorbei.

Was wollen Sie? fragte Hartog ungeduldig. Hinter ihm forderte ein anderes Fahrzeug mit der Lichthupe Durchfahrt. Er bog in die Straße ein und hielt wieder. Also, was soll das? wiederholte er.

Sie sind aber ulkig, sagte das Mädchen. Es streifte eine weiße Handtasche vom Arm und fing an, darin zu kramen. Es brachte ein verknittertes Papier zum Vorschein. Da, sagte es.

Hartog nahm das Papier, schaltete das Kartenlicht am Armaturenbrett ein und las die Nachricht. Der Zettel verriet ihm nichts. Von Brusters Handschrift kannte er nur den Namenszug.

Das ist nicht von mir, sagte er.

Wieso denn nicht – beescher SL …

Es gibt viele beige SL; als ich heute hier parkte, sah ich mindestens drei.

 Pause.

Mir ist es gleich, sagte das Mädchen dann.

Aber mir nicht, erwiderte er.

Pause.

Was hatten Sie denn vor? fragte die Person.

Ich will noch an die Luft, sagte Hartog.

Das Mädchen kicherte. Es wiederholte fast Nakonskis Worte: In Frankfurt und am Abend? Da müssen Sie aber weit fahren. Sie sind ja ulkig.

Sagen Sie nicht immer ulkig, sagte Hartog.

Das Mädchen starrte ihn verwundert an. Dieser Blick war wie der einer Negerin, die zum erstenmal über der Lichtung ihres Krals ein Flugzeug auftauchen sieht. Die abgrundtiefe Verständnislosigkeit dieses Blickes veranlaßte Hartog, die Handbremse zu öffnen. Dann kommen Sie mal mit, sagte er.

Die Hoteltür, die Bruster kurz nach zwanzig Uhr aus dem Hotel hinausgedreht hatte, drehte ihn eine halbe Stunde später wieder herein. Er war wütend darüber, daß das Mädchen aus dem Hof ihn versetzt hatte. Er ging quer durch die Halle, in der noch Nakonski und Härwandter saßen und der Girls warteten, die da kommen sollten. Nakonski rief ihn an. Was ist denn, Alfons, ich dachte, du seist verabredet? Ich war es, sagte Bruster, und ihr? Wir sind es, jedenfalls behauptet das Kleie. Auf den ist Verlaß, sagte Bruster und begab sich zum Portier.
Haben Sie noch Karten? fragte Bruster.

Gewiß doch, Herr Bruster, ging Herr Kleie auf den Scherz ein, die Vorstellung beginnt jederzeit, aber ich fürchte, es wird nicht Premiere sein.

Hab ich auch nicht erwartet, sagte Bruster, oder treten in Ihrem Theater auch Debutantinnen auf?

Es ist nicht mein Theater, Herr Generaldirektor, es ist nur Kundendienst, und was soll es sein?

Mit diesen Worten zog er ein schwarz gebundenes Buch mit ABC-Register aus seiner Schublade.

Teuer?

Was nennen Sie jetzt teuer? Steigen die Preise?

Wie sollten sie nicht, alles steigt.

Haha, lachte Bruster. Gerade trat ein Boy auf Nakonski zu und richtete ihm etwas aus. Die beiden Herren erhoben sich und schritten dem Ausgang zu. Sie geboten zusammen über sechstausendvierhundert Arbeiter, sie waren die Kleinen im Isoliermattenkartell, aber für die Mädchen, zu denen sie jetzt gingen, waren sie aus der obersten Schublade des Reichtums.

Hundertfünfzig, sagte Kleie.

Hundertfünfzig? – das sollte sich machen lassen. Jetzt handelt es sich um den Typ, sagte Kleie.

Blond, sagte Bruster, blond, schlank – und sachlich.

Kleie blickte auf. Sachlich? sagte er, das habe ich noch nie in einer Heiratsanzeige gelesen.

Wie? rief Bruster amüsiert.

Verzeihung, sagte der Chefportier des Palasthotels, – auch er hatte es in zehn Jahren zu zwei Häusern, die er vermietete, und zu einer Wohnung, die er bewohnte, gebracht – ich meine nur, sachlich, das ist gut. Stellen Sie sich vor, Herr Generaldirektor, Sie schlagen am Sonntag beim Frühstück noch mal die Wochenendausgabe der

 Eff-A-Zett auf und kommen zu den Heiratsanzeigen, sind ja genug drin, eine größer als die andere, ganz klotzige Dinger dabei, wenn da nun stehen würde, liebevoller Charakter, sonniges Wesen, musikalisch, gute Kochkenntnisse, im Bett sachlich – das wär doch mal was. Möchte wetten, das Inserat hätte Erfolg. Aber das hat noch keine geschrieben und noch keiner verlangt. Dabei, Sie haben recht, ist es doch mindestens so wichtig wie das Kochen –

Sie haben Ihren philosophischen Tag, Kleie. Nun schauen Sie mal nach, was noch da ist.

Noch genug, sagte Kleie, heute ist hier nichts Besonderes los. Morgen wär's anders, große Tagung, da ist immer ganz schön was gefällig. Also, wenn Sie sich vielleicht noch ein paar Minuten in die Bar setzen wollten, ich telefonier mal.

Und er wählte eine Nummer.

Hartog war mit dem Mädchen, dessen Bekanntschaft er dem Typ und der Farbe seines Wagens verdankte, losgefahren, ein Stück flußaufwärts, aber die Stadt hörte nicht auf, er hielt irgendwo, sie stiegen aus, die Luft war immer noch drückend, und das Wasser, dessen Strömung nicht zu bemerken war, stand wie schmutziges Öl zwischen seinen steinernen Fassungen. Das Mädchen hatte den Verstand, nichts zu reden; befragt, antwortete es, es heiße Rosemarie. Hartog wurde innerlich klebrig vor Mißmut. Sie waren noch keine dreihundert Meter gegangen, da machte er schroff kehrt.

Fahren wir wieder, sagte er.

Da haben Sie Ihre Luft, sagte Rosemarie.

Sie stiegen ein und fuhren in die Stadt zurück über die nächste Brücke. Dazu aufgefordert, lotste Rosemarie den SL vor eine Bar mit Programm, die ziemlich weit draußen lag. Rosemarie sagte: da war ich einmal.

Hartog war ohne Mantel, die Garderobiere hing den billigen Regenmantel Rosemaries zwischen zwei verspätete Pelze. Allmählich ging Hartog auf, was Bruster aus der Entfernung auf den ersten Blick gesehen hatte: die Person war schön gewachsen, sie sah aus, als sei sie aus zahlreichen großen und kleinen Halbkugeln zusammengesetzt, es war alles rund an ihr, auch Stirn, Nase, Mund und Kinn, und sogar die Augen waren auf eine besondere Art rund, Rock und Pullover verdeutlichten noch, was ohnehin deutlich genug war. Indes, üppig war die Figur nicht, sie hatte Kontur.

Rosemarie bekam gut zu essen und zu trinken, aber sie fühlte sich nicht behaglich. Von dem Augenblick an, in dem Hartog gesagt hatte: Sagen Sie nicht immer ulkig, hatte sie ihre Unbefangenheit verloren. Ihre einzige Sicherheit, die Direktheit der Huren, war dahin. Dieser Mann machte mit ihr Konversation, wenn er überhaupt etwas sagte, er benahm sich, als wäre sie eine Dame, und sie wußte nicht ein noch aus. Tanzen wollte er offenbar auch nicht. Und das Programm begann erst später. Auf dem Tisch lag ein Prospekt des Unternehmens, vielleicht erwartete die Direktion, daß die Gäste ihn mitnehmen und an Bekannte weitergeben würden. Auf dem Umschlag hob eine Schlafzimmeraugenfrau ein Sektglas einem Brunnenbuberl entgegen, das sein Wässerlein in

das Glas laufen ließ. Das Original dieses Kunstwerkes stand auf der Bar und füllte die Wanne, in der man die Gläser wäscht.

Was Rosemarie zu diesem Bild sagen wollte, um eine Unterhaltung in Gang zu bringen, war auf ‹Sie› unsagbar. Sie rauchten, sie rauchten wenigstens, Hartogs Etui und Feuerzeug lagen auf dem Tisch. Rosemarie nahm sie und spielte damit. Sie öffnete das Etui und las die Widmung: 24.3.1951 Adelheid. Hat er da erst geheiratet? dachte sie.

Ist das aus Gold? fragte sie.

Hartog nickte. Sie wog beide Gegenstände in der Hand. Allerhand schwer, sagte sie, was kostet das zusammen? Ich weiß es nicht, sagte Hartog.

Da war wieder dieser Flugzeug-Aufblick der Negerin.

Wissen Sie es wirklich nicht? fragte sie.

Nein, sagte er, es interessiert mich nicht, was solche Sachen kosten.

Sie sind aber – sagte sie und verschluckte das Wort ulkig. Andere Männer fragen immer sofort, was es kostet.

Was? fragte er.

Das hätte nun der Anfang des Spieles sein können, auf das Rosemarie wartete, aber Hartog bemerkte gar nicht, wohin die Frage zielen konnte.

Alles, alles, sagte Rosemarie. Sie reden immer von Preisen. Sie nicht?

Im Geschäft muß ich mich um Preise kümmern, sagte Hartog, aber privat nicht.

Jetzt sind Sie privat?

Hartog blickte auf. Hm, sagte er und lächelte ein wenig. Sie ist doch eigentlich ganz hübsch, dachte er. Er hatte Adelheid zweimal betrogen, einmal im Krieg, in Frankreich, das dauerte zwei Wochen, und einmal, das war erst ein Jahr her und hatte länger gedauert. Der 24. März 1951 war ihr zehnjähriger Hochzeitstag gewesen. Die Französin und Alice v. Nevend, eine Schulfreundin seiner Frau, verheiratet, aber gelangweilt, hatten sich in ihn verliebt, bevor sie mit ihm ein Verhältnis begannen. Und früher? Nein, eine Rosemarie war nicht dabei gewesen. Selbst jetzt, als sich seine Laune etwas besserte und er anfing, von dem Mädchen Notiz zu nehmen, dachte er nicht daran, sich mit ihm einzulassen. Er war noch entschlossen, es abzusetzen, sobald sie die Bar verlassen hatten.

Als sie gegessen hatten, fing das Programm an. Ein paar Mädchen wedelten mit den Beinen, und schließlich zog sich eines von ihnen aus. Es tat es unter Assistenz einiger Herren aus dem Publikum. Es bot auch Hartog die Chance, den Knopf eines Strumpfhalters zu lösen; er tat es, um sich nicht lächerlich zu machen, aber das Mädchen sagte: Nur Mut, und damit hatte er sich doch blamiert. Wenn Rosemarie nicht einen für ihren Broterwerb nützlichen Instinkt für homosexuelle Männer gehabt hätte, so wäre jetzt der Verdacht in ihr entstanden, bei diesem Mann mit seinem goldenen Etui, seinem goldenen Feuerzeug und seinem Sportwagen stimme es nicht. Sie hatte nur noch eineinhalb Jahre zu leben, und während dieser eineinhalb Jahre dachte sie manchmal daran, wie Hartogs Hände versucht hatten, das schwarze Strumpfband des Barmädchens aufzumachen, ohne seine nackte Haut zu berühren. Denn diese Bewegung war für sie der Anlaß geworden, den Mann anders zur Kenntnis zu nehmen denn nur als Kundschaft für diese Nacht. Aber das begriff sie erst später.

Dem Mädchen, das sich auf der gläsernen, sich langsam drehenden Scheibe auszog, auf der man tanzte, war Koketterie bei seinem Tun fremd. Es verschwand nicht, als es nackt war, und das Licht ging nicht aus, sondern wurde nur dunkelrot. Und das Mädchen, blond überall, mit gewaltigen Brüsten, stand auf der Glasscheibe, die sich drehte, ergriff eines der schwarzen Strumpfbänder, das es vom Gürtel gelöst hatte, und benützte es, während die Kapelle aussetzte, zu einer unüberbietbar ordinären Geste, und das Licht veränderte sich und zuckte in farbigen Blitzen. Als das Mädchen verschwunden war, die Kapelle von neuem begonnen hatte, und Hartog, der Rosemarie während der Darbietung den Rücken zugewendet hatte, sich ihr wieder zukehrte, sah sie, daß er einen anderen Blick hatte. Er bemerkte sie endlich. Gehen wir, sagte er, und er meinte, was er sagte, nichts anderes. Aber sie antwortete: Wohin denn? In deinem feinen Hotel geht's wohl nicht? Und bei mir – lieber nicht.

Sie hatte ihre Sicherheit zurückgewonnen, und obwohl er nicht antwortete, wußte sie, daß er die Nacht mit ihr verbringen würde. Er sah gut aus, er gefiel ihr, und die drei Stunden, seitdem sie in sein Auto gestiegen war, in denen er so unangreifbar erschienen war, sie hatten in ihr eine Begierde entzündet, in deren Genuß seit langem bei ihr kein Mann gekommen war.

Als sie auf die Straße traten, regnete es ein wenig. Er hatte schon zuvor in Erwartung des Regens das Wagendach geschlossen. Sie fuhren in die Innenstadt zurück. Wortlos und ohne Zeit zu verlieren, ergriff Rosemarie die Initiative, wie es ihr Gewerbe so mit sich bringt. Er ließ es geschehen. Ja? fragte sie. Ja, sagte er. Du warst so … da traut man sich gar nicht, sagte sie. Wirklich? sagte er und dachte: Warum muß erst dieses Straßenmädchen kommen? Er fuhr, er gab Gas, er nahm Gas weg, er kuppelte aus, er kuppelte ein, er bremste, er reagierte mechanisch auf die roten, gelben und grünen Lampen an den Kreuzungen, er fuhr durch Frankfurt, zwischen ihm und der Welt ringsum war nur ein bißchen Glas, er dirigierte die mächtige Maschine, tat eine sachliche Arbeit, wenn man Chauffieren Arbeit nennen kann, schmiegte sich in die Lederpolster des Sitzes und war ganz und gar mit sich allein. Zugleich aber durchrannen ihn jene Gefühle, die er sonst nur in Verbindung mit einer äußersten Zweisamkeit, einer anspruchsvollen Intimität kennengelernt, Gefühle, die er noch niemals so frei, so intensiv so absolut und abgezogen von der Seele empfunden hatte. Von faire l'amour war nur das faire übriggeblieben. Der Wagen trug sie fast lautlos und behutsam durch die nächtliche Stadt, die noch voll bunter Lichter war wie ein Jahrmarkt, und noch belebt.

Er fuhr zur Autobahn hinaus, weil er die Sensation genießen wollte, den Wagen auszufahren und zugleich den Empfindungen nachzugeben, die sie in ihm weckte.

Als der Motor anzog, hob sie den Kopf. Was ist? fragte sie. Nichts, sagte er.

Die Autobahn war fast leer, er schaltete das große Licht ein und raste dahin. Der Regen hatte aufgehört. Für einen Augenblick bremste er ab und drückte auf einen Knopf. Das Dach öffnete sich. Er drehte die Seitenscheibe herunter. Wenn es möglich gewesen wäre, hätte er die Windschutzscheibe umgelegt. Er fuhr, als gälte es, ein Rennen zu gewinnen; er lenkte mit einer Hand, mit der linken, während die rechte in ihren Haaren spielte. Mach mir nicht die Frisur kaputt, sagte sie.

Er hatte die südliche Route eingeschlagen. Kurz bevor sie die Abzweigung nach Heidelberg erreichten, war sie selbst wie von Sinnen. Er fuhr auf das Bankett hinaus und hielt an. Sie verharrte in ihrer Stellung, den Kopf auf seinen Knien und regte sich nicht. Auch er bewegte sich nicht. Stille war plötzlich um sie. Nach einer Weile zündete er sich eine Zigarette an. Sie drehte sich ein wenig und sagte: Mir auch. Er schob ihr das Mundstück der Zigarette zwischen die Lippen. Während sie den Rauch einsaugte, spürte er den Druck ihres Mundes gegen seine Finger. So rauchte sie die Zigarette zu Ende.

Sie blieben die Nacht in Heidelberg. In ihrem Badezimmer lag auf dem Rand der eingebauten Wanne aus schwarzen Kacheln eine kleine gelbe Tube.

Was ist das? fragte Rosemarie.

Schaum fürs Bad, sagte Hartog. Sie müssen den Inhalt in die leere Wanne drücken und dann mit der Brause darüberspülen – so schäumt es am besten. Er ging ins Zimmer zurück, um sich auszuziehen. Als er ins Bad zurückkam, war sie ebenfalls entkleidet. Sie stand über die Wanne gebeugt und spielte mit dem Schaum. So sah er sie zum erstenmal nackt, und sie war vollkommen gewachsen.

Komm, sagte sie.

Die Wanne war groß genug für beide. Sie saßen, unter der Schaumdecke verborgen, einander gegenüber, und da bekam sie einen Lachanfall.

Was ist denn? fragte er.

Da sitzen wir zusammen in der Badewanne, und du sagst Sie zu mir, rief sie und fuhr fort zu lachen.

Das verstehst du nicht, sagte er, je fremder du mir bleibst, desto lieber bist du mir.

Du bist aber wirklich ulkig, sagte sie.

Erst gegen elf Uhr am nächsten Morgen betrat er wieder sein Frankfurter Hotel. Herr Kleie war noch im Dienst, oder wieder. Ihre Frau Schwester ist gestern abend noch angekommen, sagte er, Sie möchten sich doch bitte gleich melden.

Komm herauf, sagte Marga am Telefon, ich liege zwar noch im Bett, aber du kannst mit mir frühstücken. Er ging in sein Zimmer, rasierte sich, wusch sich die Hände mit Pour un homme, und roch gut, als er in Margas Zimmer trat.

Ich dachte nicht … sagte er, küßte ihr die Hand und ließ sich auf der Bettkante nieder … . mich hier zu sehen, vollendete sie den Satz. Ich hatte eigentlich auch gar

nicht die Absicht, hereinzufahren, aber ich brauche einen neuen Sattel, in drei Wochen reitet der Club in Arnoldsheim. Ich wußte nicht, daß ich dich treffen würde. Na, ich sah dich ja gestern abend auch nicht.

Ich ... sagte er.

Ja, sagte sie. Man sieht es. Willst du Tee?

Das Frühstück war über ihr Bett verstreut. Das Bett war rund, ein Nest. Sie sah ihrem Bruder ähnlich, aber sie hatte mehr Rasse. Die einzige Schwester und ihm nahe. Ihre Ehe war dahin, aber sie trauerte ihr nicht nach. Der ehemalige Rennreiter Horst v. Rahn war nur noch charmant gewesen, als er zu alt geworden war, Rennen zu reiten. Er war jetzt Generalvertreter der Hartogschen Werke in Belgien; versorgt und verbraucht. Sie war auf Gersau geblieben, das ererbte Gut gedieh, sie hatte keinen Rennstall, aber Pferde. Wenn Frauen nicht nur sonntags über eine Wiese hoppeln, sondern wirklich reiten, sieht man es ihnen an. Sie halten meistens nichts von den Männern, mit denen sie sich einlassen. Aber sie liebte den Bruder. Wie oft bist du eigentlich jetzt in Frankfurt? fragte sie. So alle drei bis vier Wochen. Warum fragst du? Aus purer Sehnsucht. Du machst dich rar. Nach Gersau kommst du nie. Da könnten wir uns hier hin und wieder sehen. Ich kann mich ja nach dir richten.

Ja, sagte er.

Soviel Begeisterung, sagte sie und fuhr mit der Spitze ihres kleinen Fingers eine Linie in seinem Gesicht nach, von der Nase um den Mund zum Kinn. Mach mal Pause ...

Ich möchte schon, sagte er.

Und tust es nicht. Das ist doch kein Leben. Der Betrieb läuft glänzend, und du machst dich kaputt.

Eben, sagte er. Er läuft so glänzend, daß er innerlich zittert. Wozu hast du denn einen Rasierapparat …?

Er nahm ihn vom Nachttisch.

Mein Gott, sagte sie, man braucht ihn.

Ja, sagte er, das ist so, siehst du, er steht auf 220 Volt, und wenn ich ihn einstecke, läuft er ganz normal. Aber wenn ich ihn jetzt auf 110 schalte …

Er tat es. Der kleine Motor im Innern der weißen Kapsel raste los.

Nicht! sagte sie.

Er schaltete ab. Das hält er aus, sagte er, aber nicht lange. Dann brennt der Motor durch. Aus. Und so laufen unsere Fabriken.

Schöne Aussichten, sagte sie. Aber besser sie brennen durch als du.

Ich muß aufpassen, daß nichts passiert. Zehn Jahre hab ich angeheizt, und jetzt bremse ich. Das ist viel mühsamer. Aber da ist der neue Automat, den wir bei der DERLAG aufgestellt haben. Er bremst von selbst.

Sie legte sich zurück, es war sehr gemütlich.

Er geht nicht, sagte er. Wenn er gehen würde, würde er soviel leisten wie bisher die vierhundert Arbeiter in Halle 9. Aber er geht nicht. Er spuckt Feuer, er hustet, es kracht und rumort in ihm – einfach herrlich.

Marga lachte.

Ja, sagte er, es läuft mal etwas nicht glatt. Eine Maschine!

Nur die Maschine? fragte sie.

Er schenkte sich eine zweite Tasse ein. Du bist zu scharfsinnig, sagte er.

Du brauchst nichts zu erzählen, wenn du nicht willst, entgegnete sie, aber wenn du willst – du weißt, der Baron hat mich gelehrt zu schweigen, indem er lauter Sachen tat, über die man nicht reden konnte.

Sie nannte ihren geschiedenen Mann immer den Baron.

Ich auch, sagte Hartog.

Dann laß es, sagte sie. Sie war Konrad gegenüber ganz ohne Empfindlichkeit.

Er stand auf. Ein Film-Bett, sagte er, aber es steht dir. Du siehst wunderbar aus.

Bestechung gilt nicht, sagte sie. Also, was ist denn …? Du wärmst doch nicht etwa diese Geschichte mit Alice auf? Das tu Adelheid nicht an. Sie hat es einmal geschluckt, ihr habt euch auseinander- und wieder zusammengeredet, genug Alice!

Das ist es nicht, sagte er.

Also eine neue Dame?

Keine Dame. Das äußerste Gegenteil.

Er machte Andeutungen und mehr als das.

Das paßt gar nicht zu dir, sagte sie.

Ich dachte es auch. Aber es paßt …

Setz dich mal wieder hin, sagte sie. Der Erzherzog Johann hatte eine Geliebte, und niemand verstand, warum er sie länger als eine Nacht hatte. Aber er hatte sie. Schließlich fragte ihn der alte Schwarzenberg, Kaiserliche Hoheit, fragte er, was finden Sie nur an der Person?

Falsch, sagte er, der Schwarzenberg hat bestimmt gesagt: Was findest du nur an der Person, Kaiserliche Hoheit. Er war immerhin Feldmarschall, der Schwarzenberg, und der Johann war zwar Kaiserliche Hoheit, aber nur Brigadier.

Du bist gemein, sagte sie, du bringst mich um die Pointe.

Xaver, sagte der Erzherzog, das verstehn Sie nicht, die Person ist so herrlich ordinär.

Und was hat er mit ihr gemacht?

Na hör mal, sagte sie, ich war nicht dabei.

Ich meine, wo hat er sie aufgehoben – dazwischen. Sie wird ja nicht in Schönbrunn gewohnt haben. Er muß doch dafür gesorgt haben, daß sie versorgt war. So eine treibt's doch sonst mit allen …

Hartog mietete Rosemarie eine Wohnung. Ein Zimmer, ein Bad und eine kleine Küche. In einer kleinen Straße draußen beim Dornbusch, das ist ein Stadtteil von Frankfurt. Er gab ihr Geld, weil die Vorstellung, die Wohnung selber einrichten zu dürfen, das Mädchen in Entzücken versetzte. Beim ersten Besuch in der fertigen Wohnung sah Hartog sofort, daß er einen Fehler gemacht hatte. Er hätte die Einrichtung einer Firma überlassen müssen. Der runde Tisch vor der Couch zeigte Rohrgeflecht unter einer Glasplatte. Blumentöpfe standen auf einer dreistöckigen Etagere. Der Teppich hatte Muster, die Vorhänge hatten Muster, und Rosemaries Morgenmantel hatte ein anderes Muster. Auch die Seitenteile der Couch waren geflochten.

Sie führte ihn stolz herum; im Bad wenigstens gab es

kein Rohrgeflecht und keine Bilder.

Sie war selig, schmiegsam und dankbar. Sie hatte das Große Los gezogen.

Hartog hätte tausend Mark auf den runden Tisch legen sollen, auf die durchbrochene Decke über der Glasplatte, den Hut nehmen und gehen. Aber dafür war er zu gut erzogen und zu schwach. Er blieb. Er hoffte auf das Bett. Ihr entfesselter Kleinbürgerinstinkt veränderte sie sogar dort. Sie wurde neckisch. Er wurde ihrer Gefühlspose nicht Herr, er setzte sich nicht durch, es wurde qualvoll. Sie fand eine Gelegenheit zu sagen: Magst du mich?

Da hatte er einen männlichen Augenblick. Er sagte: Nein. Aber sie drückte ihn an sich und nahm es für ein Ja. Sie wußte auf den Pfennig genau, was die Wohnung und ihre Einrichtung gekostet hatten und was er ihr sonst gekauft hatte: alles nämlich vom Badeschwamm bis zum Radioapparat. Sie konnte sich nicht vorstellen, daß dies alles ein dummer Irrtum war, sein Irrtum, und daß er nichts wollte als wieder auf der Autobahn sein und diese entfremdete Lust wieder fühlen, geweckt von den exakten Techniken eines Mädchens, das sich plötzlich aus der Nacht gelöst und in sein Auto gesetzt hatte.

Als sie ins Badezimmer gingen, wurde es besser. Dort war ein klares hartes Licht, das Glaszeug, der Spiegel, die Kacheln, die Wanne, das Becken hatten eine zuverlässige Oberfläche und eine leidliche Form, und das Mädchen hatte das Gefühl, die Liebesstunde sei nun vorbei, und sie wurde wieder, was sie war, eine Hure, bar jeder falschen und jeder echten Scham. Hartog, eben noch des Mißmuts voll und nach der Entspannung an den

Rand des Ekels gelangt, bekam jenen Blick, mit dem er sie angeschaut hatte nach der Entkleidungsszene. Sie war erstaunt, und was sie dachte, läßt sich am besten mit dem Wort: Donnerwetter! ausdrücken. Er nahm sie nun ohne Federlesens noch einmal auf dem dunkelblauen Bodenbelag, den sie am Nachmittag gebohnert hatte, und nur ihre Schultern lagen auf einer rosafarbenen Matte aus Schaumgummi.

Dann zog er sich an und ging fort. Sie fragte nicht, wann er wiederkomme, sie wagte es nicht, und war verwirrt. Wenn er sie beim Abschied angesehen hätte, würde er ihren lauernden Blick bemerkt haben. Sie war sich nicht sicher, ob sie ihn wiedersähe, aber sie konnte sich auch nicht vorstellen, daß er dies alles im Stich ließe für nichts und wieder nichts. Dabei dachte sie nicht an sich, sondern an die Einrichtung für 7385 Mark und 60 Pfennig. Ohne Miete und Baukostenzuschuß. Sie hatte noch den redlichen Hurensinn, der das eigene Ich nicht rechnet.

Er nahm sich ein Zimmer im Palasthotel, sein Zimmer, ihm von Kleie zugewiesen, das gewohnte stets, und kam wieder. Er lernte mit der Wohnung und ihrer Bewohnerin fertig zu werden. Diese eine Erfahrung, dieses erste Couch-Volksfest hatte ihn belehrt, daß er hier nicht sein durfte, wie er war: ein gebildeter, kluger Mann von guten Manieren, von einer natürlichen Ritterlichkeit gegen Frauen, der eine fatale Fähigkeit hatte, Liebe zu provozieren, ohne lieben zu können, und diesen Mangel durch einen immer gut inszenierten Minnedienst auszugleichen versuchte. An diesem Konrad Hartog, reich dazu, dessen Geld sich bei Rosemarie in billigstes Neu-Barock verwandelt hatte, entzündeten sich ihre bürgerlichen Träume, und sie präsentierte sich ihm so, wie sie glaubte, es diesem Herrn schuldig zu sein. Und nicht nur das: auch so, wie sie sich eine Rosemarie im Glück vorstellte. Um ihre Anbiederung nicht noch einmal erleben zu müssen, trug er hinfort eine Art zur Schau, die gar nicht die seine war; er behandelte sie mit kalter Gier, sprach Worte aus, die er niemals zuvor benützt hatte und von denen er sich fragte, woher er sie nahm, und er fand listige Vorwände, um die Vereinigung und die Spiele in allen möglichen Situationen und Varianten casanovahaft zu vollziehen, nur nicht dort und so, wie es diese Wohnung und ihre Besitzerin erwarteten.

Er blieb diesmal fünf Tage in Frankfurt, zog sich jedoch jede Nacht in das Hotel zurück und empfand eine ungeheure Erleichterung, wenn er, erwachend, sich allein in dem ausgezirkelten Komfort von Zimmer 19 fand. Er hätte die Möbel streicheln können.

Hier hatte er auch einmal mit Alice zwei Nächte verbracht, Nächte mit Auslauf bis zum Frühstück, nach vielen hastigen, eingeklemmten Rendezvous in Essen, und hier hatten ihre Beteuerungen, sie liebe ihn, etwas Ekstatisches bekommen, weil sie nicht nach der Uhr zu sehen brauchte, nachher. Die gute Alice, vielleicht war sie nicht auf ihre Kosten gekommen, vielleicht hätte sie der Konrad Hartog à la Rosemarie weit mehr entflammt. Überzeugt war er davon, daß ihn Rosemarie lieber so gehabt hätte, wie er sich gegenüber Alice, das heißt, wie er sich natürlich gegeben hatte. Aber sie erlebte diesen Hartog nicht mehr, auch dann nicht, als er ihr Gelegenheit gab, später, ihre Macht über ihn zu erkennen. Er wuchs in die Rolle eines routinierten he-man hinein, und sie gefiel ihm. Er schlug der Hydra Sentimentalität immer wieder die neu nachwachsenden Köpfe ab. Dabei lernten sie beide. Das Mädchen fing an zu ahnen, was eine Hure eigentlich sei, und er erschloß sich Bezirke, von denen er bisher nur vom Hörensagen gewußt hatte. Als er das zweite Mal, nachdem sie die Wohnung bezogen hatte, nach Frankfurt kam, um mit dem Isoliermattenkartell zu tagen, hatte er, was man ein festes Verhältnis nennt.

Es unterschied sich so ohne einen Rest von Übereinstimmung von seiner Ehe in Essen, daß er sich nicht jenen Anfechtungen schlechten Gewissens ausgesetzt sah, die ihm bei Alice nicht erspart geblieben waren. Er hatte es nicht nur mit zwei Frauen zu tun, die, wie er sich glauben machte, aus zwei Welten stammten, er selbst war bei Adelheid und Rosemarie jeweils ein völlig anderer Mensch und Mann, von aufmerksamer Ritterlichkeit und Besorgtheit bei Adelheid, seinem Wesen gemäß, von einem lasziven Draufgängertum bei Rosemarie, in dem er sich gefiel. Ich nehme ihr nichts weg, dachte er und meinte seine Frau, wenn er nach Hause über die Autobahn zurückfuhr, die von ‹schnellen› Männern in schnellen Wagen bevölkert war, Männern, die niemand etwas wegnehmen konnten, weil sie niemandem etwas gaben. Hartog indes wäre erstaunt gewesen, wenn ihm jemand gesagt hätte, daß Rosemarie mehr Grund hatte, mit ihm zufrieden zu sein, als seine Frau, obwohl die Tage im Monat an einer Hand zu zählen waren, die er in Frankfurt verbrachte. Für eine Weile läßt sich Intensität vortäuschen.

Hoff mußte vorzeitig eine nächste Sitzung in das Blaue Konferenzzimmer einberufen. Das Ministerium sah seine Pläne, mit dem Auswärtigen Amt abgesprochen, durch Terminverzögerungen bedroht, die sich häuften. Zu den Schwierigkeiten, in die Mallenwurf & Erkelenz nach Schmitts Bericht schon vor der Zusammenkunft im April geraten war, Schwierigkeiten, die sich offenbar keineswegs verringert hatten, gesellten sich neue bei Bruster und Nakonski. Sie hatten beide dem Ministerium und der Arbeitsgemeinschaft Mitteilung davon gemacht, daß an eine Einhaltung der ihnen gestellten Termine nicht zu denken sei. Aus technischen Gründen, wie in umfangreichen Anlagen dargelegt wurde. Die aufgeführten Daten schienen stichhaltig zu sein, dennoch mißtraute ihnen das Ministerium, oder richtiger gesagt, Hoff vermutete, diese Gründe seien nur vorgeschoben und nicht so schwerwiegend, wie sie hingestellt wurden. Er glaubte vielmehr, die Abkühlung gegenüber dem Projekt Baby Doll, die er bei diesen Mitgliedern des Isoliermattenkartells feststellte, auf Erfahrungen zurückführen zu müssen, die Schmitts gerissener Generaldirektor Walter Wallnitz, in der ganzen Industrie nur WW genannt, von einer Informationsreise aus Rußland mitgebracht hatte.

In der Tat waren von Wallnitz' Bericht vor seinem Direktorium, obwohl hinter verschlossenen Türen und für die Anwesenden mit der Verpflichtung zur Geheimhaltung gegeben, gewisse Einzelheiten durchgesickert, nicht zuletzt zu Bruster und Nakonski, die mehr als die übrigen Beteiligten am Baby-Doll-Projekt zu Mallenwurf & Erkelenz in einem Konkurrenzverhältnis standen; insbesondere produzierten alle drei schwere Kabel, wofür die Russen besonderes Interesse bekundet hatten.

Ein Satz aus Wallnitz' Vortrag war es besonders gewesen, der mindestens dem Inhalt nach Bruster bekannt geworden war und seine Abneigung, weiter an Baby Doll mitzuarbeiten, verstärkt hatte. Ich wurde, hatte Wallnitz ausgeführt, mehrmals gefragt, ob unsere Firma für unsere neue Aufrüstung arbeite, und ich darf es als einen besonders günstigen Umstand für die Entwicklung unserer Beziehung bezeichnen, daß ich diese Frage entschieden verneinen konnte. Bei diesen Worten hatte Schmitt seinen Generaldirektor angesehen und ihm in herzlicher Zustimmung zugenickt. Wie gut, dachte er dabei, daß nur Wallnitz und nicht das ganze Direktorium über Baby Doll Bescheid weiß, und wie gut, daß auch die Russen nichts davon zu wissen scheinen; aber zum Teufel, ich glaube, wir sollten da kurztreten.

Genau dieselbe Schlußfolgerung zog Bruster, dessen Antrag für ein Visum nach Moskau bei der russischen Botschaft lag und noch nicht erledigt war. Gerade das trug dazu bei, daß sein Brief an Hoff nicht mehr nur ein Hinweis auf Terminschwierigkeiten, sondern schon beinahe eine Absage war. Was aber Nakonski betrifft, so spielten bei seinen Erwägungen, aus dem Isoliermattenkartell auszuspringen, sobald es sich elegant machen ließ, Spekulationen auf russische Aufträge keine große Rolle. Er fühlte sich von Hoff hochnäsig behandelt, und er hatte außerdem im Flugzeug auf einer Reise von Düsseldorf nach Indien, wo er einen großen Auftrag hereinholen konnte, ein Buch gelesen mit dem Titel: *Die letzten drei Stunden*. Darin wurde ein künftiger Atomkrieg mit der Akribie einer Generalstabsstudie geschildert und die Zerstörung des Wohngebietes der Deutschen und anderer Bewohner Mitteleuropas binnen Stunden höchst lebendig dargestellt. Romanen gegenüber, wenn sie nur schlecht genug geschrieben waren, um eine hartgesottene Phantasie in Schwung zu versetzen, war Nakonski wehrlos. Er hatte bei der Lektüre dieses Schmökers sein Damaskus erlebt.

So sah das Blaue Konferenzzimmer also eine überaus unerfreuliche Sitzung, und Härwandter kam auf seinen Vorschlag zurück, man müsse sich mit dem Minister selbst in Kürze zusammensetzen. Er fand allseits Zustimmung, weil er die Möglichkeit bot, die Probleme zu vertagen. Nichtsdestoweniger zerfiel bereits in dieser Sitzung die Arbeitsgemeinschaft für jeden Beteiligten erkennbar in zwei Parteien: in eine pessimistische, welche die Schwierigkeiten in den Vordergrund stellte, und eine optimistische, die mit ihnen fertig zu werden versprach. Die eine wurde von Bruster, die andere von Hartog angeführt. Und, wie gesagt, es wurde noch etwas deutlich, was die Bemühungen um Baby Doll ein Jahr lang vertuscht hatten: daß die sieben Herren sieben Firmen repräsentierten, die außerhalb des Blauen Konferenzzimmers mehr oder weniger im Konkurrenzkampf miteinander standen. Ich kann so nicht weiterarbeiten, hatte Schmitt gesagt, wir sind mit einer anderen großen Sache beschäftigt, für die wir Proskys ganze Kraft brauchen; der aber hat nur noch Baby im Kopf, solange die Steuerung nicht funktioniert. Bruster war sofort hellhörig geworden; was haben Sie denn vor, hatte er über den Tisch weg gefragt, beiläufig und als interessiere ihn die Antwort eigentlich gar nicht; dennoch hatte Schmitt mit einer gewissen Schärfe erwidert: Das werden Sie eines Tages schon sehen. Pardon! hatte Bruster gemurmelt.

Man ging in unguter Stimmung auseinander. Bruster und Hartog wohnten auf dem gleichen Stockwerk, vor Brusters Zimmer blieben sie stehen. Der wurde fast ausfallend, sagte Bruster und meinte Schmitt.

Hartog zuckte die Achseln. Es läuft überhaupt schief, sagte er.

Ich hatte es nicht bös gemeint, ich wollte ja nicht wirklich wissen, was er macht. Was wird es schon sein für die Russen …

Hartog lächelte. Du willst es also doch wissen, sagte er.

Was machen wir nur mit Hoff, sagte Bruster, ich fühl nach nicht wohl bei der Sache.

Das merkt ein blindes Pferd, antwortete Hartog, und blind ist Hoff bestimmt nicht.

Meinst du, es ist wirklich politisch so wichtig, wie er tut?

Ich bin überzeugt. Es wäre mir auch lieber, es wäre

 nicht wichtig und wir könnten die Sache schleifen lassen. Ich bin in derselben Lage wie Schmitt, wir schaffen unsere privaten Aufträge nicht, aber schließlich leben wir nicht auf dem Mond.

Nee, sagte Bruster, da wollen wir ja hin.

Da sind die anderen früher, das ist es nicht, erwiderte Hartog. Wir müssen nicht auf den Mond, wir müssen wieder Anschluß finden. Da sein. Mitkommen. Das ist alles.

Durch Baby Doll?

Warum nicht? Irgendwo müssen wir anfangen aufzuholen, sagte Hartog. Was machen wir, seitdem wir überhaupt wieder etwas machen? Zeug, das jeder machen kann. Ob es nun Seifenpulver oder Tanker sind, das macht keinen Unterschied, es schlägt nicht zu Buch, national, meine ich. Weißt du, das ist wie bei den Verlegern, der eine druckt Kriminalromane, verkauft Millionen, macht einen Riesenumsatz, aber keiner kennt ihn. Der andere verlegt ein Buch, etwas Bedeutendes, sein Geschäft ist nullkommanull, aber jeder kennt ihn. Wir machen Geschäfte, aber wir sind nichts.

So ist es nun doch nicht, sagte Bruster, ich war neulich in Persien, die wissen Bescheid über uns, das kann ich dir sagen. Wir haben dort ein Ansehen – toll!

In Persien! In Chile auch. Aber fahr mal zwei Stunden hinter Chicago, da wissen sie gar nicht, wo Deutschland liegt. Never heard!

Wennschon.

Stimmt nicht. Heute läuft der Laden von allein. Aber wenn er mal nicht mehr von allein läuft, wenn's wieder hart auf hart geht, dann brauchen wir etwas hinter uns.

Ich wundere mich, daß du so redest, Konrad.

Was habt ihr Hartogs denn vom Staat gehabt? Genau besehen – zwei Pleiten.

Du siehst es falsch. *Hartog* – das klingt, die Firma kennt man. Aber woher kommt das Besondere – verzeih, ich will uns nicht loben, ich stell nur fest: wir waren so etwas wie eine nationale Einrichtung. Und deshalb kennt man uns auf der ganzen Welt. Wir haben mehr gemacht als nur Geschäfte.

Baby Dolls von gestern, warf Bruster hin.

Richtig – Baby Dolls. Wir gaben sie dem Staat. Wenn er damit Blödsinn machte – sind wir dafür verantwortlich? Sie haben es behauptet. Weißt du, was ich neulich bei uns einem Schweden gesagt habe, der einen Rappel bekam und die ollen Nachkriegskamellen aufwärmen wollte? War Ihr Kreuger schuld, habe ich gesagt, wenn jemand mit seinen Zündhölzern Feuer legte?

Na ja, sagte Bruster, mit Baby Doll werden wir uns aber kaum unsere Zigaretten anzünden, was man mit Zündhölzern doch immerhin tun kann. Aber ich seh schon, du willst die Suppe auslöffeln, die uns Hoff eingebrockt.

Wir wollten es doch, entgegnete Hartog. Er hatte neulich ganz recht, wir waren einer Meinung. Wir haben uns von der Sache etwas versprochen. Und ich tu's nach wie vor. Du nicht?

Bruster antwortete nicht. Ist doch komisch, dachte er, diese Hartogs, seit hundert Jahren suchen sie immer das größte Risiko.

Hartog lächelte wieder, nicht maliziös, aber doch ein

 bißchen von oben herunter, Bruster gefiel es

gar nicht, er wog zwar über zwei Zentner, aber es trifft häufig nicht zu, daß dicke Männer gutmütig sind. Ich weiß, was du denkst, sagte Hartog, du denkst, wir lernen es nie.

So würde ich's nicht sagen. Immerhin habt ihr ja ganz schöne Geschäfte gemacht.

Ach, Geschäfte, sagte Hartog.

Mir paßt verschiedenes nicht, meinte Bruster, und schloß die Tür seines Zimmers auf; zu viel Richtung.

Zu wenig Richtung ist auch nichts, erwiderte Hartog. Die Zeiten ändern sich, es wird hart werden, und es wird dir dann leid tun, wenn du nicht mit vorne dran bist.

Er konnte es sich leisten, nicht daran zu denken, daß sie zuweilen in denselben Teichen fischten.

Na ja, sagte Bruster, die Hose hängt noch nicht am Bett. Ich beschlaf's noch mal. Was machst du heute abend?

Ich –, sagte Hartog. Ich muß noch diktieren, ich habe mir einen Berg Post mitgenommen.

So verabschiedete er sich, um zu Rosemarie zu fahren. Bruster ging in sein Zimmer und ließ sich mit Nakonski verbinden. Keine Antwort. Auch Schmitt antwortete nicht. Nach einem erfolglosen Versuch, Killenschiff zu erreichen, ließ er sich mit Kleie verbinden. Sind alle gestorben? fragte er.

Die Herren sind ins Kino.

Alle?

Herr Hartog nicht.

Weiß ich, sagte Bruster. Was wird denn gespielt?

Die Herren sind ins Delphi, *Die weiße Skla-*

vin. Herr Nakonski wollte Sie mitnehmen, aber Sie waren nicht zu finden, Herr Generaldirektor.

Bruster bestellte ein Taxi, um sich ins Delphi fahren zu lassen. Als er aus dem Lift trat, sah er gerade noch, wie Hartog das Hotel verließ.

Sieh mal an, dachte Bruster, er hat mich angeschwindelt.

Der nächste Tag war einmal nicht verregnet. Vom Bett aus sah Hartog des Himmels blaue Maifahne wehen. Die Zentrale verband ihn mit seinem Frankfurter Generalvertreter, bei dem er eine Besprechung absagte, und dann mit Essen 768053. Die gnädige Frau sei schon weg, hieß es, Golf spielen. Grüßen Sie, sagte er, ich rufe gegen Abend wieder an. Rosemaries Nummer wählte er selbst. Fahren wir ein bißchen hinaus, sagte er, ich bin gegen zwölf bei dir. Was soll ich anziehen? fragte sie. Die Frage war überflüssig, sie wußte die Antwort im voraus. Sie besaß ein einziges Kleid, das ihm wirklich gefiel, ein einfaches, teueres graues Kostüm, das er ihr selbst gekauft hatte.

Er telefonierte noch zehn Minuten mit London, und dann machte er eine Stunde und fünfzig Minuten Ferien zwischen Erwachen und Bad. Er verbrachte die Zeit mit Nichtstun. Solche Pausen kultivierte er. Der Zentrale hatte er gesagt, sie dürfe nicht und niemand verbinden. Er öffnete das Fenster, wollte sonnenbaden, der Straßenlärm brach über ihn herein, er schloß es wieder. Er vertagte den Frühling auf nachher. Er warf das Kopfkissen

auf den Boden und legte sich flach und gerade

ausgestreckt aufs Bett. Ich will an nichts denken, dachte er. Da störte ihn das Sonnenlicht. Er stand wieder auf und zog den hellen leichten Vorhang zu. Als er sich wieder ausgestreckt hatte, fand er es immer noch zu hell, und er schloß nun auch die schweren dunkelroten Vorhänge. Nun war es dämmerig, fast dunkel im Zimmer.

An nichts denken, sagte er sich. Pause. Aber er dachte, daß er an nichts denken wollte. Je mehr er sich bemühte, an nichts zu denken, desto bewußter wurde ihm seine Bemühung. Geht heute nicht, dachte er, Maschine läuft. Wenn ich schon nicht nicht denken kann, will ich mir wenigstens etwas in Ruhe überlegen. Rosemarie … warum eigentlich? Sie wird bestimmt eines Tages lästig. Ich sollte sie wieder abschaffen. Wirklich schön war es nur beim ersten Mal. Nein, das ist nicht wahr. Heute nacht …

Plötzlich standen die Maschinen, ohne daß er es gewahr wurde, in seinem Kopf still. Er schlief nicht, er wachte nicht, er schwebte, er lag still und entspannt auf dem Bett, das nicht zu hart und nicht zu weich war, und wiederholte die Nacht, und kehrte erst ins Dasein zurück, als das Telefon ein rücksichtsvolles schwaches Läuten von sich gab und ihm das Fräulein von der Zentrale sagte, nun sei es halb zwölf.

Sie fuhren nach Wiesbaden. Unterwegs sagte sie: Laß mich doch mal fahren. Warum willst du uns ermorden? entgegnete er. Sie öffnete ihre Handtasche und förderte einen Führerschein zu Tage; einen mit ihrem Namen, mit ihrem Bild versehenen Führerschein. Er war drei Tage alt. Hartog lenkte aus der Fahrbahn und hielt. Du hast den Führerschein gemacht? sagte er. Ja, sagte sie, ich habe ja Zeit.

Ziemlich jung, sagte er und las den Ausweis durch, als sei er ein wichtiger Geschäftsbrief. Er konnte nur genau lesen, selbst Schilder an den Straßen las er genau.

Meinst du das Photo?

Nein, sagte er, das Ausstellungsdatum. Auf was hast du denn gelernt – VW?

Mercedes 180, sagte Rosemarie.

Wenigstens dieselbe Familie. Also probier's. Aber langsam. Keinesfalls über sechzig.

Sie wechselten die Plätze. Rosemarie fuhr glatt an. Sie lenkte den 190 SL in den Verkehr zurück und hielt das Steuer so fest wie alle Anfänger. Aber sie fuhr. Hartog blickte sie von der Seite an.

Küß mich, sagte sie.

Ich werde den Teufel tun, sagte er.

Hast du Angst? fragte sie und gab Gas. Zuviel für diesen Motor. Der Wagen schoß vorwärts.

Du bist verrückt, herrschte er sie an, zog mit der Linken die Handbremse, griff mit der Rechten ins Steuer. Ihre Köpfe berührten sich. Jetzt küßte sie ihn, aufs ungefähre, Lippenstift färbte die Stelle über seinem linken Mundwinkel. Sie war wie betrunken. Ein verwirklichter Wunschtraum machte sie verrückt, das Auto kam über sie mit seiner Macht.

Die Straße war leer, er überließ ihr wieder das Steuer. Sie beschleunigte nun vorsichtiger. 60 – 70 – 80. Mehr als genug, sagte Hartog.

Sie war in ihn verliebt. Liebe geht durch den Wagen. Sie fühlte die Maschine, ihre Kraft; sie war außer sich und einmal ohne Berechnung. Aber er bemerkte nichts davon, selbst der Fahrlehrer hatte beteiligter neben ihr gesessen als er. Ich kann's wirklich, siehst du. Martin hat es auch gesagt.

Der Motor fiel ab.

Vielleicht schaltest du gelegentlich, sagte er, wer ist Martin?

Der Fahrlehrer.

Ach, sagte Hartog. Er wurde mit einem Schlag schlechter Laune. Er merkte es, es ärgerte ihn, aber er bekam sich nicht in die Hand. Vor Wiesbaden übernahm er wieder das Steuer. Sie rutschte auf den rechten Sitz, während er ausstieg und um den Wagen herumging. Du könntest wenigstens sagen, daß ich's kann, sagte sie.

Du würdest es vielleicht glauben, und das gäbe beim nächsten Mal ein Unglück. Du kannst gar nichts. Aber du wirst es lernen, du hast Talent. Und der Wagen steht dir.

Sie las den Kilometerstand ab. 32000, sagte sie, wenn er ganz alt ist, schenkst du ihn mir dann? Wenn du einen neuen kaufst?

Was würdest du denn damit tun? sagte er.

Sie fuhren zu den Tennisplätzen am Rande des Kurparks, bei denen ein kleines Gartenlokal liegt. Da ist es immer ganz still wochentags, hatte Hartog gesagt. Als sie ankamen, hatten sie Mühe, einen Platz zu finden, den Wagen abzustellen. Das nennst du still? sagte sie. Das Lokal bestand aus einem Innenraum, einer offenen und einer überdachten Terrasse. Der Innenraum war leer, auf der offenen Terrasse sei kein Platz mehr frei, sagte ein Kellner; unter dem falschen Strohdach fanden sie einen Tisch an der Rückwand. Auf den Plätzen wurde gespielt, die Gäste des Lokals aber waren mitnichten Tennisspieler. Was die Komisches anhaben, sagte Rosemarie. Hartog drehte sich um. Auf der offenen Terrasse sah er rote und schwarze Reitröcke. Einen der schwarzen Röcke trug seine Schwester. Sie blickte herüber und nickte ihm zu.

Er wurde rot wie ein beim Abschreiben ertappter Schuljunge. Ach du großer Gott, sagte er, das habe ich vergessen. Ist heute der 21.?

Bekannte? fragte sie.

Er hörte gar nicht. Entschuldige, ich muß guten Tag sagen, bestell für mich, was du willst, nur keinen Fisch.

Er erhob sich, draußen stand Marga auf, sie begegneten sich auf halbem Weg.

Ich hatte dir eine Einladung geschickt, sagte Marga.

Ich weiß, erwiderte er, aber ich habe nicht daran gedacht, daß heute der Tag ist. Entschuldige! Ihr habt Glück mit dem Wetter. Wann geht's denn los?

Um halb drei wollen wir oben sein. Du kannst noch in Ruhe essen. Es klang spöttisch. Oder kommst du etwa überhaupt nicht?

Ich –, sagte er.

Ja, du. Und nur du, das ist wohl selbstverständlich. Ist das diese Person? Na ja, ich werde Männer nie begreifen. Wie wirst du sie jetzt los?

 Hättest du einen Platz in deinem Wagen,

oder ist er schon voll mit diesen Zieraffen, die um dich herum sind?

Marga lächelte. Du revanchierst dich für die Person … ich werde deine Gefühle künftig schonen, mein Lieber. Die Zieraffen sind schlank, es wäre noch Platz für dich. Aber du bist doch wohl nicht mit der Straßenbahn hier?

Nein. Aber wenn ich sie loswerden will, muß ich ihr den Wagen geben.

Sie standen dem Kellner im Weg, der ohnehin nervös war des schönen Wetters wegen. Er sah einen schrecklichen Tag vor sich.

Den Roadster, den nicht einmal Adelheid fahren darf? sagte Marga. Ihre Verwunderung war nicht gespielt. Sie wußte, wie pedantisch Konrad mit seinen Wagen war. Ist das dein Ernst?

Nun sei mal friedlich, sagte Hartog, ich mute sie dir ja nicht zu.

Daran tust du gut.

So kenn ich dich gar nicht.

Aber ich kenn dich. Und diese Person ist dir über.

Was soll das? sagte Hartog.

Du wirst sehen, sagte sie, sie ist eiskalt.

Sagen wir um zwei an deinem Wagen, sagte Hartog. Viertel vor zwei, entgegnete Marga, ich muß Stella vor dem Ritt noch ein bißchen bewegen.

Hartog kehrte zu seinem Tisch zurück.

Hast du bestellt? fragte er.

Sie hatte einen Cognac vor sich. Nein, sagte sie.

Das hättest du ruhig tun können, meinte er,

es wird sowieso lange dauern bei dem Betrieb, bis wir etwas bekommen.

Wir haben ja Zeit, sagte sie.

Sie erklärte, es sei ihr gleich, was er für sie bestelle. Ohne auf die Karte zu schauen, sagte er zum Kellner: Zweimal das Menü, eine halbe Flasche trockenen Sekt und eine Karaffe schwarzen Johannisbeersaft, dazu zwei Portwein-Gläser zum Mischen.

Der Kellner, notierend, wiederholte die Bestellung. Zwei Johanna, sagte er smart.

Hartog haßte dergleichen Verballhornungen. Schwarzen Johan-nis-beer-saft, wiederholte er, und: Sehr wohl, mein Herr, sagte der Kellner ungerührt und ging weg. Hartog hatte schon um geringerer Ursachen willen Lokale verlassen.

Die Dame sieht gut aus, sagte Rosemarie.

Meine Schwester, gab Hartog Auskunft.

Sicher, sagte Rosemarie.

Einem Ausbruch nahe, wiederholte Hartog: Sie ist meine Schwester. Ihr Club hat heute ein Frühjahrsreiten im Taunus. Ich bin eingeladen, das habe ich vergessen.

Der Kellner servierte die Suppe, die sie schweigend aßen. Schließlich sagte Rosemarie: Ist deine Schwester verheiratet?

Sie war es.

Geschieden?

Gefallen, log er und deckte Marga instinktiv.

Da hat er Glück gehabt.

Hartog traute seinen Ohren nicht. Was sagst du?

 Na ja, sagte Rosemarie, es geht mich ja nichts

an. Aber das ist eine eiskalte Dame, deine Schwester, ich bin froh, daß du nicht so bist. Was hat sie denn gesagt?

Worüber?

Über mich.

Wir haben nicht von dir gesprochen.

Rosemarie lachte. Na schön, sagte sie, das ist deine Sache. Verpetzt sie dich bei deiner Frau?

Erstens tut sie das nicht, und zweitens weiß sie gar nichts von uns.

Die weiß alles. Nimm dich in acht.

Ich bitte dich, laß uns von etwas anderem reden.

Wie du willst. Aber du hast doch noch was – komm raus damit.

Er sah sie an; ihr Blick blieb auf dem Messer, mit dem sie ein Stück Kalbsbraten schnitt, das nach nichts schmeckte. Sie hielt das Messer mit allen fünf Fingern. Ihr Gesicht hatte einen bösartigen Ausdruck. Hartog wollte einlenken, aber er fing es falsch an.

Dieser Martin hat ganz recht, du hast Talent zum Fahren.

Rosemarie hörte nur die Betonung, mit der Hartog den Namen aussprach.

Kannst du Ski fahren? fragte sie.

Ja, sagte Hartog, nicht so gut wie Marga, aber …

Ihr seid sicher oft im Gebirge gewesen – St. Moritz, Kitzbühel – wie? Und wie hießen eure Skilehrer? Sepp und Schorsch? Hat deine feine Schwester es mit ihnen getrieben?

Halt den Mund, sagte Hartog und blickte sich um.

Ich will nur sagen, ich hab's mit Martin auch nicht getan. Die andern haben ihn auch so genannt. Nicht Herr Kollaps oder wie er heißt. Willst du den Pudding noch essen, oder wollen wir gehen?

Du kannst den Wagen fahren, sagte Hartog.

Du läßt mich fahren? fragte sie mißtrauisch.

Meine Schwester möchte, daß ich mit hinauffahre ...

Wo hinauf?

Ich sag dir doch, sie haben ein Reitfest im Taunus, es kommen ein paar Leute hin, die ich sprechen müßte, um halb sechs könnten wir uns hier wieder treffen ...

So ist das, sagte sie.

Such dir Straßen aus, auf denen wenig Betrieb ist. Deine Schwester nimmt dich mit?

Ja.

Wie heißt das, wo sie reiten?

Arnoldsheim.

Hartog bezahlte, sie gingen zum Wagen.

Ich glaube, du mußt tanken, sagte er und gab ihr den Schlüssel und fünfzig Mark.

Um sechs wieder hier? Ja?

Muß dir verdammt viel daran gelegen sein, mich loszuwerden, sagte sie und stieg ein. Er ging in das Lokal zurück.

Ein buntes Zelt war mitten in der Landschaft aufgeschlagen. Unter seinem Vordach wurden Getränke verkauft. Korbstühle standen auf der Wiese, sogar Sonnenschirme hatte man vom Clubhaus hierhergebracht. Start-

 und Zielband waren aufgespannt, die Fähnchen,

welche die Strecke bezeichneten, verschwanden in einer Waldschneise hangaufwärts und kamen an anderer Stelle wieder hervor. Unterhalb des Zeltes standen die Wagen. Große Transporter waren aufgefahren, welche die Pferde gebracht hatten, vierzig oder fünfzig.

Eine halbe Stunde vor Beginn des Rittes – keine Jagd natürlich im Mai, nur ein Geländereiten mit leichten Hindernissen – waren die meisten der Teilnehmer schon aufgesessen; sie bewegten ihre Pferde oder bildeten kleine Gruppen und unterhielten sich. Das Licht dieses Mainachmittags floß spiegelnd über die glänzenden Leiber der teueren Tiere und wurde von dem stumpfen schwarzen und roten Tuch, vom Samt der Kappen aufgesaugt. Man hätte glauben können, und vielleicht war es auch so, daß einzelne der Reiterinnen ihre Pferde nach ihrer Haarfarbe ausgesucht hatten. Erika Schmitt, dieselbe, die noch vor wenigen Jahren Kaffee auf der Industriemesse ausgeschenkt hatte, ritt zu ihrem roten Haar einen jungen Fuchswallach, Marga, deren Haare schwärzer waren als ihr Dreß, die Rappstute Stella.

Vom Isoliermattenkartell waren Schmitt, Bruster, v. Killenschiff und nun auch Hartog mit von der Partie, aber nur Killenschiff ritt. Sein Pferd stand ihm so gut wie Rosemarie der Sportwagen. Wallnitz' jüngste Tochter, die noch nicht mitreiten durfte, fragte Bruster: Sie reiten nicht? Nee, liebes Fräulein, ich bin ein Tierfreund, mich bringen keine zehn Pferde auf einen Gaul. Wollen wir mal Ihrer Frau Mutter guten Tag sagen?

Frau Wallnitz saß schon eine Weile mit Hartog in angeregter Unterhaltung unter einem Sonnenschirm. Jetzt holt er sie aus, dachte Bruster. Sein Glas in der Hand, stapfte er über die Wiese, die zierliche kleine Jutta Wallnitz hatte etwas von einem Lamm, als sie neben dem gewaltigen Bruster herlief. Na, ihr Hübschen, sagte er und ließ sich in den nächsten Stuhl fallen, hier ist wenigstens Schatten. Weißt du, wann das losgeht, fragte er Hartog, deine Schwester ist doch der Chef vom Ganzen, du mußt doch Bescheid wissen.

Ich weiß gar nichts, erwiderte Hartog, ich traf Marga zufällig im Kurpark, sonst wär ich nicht hier.

So etwas geht nie an, solange man darauf wartet, sagte Frau Wallnitz, und wenn man aufhört zu warten, dann ist es schon vorbei, bevor man es richtig merkt.

Sie waren nicht mit? fragte Hartog und kehrte zu ihrem Gespräch zurück.

Diesmal nicht, sagte Frau Wallnitz, aber das nächste Mal soll ich mitkommen, hat Walter gesagt. Es muß großartig gewesen sein. Aber Sie wissen es ja, Sie waren doch schon im vorigen Jahr in Moskau?

Nein, leider nicht, sagte Hartog.

Ach ja, sagte sie. Jetzt fiel es ihr erst wieder ein, es hatte da doch irgendwelche Schwierigkeiten mit Hartogs Reise gegeben, wie war das doch gewesen?

Bruster enthob sie einer Verlegenheit: Ich hab da neulich mit ihrer Botschaft in Bonn verhandelt, und wissen Sie, was mein Eindruck ist – und ich glaube, Ihr Herr Gemahl wird das bestätigen: das einzige, was den Russen imponiert, ist so ein richtiger deutscher Kapitalist. Du bist ja auch einer, Konrad, aber weißt du, du bist zu fein. Grober Klotz, grober Keil, haha.

Hartog antwortete nicht. Die Kleine sagte: Ich geh mal zu Vati. Wallnitz ritt mit, er war auch ein guter Reiter. WW, der totale Klassenprimus, hatte Schmitt einmal von ihm gesagt.

Ihre Schwester sieht aber wieder fabelhaft aus, sagte Frau Wallnitz, das Thema Moskau zu Brusters Bedauern verlassend. Sie besaß genug Sicherheit, um andere Frauen gelten zu lassen. Marga ritt gerade quer über die Wiese auf den Start zu. Eine Glocke ertönte, es schien ernst zu werden. Und Ihre Frau ist nicht da?

Nein, eben leider, sagte Hartog, Frau von Rahn hatte uns eingeladen, aber ich hatte die Einladung verschludert.

Bruster dachte: Hochgestochener Affe; nennt seine Schwester Frau von Rahn.

Ich glaube, es geht los, sagte er, wollen doch mal hingehen.

Auch andere Schlachtenbummler verließen die Zeltbar und die Stühle und gingen schräg über den Hang dorthin, wo sich die Reiter nach ihren Startnummern formierten. Man hatte einen weiten Blick über die hellgrünen Wälder des Taunus, in einiger Entfernung wölbte sich die zugleich zarte und kräftige Kammlinie des Feldberges empor, von einigen plumpen Türmen, die Sendestationen beherbergten und viel zu groß für ihn waren, verunstaltet. Ein Stück weit konnte man auch den Weg verfolgen, der bis zu den parkenden Wagen führte. Auf ihm näherte sich, Staub aufwirbelnd, ein Auto.

Ist doch ein hübsches Bild, sagte Hartog, es geht nichts über einen deutschen Frühling.

Ich weiß nicht, sagte Schmitt, der sich zu der Gruppe gesellte, die Farrenbachs sind vor acht Tagen aus Japan zurückgekommen, sie waren zur Kirschblüte dort, was die erzählen, danach muß es toll gewesen sein.

Eine Lautsprecherstimme ertönte, die ersten Reiter gingen ab. Da wollen wir uns aber mal beeilen, sagte Schmitt. Er wollte seine Frau reiten sehen; dazu hatte er ein großes Fernglas mitgebracht. Erika hatte Mut, sie ritt nicht besonders gut, aber kühn, im Galopp wehten ihre roten Haare unter der Kappe hervor, sie ließ dem Wallach seinen Willen, von einem bestimmten Moment an blieb ihr bei solchen Ritten meistens nichts anderes übrig, als sich im Sattel zu halten. Verglichen mit Margas Reitkunst war es die reine Stümperei, aber Schmitt hatte keine Ahnung vom Reiten, er sah nur das blitzäugige Geschöpf auf dem dahinstürmenden Pferd und dachte: na warte, heute nacht. Er besaß, als stünde die Zeit für ihn still, jene Unverwüstlichkeit, der etwas Unanständiges anhaftet, so daß man sie kaum zu rühmen wagte.

Bruster beeilte sich nicht. Lauft nur, sagte er, ein alter Mann ist kein D-Zug. Er blieb sogar stehen und wischte sich mit dem Taschentuch die Stirn ab. Dabei sah er den Hang hinab und erblickte einen beigefarbenen Sportwagen, in dem eine Dame saß. Sie lenkte das Fahrzeug eben auf den improvisierten Parkplatz und hielt. Merkwürdigerweise stieg sie nicht aus. Die Chauffeure der Transportwagen, die bei ihren Fahrzeugen herumgelungert hatten, wurden aufmerksam. Könnte Hartogs Wagen sein, dachte Bruster. Und dann: die hab ich doch schon mal gesehen.

Jetzt stieg die Dame aus, konnte sich aber offenbar nicht entschließen, wohin sie sich wenden sollte. Bestimmt hab ich die schon mal gesehen, dachte Bruster. Statt zu den Pferden hinauf ging Bruster den Hang hinunter. Im Club ist sie nicht, war sein nächster Gedanke, als er nahe genug war, ihr Gesicht zu erkennen. Jetzt konnte er auch die Wagennummer lesen. Es war tatsächlich Hartogs Wagen.

Wagen und Kostüm täuschten Bruster keinen Augenblick. Daß er das Mädchen aus dem Hotelhof vor sich hatte, wurde ihm allerdings noch nicht klar. Aber es gefiel ihm jetzt nicht minder. Suchen Sie jemand? fragte er.

Nein – ja, sagte Rosemarie; ist hier das Reitfest?

Sehen Sie die Tiere da oben, Fräulein? sagte Bruster; das sind Pferde. Ein paar davon kosten so viel wie der Wagen, mit dem Sie gekommen sind.

Sieh mal an, dachte Bruster, Hartog hat sich diese Puppe angelacht. Und gibt ihr seinen Wagen. Aber doch bestimmt nicht dafür, daß sie hier aufkreuzt. Soll ich ihm helfen, oder soll ich ihn reinschliddern lassen? Seinem Instinkt folgend, beschloß Bruster, Hartog das Auftreten dieses Mädchens im Club zu ersparen.

Was wollen Sie nun wirklich? fragte er.

Wie sprechen Sie denn mit mir? sagte Rosemarie.

Bruster, dessen Stimme meist weithin zu hören war, mäßigte sie nun mit Rücksicht auf die Chauffeure; er glaubte zu flüstern, als er sagte: Nun mach keine Zicken.

Rosemaries Reaktion zeigte Bruster, daß er den richtigen Ton angeschlagen hatte.

Wer sind Sie überhaupt? maulte sie.

Ich bin der Präsident, sagte Bruster. Er war weder der Präsident des Reitclubs noch eines anderen Clubs, noch überhaupt irgendein Präsident, aber er sah aus, wie sich Rosemarie einen Präsidenten vorstellte, und er benahm sich ebenso. Er imponierte ihr.

Ach so, sagte sie.

Ja, sagte er.

Sie blickten sich an. Da waren keine Umwege nötig. Haben Sie auch eine Fabrik? fragte Rosemarie.

Nicht zu knapp, sagte Bruster.

Da haben Sie sicher viel zu tun, sagte sie.

Allerhand viel, sagte Bruster, aber schließlich ist man auch 'n Mensch.

Ich will da rauf, sagte Rosemarie.

Nee, sagte Bruster, kommt nicht in Frage. Was machen wir denn mit dir? Hier mußt du erst mal weg, das ist hier nur für Mitglieder. Nun fahr mal wieder da hin, wo du hergekommen bist, das ist bestimmt besser für alle Beteiligten. Los, mach schon!

Rosemarie ging die paar Schritte bis zum Wagen und stieg ein. Sie hatte sich ihren Auftritt anders vorgestellt, soweit sie sich überhaupt etwas vorgestellt hatte; ihre Absicht war gewesen, Hartog zu beweisen, daß er sie nicht einfach wegschicken konnte. Sie fuhr rückwärts aus der Reihe heraus. Mit überraschender Gelenkigkeit hockte Bruster sich neben dem niederen Wagen auf seine Fersen und legte die Arme auf den Schlag. Ich hab dich schon einmal gesehen, sagte er, ich weiß bloß nicht, wo.

Bist du in Frankfurt?

Ja.

Dauernd?

Ja.

Hast du Telefon?

Ja.

Bruster zog einen Notizblock, in grünes Leder gebunden, und einen Kugelschreiber aus der Brusttasche. Wie ist die Nummer? fragte er; vielleicht ruf ich mal an.

Rosemarie überlegte einen Augenblick. Warum sollte sie nicht? Gib her, sagte sie.

Rosemarie fuhr ins Tal, Bruster stieg gemächlich den Hang hinauf. Ob man sie von oben beobachtet hatte? Wenn nicht, war er entschlossen, vorerst den Mund zu halten. Er war ein guter Taktiker, und wenn es ihm in zehn Jahren gelungen war, die ABRUDA-Werke aufzubauen aus einem zerschlagenen 800-Mann-Betrieb, und wenn er trotz des enormen Wachstums der Firma ihr alleiniger Herr geblieben war, so lag es unter anderem daran, daß er sich seine Trümpfe aufheben konnte für den richtigen Augenblick.

Die erste Gruppe hatte das Ziel bereits erreicht. Die letzte wurde gerade auf die Strecke geschickt. Die allgemeine Aufmerksamkeit galt dem Ritt, und niemand schien seine Abwesenheit bemerkt zu haben. Er stellte sich hinter zwei Damen, von denen die eine gerade sagte: Aber dafür jedesmal nach München? Ich sage Ihnen, es lohnt sich, antwortete die andere, kein Mensch würde glauben, daß das alles Jacketkronen sind. Sie hob ein wenig die Oberlippe und zeigte ihr untadeliges drittes Gebiß.

Mit Alfons Brusters erstem Besuch bei Rosemarie, der schon eine Woche später stattfand, begann der zweite Teil ihres sozialen Aufstieges in die oberen Industriekreise unseres Landes. Er rief sie an, als ihm plötzlich mitten in einem Diktat einfiel, wo er sie das erstemal gesehen hatte. Er konnte Frankfurt neuerdings von seinem Schreibtisch aus durchwählen. Die Einrichtung eines vollautomatischen Telefonbetriebes, in jenen kurzen Jahren vorgenommen, in denen wir in diesem Jahrhundert weder einen Krieg geführt noch einen verlorenen beklagt, noch unsere nationale Leistung in der Vorbereitung eines neuen erschöpft haben und dergestalt in der Lage waren, einen bescheidenen zivilisatorischen Fortschritt zu erzielen, der auch im Telefonwesen zum Ausdruck kam – diese Einrichtung kam in der mobilen Gesellschaft jenen Männern zugute, deren Frauen, wie unter anderen Frau Bruster II, mißtrauisch und findig genug waren, die monatlichen Abrechnungen des Telefonamtes durchzuschauen. Vier Wochen früher wäre eine gewisse Frankfurter Nummer noch in Hartogs wie in Brusters Telefonrechnungen erschienen, jetzt erhöhten die Gespräche mit Rosemarie nur die Zahl der erfreulich neutralen ‹Einheiten›.

Beim ersten Versuch hatte sich in Frankfurt niemand gemeldet. Beim zweiten, ein paar Stunden später wiederholt, meldete sich Rosemarie: Ja?

Sind Sie das? fragte Bruster.

Ja, sagte sie.

Sind Sie allein? fragte er.

 Wer sind Sie denn? kam es zurück.

Er lachte. Der Präsident, sagte er.

Ach so, sagte sie. Sie war im Bilde.

Ich weiß jetzt, woher ich Sie kenne. Erinnern Sie sich?
Nein, sagte sie.

Können Sie auch nicht. Aber Sie sind mir fünf Mark schuldig.

Ihnen?

Stichwort Palasthotel. Was wollten Sie da eigentlich im Hof? — Hallo, sind Sie noch da?

Sie waren das ...?

Ich war's. Und Sie haben mich versetzt. Das müssen Sie ausbügeln. Ich bin morgen in Frankfurt, haben Sie Zeit?

Wann denn?

Bruster blätterte seinen Terminkalender auf. Sagen wir um drei.

Ja, sagte sie.

Und wo?

Sie überlegte. Hartog hatte sie am Morgen angerufen, er tat es in unregelmäßigen Abständen, mal am Tage, mal nachts. Heute hatte er gesagt, er würde vielleicht in der nächsten Woche in Frankfurt sein. Wenn er aber plötzlich seine Absicht änderte?

Bei mir, sagte Sie, aber rufen Sie mich um halb drei noch mal an.

Adresse?

Die geb ich Ihnen dann.

Da war wieder die Vorsicht, das Sichernde, das Bruster schon an dem Blick erkannt hatte, mit dem sie sich im Hof des Hotels umgesehen hatte.

Ist gut, Kindchen, sagte er und hängte ein.

Drei Treppen und kein Lift, sagte er kurzatmig und trat ein. Das war seine Begrüßung. Er hängte den Hut an der Garderobe auf, als habe er ihn schon oft dorthin gehängt, und trat vor ihr ins Zimmer.

Hätt ich gar nicht gedacht, sagte er, sich umblickend, zündete sich eine Zigarette an, sah sofort den Aschenbecher, auf dem Bord über der Couch, warf das Zündholz hinein, öffnete die zweite Tür des Zimmers, sagte: Ein Bad, na also, und setzte sich dann in einen der beiden mit Plüsch überzogenen Stühle, die mit dem runden Tisch und der Couch im Laden eine Garnitur gebildet hatten. Die Möbel sahen immer noch aus, als stünden sie im Laden und warteten auf einen planlosen Käufer.

Sie stand am Fenster, und wenn er jetzt gesagt hätte: Nun zieh dich schon aus, hätte sie es getan. Aber er sagte es nicht. Er sog an der Zigarette, es sah aus, als kaue er den Rauch, hob die Absätze etwas von dem falschen Perser und wippte mit den abgespreizten Knien. Er schaute sie an, zum erstenmal, seitdem er die Wohnung betreten hatte, und grinste. Er ließ ein behagliches Brummen hören.

Wollen Sie etwas zu trinken? sagte sie. Sie glaubte, es dieser Wohnung schuldig zu sein, fürs erste Sie zu ihm zu sagen.

Kommt drauf an, was du hast.

Sie ging in die Küche und kam mit einem Tablett wieder, auf dem zwei Gläser, ein trockener Wermut und ein Tellerchen mit zwei Zitronenscheiben standen. Das Tablett hatte eine Glasfläche, unter der ein Blumenmuster zu sehen war. Als sie ins Zimmer trat, saß er auf der

Couch und telefonierte. Er nannte Preise: sie

hörte: cif Hamburg, und als er fertig war, sagte sie: Haben Sie mit Hamburg gesprochen?

Nein, sagte er, war nur ein Ortsgespräch, und legte eine Mark neben das Telefon. Das gefiel ihr. Sie schenkte den Wermut ein.

Er trank, ohne ihr Zeit zu lassen, ebenfalls das Glas an den Mund zu führen. Sogar kalt, lobte er.

Er hatte bisher den Eindruck gemacht, als würde er plötzlich aufspringen, seinen Hut nehmen und wieder gehen. Nun setzte er sich zum zweiten Mal in den Stuhl, griff nach ihr und sagte: nun setz dich mal hin. Sie tat es gehorsam.

Ich seh gern klar, sagte er, wenn's mit uns klappt, komm ich öfters. Aber ich muß wissen, bei wem ich hier bin.

Sie wissen doch, wie ich heiße, erwiderte sie.

Weiß ich, sagte er, seit zehn Minuten. Es steht ja an der Tür. Aber das sagt gar nichts.

Wieso? sagte sie.

Nun stell dich mal nicht dümmer, als du bist. Ich wett meinen Kopf gegen einen alten Hut, daß du die Wohnung noch nicht gehabt hast, wie ich dich im Hof gesehen habe. Wie lange ist das her? Er zog sein Notizbuch aus der Tasche. Vier Wochen …?

Fünf, sagte sie.

Sollen es fünf sein. Der ganze Kram ist doch neu hier. Alles Tinnef, kostet aber doch Geld.

Das ist doch meine Sache, sagte sie.

Gewiß, Kindchen, aber ich will keine Komplikationen. Das hat doch einer bezahlt, ist doch klar, alle Achtung übrigens, wo warst du denn vorher?

Sie zuckte mit den Schultern.

Na siehste, sagte er, mal da, mal dort, und irgendwo 'ne Schlafstelle, damit die Polizei zufrieden ist. Und plötzlich hier die ganze Pracht. Da hast du Glück gehabt.

Bis dieser Dicke bei ihr auftauchte und so tat, als sei er weiß Gott wie oft schon hier gewesen, hatte sie in dieser Wohnung so einsam gelebt wie nie zuvor in ihrem Leben. Die einzigen Worte, die sie in diesen Wochen sprach, wechselte sie in den Geschäften, in denen sie einkaufte, mit den Angestellten. Sie ging nicht mehr auf den Strich, und der einzige, mit dem sie eine Art Verhältnis unterhalten hatte, der Garagist aus dem Palasthotel, wußte nicht, wohin sie verschwunden war. Sie war nie gesprächig gewesen, aber meistens beschäftigt, wenn sie nicht schlief. Sie hatte ein geringes Brot mühsam verdient; womit nicht die Bettdienste gemeint sind, für die sie schlecht bezahlt worden war, bevor Hartog kam, sondern die Bemühungen, einen Mann zu finden und dahin zu bringen, gegen Geld mit ihr zu schlafen – oft genug war es kein Bett gewesen, sondern eine Bank, ein Treppenhaus. In der Großstadt war sie noch nicht lang.

Hartog hatte sich noch keine Gedanken darüber gemacht, was sie eigentlich tat, wenn er nicht da war. Wenn er am Telefon einmal fragte: Was hast du gemacht? sagte sie: ich war beim Friseur, oder: ich war schwimmen, oder: ich war im Kino. Damit gab er sich zufrieden.

Öfter als zweimal in der Woche zum Friseur zu gehen erschien ihrem haushälterischen Sinn unnötig; ins Schwimmbad ging sie regelmäßig, weil ihr Hartog gesagt

hatte, es gebe für die Figur nichts Besseres;

aber ins Kino ging sie nicht gern. Es strengte ihre Augen an, und sie verlor leicht den Faden der Handlung, wie es ihr überhaupt schwerfiel, Vorgängen Aufmerksamkeit zu schenken, die sie nicht persönlich betrafen. So hatte sie also viele Stunden und viele Abende verbracht, in denen sie nur in ihrer Wohnung gesessen, Staub gewischt hatte, wo kein Staub lag, Ordnung gemacht hatte, wo nichts zu ordnen, Radio gehört, wo nichts zu hören war, und sich über die Veränderung ihres Lebens gewundert.

Als Bruster jetzt sagte: Da hast du Glück gehabt, war es ihr tief aus der Seele gesprochen. Und erst dadurch, daß ein anderer es aussprach, dieser Mann, der da vor ihr saß und etwas von ihr wollte, auch ein reicher Mann, vielleicht reicher als Hartog, dachte sie – bemerkte aber im Lauf der nächsten vierzehn Tage, in denen sie viel lernen sollte, ihren Irrtum –, erst durch diese Bestätigung wurde das Glück, das ihr zugestoßen war, für sie greifbar, wurde wahr und wahrhaftig ihr Glück, und so hatte sie einen Augenblick vollkommener Aufrichtigkeit, als sie sagte: Ja, das habe ich.

Bruster verband sich gern mit Menschen, die Glück hatten. Auch das war eine Ursache seines geschäftlichen Erfolges. Glück zu haben schien ihm eine Eigenschaft zu sein wie blaue Augen zu haben, beständig und unveränderlich; aber ebenso hielt er es für eine Eigenschaft, Pech zu haben oder gar Unglück, und wenn er bei einem seiner Mitarbeiter diese Eigenschaft vermutete, dann trennte er sich von ihm, so schnell es sich machen ließ. Dieses Mädchen hatte Glück, und obwohl er, seitdem er es in Hartogs Auto gesehen hatte, nicht daran zweifelte, woher dieses Glück kam, und obwohl er natürlich wußte, daß es für Hartog ein Nichts bedeutete, ihr das Geld für diese Wohnung zu geben und sie aus zuhalten, so beurteilte er das Glück doch nicht von dieser Seite aus; er sah es vielmehr mit Rosemaries Augen. Da war es ein großes, ein über alle Maßen großes Glück, ein Märchenglück, obschon es nichts weiter war als eine Ein-Zimmer-Wohnung voller Hausgreuel.

Hat er das alles gekauft?

Nein. Ich.

Ach so. Und was hat er dazu gesagt?

Hartog, der in seinem Haus kein unechtes Möbelstück geduldet hätte, hatte nichts dazu gesagt. Vielleicht hielt er diese Scheußlichkeiten für notwendige Beigaben eines Verhältnisses, das so tief unter seinem Rang zu sein schien. Es wäre ihm zuzutrauen gewesen, daß er zu Marga gesagt hätte: es war alles so stilvoll.

Bruster genoß die Situation. Er, der von Hause aus keinen Geschmack besaß, aber dank seiner Fähigkeit, spontan zu wissen, ob Dinge das Geld wert waren, das für sie verlangt wurde, ein empfindliches Qualitätsgefühl entwickelt hatte – er hätte am liebsten die Fenster geöffnet und alles hinausgeworfen. Und das war Konrad Hartogs Absteige und Doppelleben!

Brusters Eifersucht, die er trotz seines eigenen, ihm von vielen geneideten Erfolges gegen Hartog als Unternehmer und Geschäftsmann empfand, kam hier auf ihre Kosten. Es war Eifersucht auf drei Generationen gesicherten Besitzes und selbstverständlichen Ansehens, auf einen Weltnamen, und nicht zuletzt auf die Tatsache, daß Hartog, von dem kein lautes Wort kam, der Lärm haßte und in größerer Gesellschaft meistens schwieg, dennoch stets ihr Mittelpunkt war. Bruster, der nie in Hartogs Haus in Essen eingeladen worden war, fühlte sich hier gewissermaßen als sein Gast, und daß er es insgeheim war und schon allein seine Anwesenheit Hartog empfindlich geärgert hätte, ganz zu schweigen von der Möglichkeit, ihn mit seiner Privathure zu betrügen, versetzte Bruster in gute Laune. Es war ihm ein Blick hinter Hartogs Kulissen vergönnt, und was sah er? Möbel von der Stange, Bilder von Hirschmalern, Kitsch in Glas und Porzellan.

Auf dem Radiogerät stand ein Kunstwerk, das Rosemaries ganzer Stolz war: zwei Schleierschwanzfische, die durch vergoldetes Seegras schwammen, das Ganze aus Porzellan. Bruster stand auf und nahm das Ding in die Hand.

Gefällt ihm das auch? fragte er.

Von wem reden Sie denn?

Von Konrad Hartog.

Unverzüglich kam die intelligente Frage: Weiß er, daß Sie hier sind?

Nee, sagte Bruster, das weiß er nicht, und er braucht es auch nicht zu wissen. Woher kennst du ihn denn? Er stellte die Fische wieder auf ihren Platz; der Platz war durch ein rundes gehäkeltes Schondeckchen gekennzeichnet. Bruster dachte an sein Büro, das in jedem Film hätte mitspielen können. Er wäre erstaunt gewesen, wenn er Hartogs Büro in Essen gesehen hätte:

dessen Einrichtung aus schweren Mahagonischränken und einem unverrückbaren Schreibtisch stammte von 1873, und nichts war seither darin geändert worden außer den technischen Anlagen und der Beleuchtung.

Rosemarie antwortete nicht. Na, laß mal, sagte er, ist ja auch egal. Steht er auf dem kurzen Weg ins Haus? Rosemarie schüttelte den Kopf.

Kommt wohl selten? Ist nicht gut, wenn man jemand wie dich viel allein läßt.

Da hat er recht, dachte Rosemarie.

Da komm ich ja gerade richtig, oder? Wir könnten manchmal Vati und Mutti spielen …

Er hatte ihr zuviel Zeit gelassen, sich die Sache zu überlegen. Eine halbe Stunde früher hätte er sie noch überrennen können und die Geschäftsbedingungen diktieren. Jetzt nicht mehr. Sie saß, das eine Bein untergeschlagen, auf der Couch und schaute ihn abschätzend an. Er machte noch einen Versuch, den Herrn zu spielen, der einfach befiehlt. Nun zieh dich schon aus, sagte er.

Sie veränderte ihre Stellung nicht. Wie stellst du dir das vor? fragte sie.

Na, Kindchen, erwiderte er, Alfons Bruster ist nicht kleinlich.

Dann sag doch, wieviel?

Sag du!

Sie hatte sich bis zu diesem Augenblick keine Summe überlegt. Sie überlegte auch jetzt nicht und sagte: Fünfhundert!

Bruster lachte. Wofür? sagte er, fürs Jahr, für 'n Monat?

Für jedesmal, wenn du kommst.

Haha, lachte Bruster und schlug sich auf die Schenkel. Dann hörte er auf zu lachen.

Fünfhundert? Bezahlt das Hartog auch? Der ist ja verrückt. Hör mal, mir ist das Bett gar nicht so wichtig …

Was willst du denn dann?

Sie trug das graue Kostüm, die Jacke auf der bloßen gebräunten Haut, nur einen Büstenhalter darunter. Sie knöpfte die Jacke auf, zog sie aber nicht aus. Mal sehen, was er tut, dachte sie.

Bruster stand sofort auf, beugte sich über sie und versuchte, die Jacke von den Schultern zu streifen. Sie machte sich los, brachte einen Stuhl zwischen sich und ihn.

Ist ja lächerlich, sagte er.

Ich denke, es ist nicht so wichtig?

Ist es auch nicht. Nun hör mal zu. Wir wollen doch vernünftig reden. Weißt du, ich brauch jemand, mit dem ich reden kann. Ich hab nicht die richtige Frau. Es ist die zweite, aber da war die erste noch besser. Sie versteht mich nicht. Aber sie behält alles. Sie hat ein Gedächtnis, zum Kotzen. Ich sag was, ganz harmlos, hab es längst vergessen, auf einmal knallt sie mir's auf'n Tisch. Ich denk manchmal, sie hat gar kein Hirn im Kopf, sondern 'ne Schallplatte oder 'n Tonband.

Ein was? sagte Rosemarie.

So ein Ding zum Diktieren. Brusters rechter Zeigefinger beschrieb eine horizontale drehende Bewegung in der Luft. Ich hab mich scheiden lassen, weil sie den Fisch mit dem Messer gegessen hat. Verstehst du –

ich mein's nicht so wörtlich, es stimmte alles nicht mehr mit ihr, wie der Betrieb immer größer wurde und größer. Sie kam nicht mit. Die neue ißt den Fisch nicht mit'm Messer, sie war auf der Universität, sie kann drei Sprachen, aber eine kann sie nicht. Meine.

Rosemarie stellte die Gläser auf das Tablett und machte Miene, sie in die Küche zu tragen. Der will wirklich reden, dachte sie. Nach ihrer Erfahrung waren Männer, die reden wollten, zeitraubend, aber bequem. Zeit hatte sie in ihrer Lage mehr als genug. Vielleicht wäre sie auf dreihundert heruntergegangen, wenn Bruster sich aufs Handeln verlegt hätte, eine Summe, von der sie vor Hartog nicht zu träumen gewagt hätte. Amerikanische Soldaten hatten ihr manchmal nur die Getränke bezahlt und zehn Mark gegeben. Wie war ihr eingefallen, fünfhundert zu verlangen? Sie wußte es nicht. Sie wußte nur eins: sie wollte nie wieder auf der Straße stehen und kein Geld haben. Der Dicke hatte Geld, das war sicher, er stank nach Geld.

Und er handelte nicht mehr. Er war nicht zum ersten Mal bei einer Hure, er kannte die geschäftlichen Sitten, er hatte die Mark neben das Telefon gelegt, und er legte jetzt fünf Hundertmarkscheine unter die Schleierschwanzfische auf das Häkeldeckchen.

Während der nächsten zwei Monate führte Rosemarie ein Leben von ungemein bürgerlichem Zuschnitt. Da sie von Hartog ihre festen Einnahmen bezog und er, wenn man so will, der Betrogene war, denn er ahnte nichts von Brusters Besuchen am Dornbusch, so
 könnte man sagen, er habe die Rolle des Ehe-

manns in dieser großindustriellen Rivalität gespielt. Demnach wäre Bruster der Liebhaber gewesen, der einzige – ein durchaus bürgerliches Kontingent an Untreue Rosemaries, ausgesprochen bescheiden sogar, bedenkt man, was Frauen, die ihren Wagen und ihren vielbeschäftigten Mann haben, und also Zeit und Gelegenheit, mit anderen vielbeschäftigten Männern alles tun in ihrer Verzweiflung, nicht richtig geliebt zu werden.

Adelheid Hartog allerdings betrog ihren Mann nicht, er führte ein glückliches Familienleben. Sie spielte Golf und ließ sich analysieren. Der Mensch, der sie völlig ergebnislos zweimal in der Woche behandelte und die letzten farbigen Staubkörnchen von ihren Schmetterlingsflügeln wischte, mit denen sie doch auch einmal ausgestattet gewesen war wie jedes junge Mädchen, bekam dafür mehr Geld als Rosemarie von Hartog. Sie hätte es eher verdient. Denn durch ihre Neigung, das Stück Hartog-Rosemarie falsch, nämlich als Idylle zu inszenieren, zwang sie ihn, das Stück Hartog und die Frauen endlich einmal ehrlich zu spielen. Bei ihr durfte er nicht darauf ausgehen, Liebe gegen Sympathie einzutauschen, wenn er sich nicht selbst lächerlich machen wollte.

Die Vormittage im Palasthotel nach Nächten im Dornbusch, Nächte, die er immer mehr auf ihr körperliches Mit- und Beieinander beschränkte und die infolgedessen immer kürzer wurden, empfand er als wahrhaft glückliche Stunden. Es klingt paradox, und in manchen Ohren mag es sogar zynisch klingen: tatsächlich fühlte er sich durch Rosemarie wie nach einem Bad unter einem Wasserfall im Gebirge, gereinigt und belebt.

Schwerer ist es zu sagen, warum Bruster sich mit zunehmender Häufigkeit geschäftlicher Vorwände bediente, um die 150 km von den ABRUDA-Werken nach Frankfurt zu fahren und Rosemarie zu sehen. Es war wirklich so, wie er gesagt hatte: die Unterhaltung war ihm wichtiger als das Bett, und was er darunter verstand, waren einseitige Monologe. Er redete. Bei jedem nächsten seiner Besuche redete er noch mehr als beim vorigen, und es kam sogar vor, daß sie sich überhaupt nicht mehr auszuziehen brauchte. Jedesmal bezahlte er fünfhundert Mark.

Er verbrachte sogar die Nacht nach jenem Tag bei Rosemarie, an dem das neue Verwaltungsgebäude der ABRUDA-Werke eingeweiht wurde. Um zehn Uhr vormittags fand eine Versammlung der ganzen Belegschaft in Halle 5 statt.

Der Vorsitzende des Betriebsrates sprach die einleitenden Worte. Er sagte: Kollegen, das ist ein stolzer Tag für uns alle. Euer Fleiß, eure Tüchtigkeit, eure Zuverlässigkeit, eure Firmentreue hat diesen Tag herbeigeführt, und wenn sich auch dunkle Wolken am internationalen Horizont abzeichnen und der oder jener Schwarzseher vielleicht miesmachen will, mit der Konjunktur und so weiter, unser Betrieb steht. Und jetzt hat das Wort unser Chef, der Mann, der unsere Firma zu dem gemacht hat, was sie ist, unser Generaldirektor Bruster.

Das Hoch unterblieb. Man hätte eine Eisenstange zu Boden fallen hören können, als Bruster aufstand, dem vom Podium abtretenden Vorsitzenden die Hand schüttel-
 te und selbst die beiden Stufen hinaufstieg. Nun

ragte er über die Menschen empor, aber das rückwärtige Drittel der Versammlung sah ihn nur wie einen undeutlichen, fernen Schatten; hörte ihn aber desto eindringlicher.

Die Halle 5 war für diesen Tag ausgeräumt und mit Kalk ausgespritzt worden. Vor der Mitte der westlichen Stirnwand, fünf Meter von ihr entfernt, erhob sich das Rednerpult mit vier Mikrophonen: die Lautsprecheranlage war angeschlossen, der lokale Sender schnitt die Feier mit, um am Abend und am darauffolgenden Tag Teile daraus zu übertragen, die Abteilung Public Relations des Betriebes nahm sie vorsorglich auf Tonband auf, und Bruster selbst hatte sein Sekretariat beauftragt, den Wortlaut seiner Rede mit dem Gerät festzuhalten, das er auf Reisen mitzunehmen pflegte. Es hieß ‹Star Reporter›.

Ein Bündel Kabel lief vom Pult quer über den Zementboden und verschwand im Spalt einer Seitentür. Der freie Raum war von zwei Stuhlreihen eingesäumt, auf denen der Betriebsrat, Frau Bruster II mit seinem Sohn aus erster Ehe, siebzehn Jahre alt, ihre Mutter, ein Vertreter des Bundeswirtschaftsministeriums im Range eines Ministerialdirektors, zwei Vertreter der Landesregierung, darunter der Wirtschaftsminister, der Bürgermeister mit einigen Mitgliedern des Stadtparlamentes, der Oberstadtdirektor und die Hauptabteilungsleiter des Betriebes Platz genommen hatten. Hinter dieser dünnen Linie individueller Repräsentanz standen, Mann an Mann, Frau an Frau – Bruster beschäftigte in den Kabelwicklereien vorwiegend Frauen –, die 17000 Arbeiter und Angestellten seines Werkes. Auch vom Rednerpult aus war der rückwärtige Teil der Halle, die aus Glasdachsätteln ihr Licht empfing, nicht mehr deutlich zu sehen. Köpfe und Leiber verschwammen zu einem grauen Meer vor kalkweißen Wänden. Die Halle hatte einen Inhalt von ungefähr 25000 cbm, 5000 cbm davon, die Hohlräume zwischen den einzelnen mitgerechnet, waren schweigend dastehende Menschen, von denen kaum einer nicht gern an Brusters Stelle gewesen wäre und von denen kaum einer ihn nicht bewunderte und vielleicht auch beneidete. Der Rest des Hallenraums war Luft, die von Minute zu Minute heißer und drückender wurde. Es war ein Julitag, und man hatte vorsorglich die Werkfeuerwehr beauftragt, die Glasdächer während der Versammlung mit Wasser zu bespritzen, um die Luft im Inneren etwas abzukühlen.

Bruster sprach nach einem Manuskript, das fehlerlos getippt mit doppelt breiten Zeilenabständen vor ihm lag. Aber er verstand es, den Eindruck zu erwecken, als spreche er frei und aus dem Augenblick heraus.

Seine ersten Begrüßungsworte galten nicht den Stuhlreihen, sondern den Tausenden dahinter. Die Werkzeitung hob diese Reihenfolge in ihrer nächsten Ausgabe hervor, in der sie auch den Wortlaut der Rede veröffentlichte.

Meine Arbeitskameraden, Männer und Frauen des Werkes, und Sie, unsere Gäste, die Sie uns die Ehre gegeben haben, die Bedeutung dieses Tages durch Ihre Anwesenheit zu unterstreichen, liebe Frau, mein lieber Sohn!

Als wir bald nach dem verlorenen Krieg an diesem Platz, an dem wir jetzt versammelt sind – aber damals war über dieser Halle kein Dach, sondern der freie Himmel blickte auf uns hernieder –, begonnen haben, die Trümmer wegzuräumen, die die Nazis uns hinterlassen hatten, waren wir nur wenige. Wer dabei war, wird sich in diesem Augenblick an jene Zeit erinnern. Was vor uns lag, war nicht weniger dunkel als das, was wir hinter uns hatten. Alle unsere Verbindungen waren abgerissen, unsere Rohstoffquellen waren versiegt, wir waren auf uns selbst gestellt, und das erste, was wir in der notdürftig wieder zusammengeflickten Halle I hergestellt haben, waren – Bratpfannen und Töpfe für die Frauen unserer Arbeiter.

(Gelächter in der Menge)

Es war wenig genug, was in diesen Pfannen und Töpfen gekocht wurde, und es war wichtiger, für Essen zu sorgen als Draht zu produzieren. Und doch mußte wieder produziert werden, wenn wir mehr zu essen haben wollten. Das mußte doch jeder einsehen, und so haben wir gemeinsam wieder Stein auf Stein aufeinandergelegt.

Es war ein schwerer Anfang, aber wir haben nicht nur Draht hergestellt, wir waren auch auf Draht.

(Starkes Gelächter in der Menge)

Nach der Währungsreform ging es aufwärts. Ende 1949 hatten wir wieder 1600 Beschäftigte, das heißt soviel wie im Jahr 1942, dem Jahre unseres bis dahin höchsten Beschäftigungsstandes. Wir lieferten damals 70 Prozent unserer Produktion nach den Anweisungen der Besatzungsbehörden teils an diese, teils an Post, Eisenbahn und andere wichtige, im öffentlichen Interesse stehende Abnehmer, und nur 30 Prozent konnten wir frei verkaufen. Davon sind nur 10 Prozent ins Ausland gegangen.

Und heute? Wir haben mehr als 17000 Beschäftigte. Davon sind 1500 in der Verwaltung und in den kaufmännischen Abteilungen tätig. Weitere 800 arbeiten in den Konstruktionsbüros und Laboratorien, und rund 1000 sind in 50 Montagetrupps von unterschiedlicher Größe zusammengefaßt, die sich ständig auf Außendienst befinden. Nicht weniger als 27 arbeiten im Augenblick im Ausland.

Bruster verweilte weitere zehn Minuten bei Angaben über Produktion und Absatz. Dann fuhr er fort: Jeder Meter Draht, den wir im vergangenen Jahr produziert, als Rohdraht verkauft oder verarbeitet haben, aneinandergelötet, würde eine Länge ergeben, die 777000mal um den Erdball reicht. Mit anderen Worten: wir haben in gemeinsamer Anstrengung ungefähr 34 Millionen Kilometer Draht produziert, Draht jeder Art, und, meine Freunde, nicht nur produziert, sondern auch verkauft. Deutscher Draht ist durch uns in alle Welt gegangen!

Da hat vielleicht mancher von euch gedacht, wenn er im Laufe des letzten halben Jahres die Mauern des neuen Verwaltungsgebäudes emporwachsen sah, was brauchen wir ein neues Verwaltungsgebäude. Soll der Alte doch noch eine neue Walzstraße bauen.

(Gelächter in der Menge)

Wer so gedacht hat, der sieht jetzt vielleicht ein, daß Produktion nicht alles ist. Wir haben eine so vielgestaltige Produktion, die jeden Tag vielgestaltiger wird, die Anforderungen der Fernmeldetechnik, der Radartechnik, der Elektronik, um nur ein paar Gebiete zu nennen, die uns jetzt vor allem interessieren, werden immer komplizierter – daß wir auch eine entsprechend große Stehkragen-Abteilung brauchen.

(Starkes Gelächter in der Menge)

Die Hände macht sich bei uns sowieso keiner mehr schmutzig. Aber ich gehöre nicht zu denjenigen, die sagen, es ist gar kein Unterschied mehr zwischen dem Büro und der Fabrik. Es ist ein Unterschied, es soll ein Unterschied sein, und ohne eine entsprechende produktive Leistung hat die schönste Verwaltung keinen Zweck.

(Starker Beifall)

Aber –

das Umgekehrte gilt auch! Unsere Produkte gehen heute in 68 Länder. Wissen Sie, meine Arbeitskameraden, was das organisatorisch bedeutet? Das ist nicht nur ein Vorteil, es ist eine ungeheure Belastung für den Betrieb, aber eine notwendige Belastung, denn es ist nicht gut, wenn alle Eier in einem Nest liegen. Wir wollen krisenfest sein! Die Älteren unter euch wissen noch, was das heißt: Arbeitslosigkeit! Solange ich hier stehe, werdet ihr das nie mehr erleben!

(Tosender Beifall)

Und deshalb brauchen wir dieses neue Verwaltungsgebäude, ausgestattet mit den modernsten Maschinen aus der ganzen Welt. Hierzu nur ein Beispiel: Wir haben in der Abteilung Statistik zwei Lochkarten-Maschinen aufgestellt, die imstande sind, in der Stunde 40000 Lochkarten durchlaufen zu lassen, abzutasten, zu sortieren und die Ergebnisse zahlenmäßig zusammenzufassen. Das ist ein ungeheurer Fortschritt; bei diesem Tempo wird die zeitraubende Vorauswahl überflüssig. Für jede Angabe, die wir brauchen, können wir sämtliche Karten durchlaufen lassen, selbst wenn wir nur 10 Prozent der Karten im besonderen Fall benötigen, denn der hierdurch eintretende Zeitverlust ist bei diesem Tempo minimal.

(Hier erlahmte das Interesse der Menge, sie wurde unruhig, denn sie verstand nicht mehr, wovon gesprochen wurde. Bruster spürte es, er überschlug kurzerhand eine Manuskriptseite, seine Augen suchten einen neuen wirkungsvollen Einsatz.)

Wenn ich heute den gewaltigen Umfang, allein geographisch, des Marktes überblicke, auf dem wir unsere Produkte absetzen, dann erfüllt mich Stolz. Stolz auf euch alle, meine Arbeitskameraden, meine Freunde, möchte ich sagen, jawohl, meine Freunde, denn wir sitzen alle in einem Boot. Auf einem Schiff muß es einen Kapitän geben, und Offiziere, und die Mannschaft, aber einer für alle und alle – für die Gemeinschaft.

(Starker Beifall)

Daran will ich glauben, und daran dürft ihr glauben, Männer und Frauen der ABRUDA-Werke. Wenn wir heute nachmittag in Hof 3 das Denkmal des Unbekannten Arbeiters enthüllen werden, dann soll damit eine Ehrung verbunden sein. Sie gilt euch, eurer Tüchtigkeit, eurem Fleiß. Und wenn uns erst alle Märkte der Welt wieder offenstehen, auch jene, die uns jetzt noch verschlossen sind, aber was an mir liegt, so will ich alles tun, sie uns

 zu öffnen, damit auch dort, wo noch vom Kriege

her unser deutscher Name in schlechtem Andenken steht, dieses Andenken ausgelöscht wird und an seine Stelle die Beweise unserer Leistungen für eine friedliche Entwicklung der Welt in Freiheit treten – dann, meine Freunde, werden wir nicht 34 Millionen Kilometer Draht in einem Jahr herstellen, sondern vielleicht 100 Millionen!

(Tosender Beifall)

Um dieses Ziel zu erreichen, wollen wir wie bisher auch künftig Schulter an Schulter unsere Pflicht tun.

Bruster verließ das Pult. Der Beifall hielt an, bis er sich setzte. Dann verebbte er jäh. Der Vorsitzende des Betriebsrates stand auf, ging zu den Mikrophonen und rief hinein: Die Betriebsversammlung ist geschlossen.

Die Tore wurden aufgeschoben. Obwohl es auch draußen heiß war, schien es der Menge, als ströme kühle, frische Luft herein. Die beiden Motorspritzen beendeten ihren künstlichen Regen auf die Glasdächer.

Die Menge verließ die Halle, langsam und in merkwürdigem Schweigen. Sie schien sich nicht in einer gesteigerten Verfassung des Gemüts zu befinden. Niemand, der nicht dabeigewesen war, hätte glauben können, daß dieselben Menschen zwei Minuten zuvor den Beifallslärm hervorgebracht hatten. Sie waren weder freudig erregt, noch zeigten sie überhaupt, daß sie von der Rede ihres Chefs berührt worden waren. Und doch schien es, als habe er ihnen aus dem Herzen gesprochen und ihre Willenskraft angefeuert. Bei einem gemeinsamen

Abendessen nach einer Sitzung in Frankfurt hatte Schmitt einmal von Schwierigkeiten berichtet, die er mit den Arbeitern einer bestimmten Abteilung hatte. Ihnen war ein Zuschuß zum Fahrgeld versprochen worden, soweit sie zur Fabrik einpendeln mußten, die Zusage aber dann aus juristischen Überlegungen mit Zustimmung des Betriebsrates zurückgenommen worden. Nur 22 Mann waren davon betroffen worden, aber Hunderte waren aufsässig geworden, die Leistung war rapid abgefallen, nichts hatte mehr geklappt. Sie müssen sich die Burschen mal vornehmen und mit ihnen reden, hatte Bruster gesagt, das wirkt Wunder. Ich hol mir im Jahr vier- oder fünfmal den ganzen Haufen zusammen und möble ihn auf. Die müssen wissen, daß sie einen Chef haben, der für sie geradesteht – dann klappt der Laden.

Waren die siebzehntausend aufgemöbelt worden? Man konnte es ihnen nicht ansehen. Von Bruster kursierte auch der Ausspruch: Das Arbeitsklima bin ich. Er war ein Chef, der sich, sooft er konnte, im Betrieb sehen ließ. Für seine Körpergröße hatte er ungewöhnlich kleine Füße, sie schienen Mühe zu haben, den mächtigen Mann zu tragen und im Gleichgewicht zu halten. Wenn er sich fortbewegte, sah es aus, als müsse er immer rasch einen Fuß vor den andern setzen, um nicht zu fallen. Sein Gang hatte etwas Tänzelndes.

Er tänzelte durch die Hallen, und über den breiten Schultern glänzte sein Vollmondgesicht mit den schlauen kleinen Augen und dem Vollmondlächeln. Vielleicht hatte das Arbeitsklima wirklich etwas mit dem Erscheinen dieses Vollmonds zu tun. Bruster jedenfalls war davon überzeugt, aber er war kein Mann, der nur die eine Seite der Medaille betrachtete; es war seine Gewohnheit, sich von zuverlässigen Leuten aus der Verwaltung, die sich bei den großen Betriebsversammlungen unter die Menge mischen mußten, schriftlich berichten zu lassen, was sie nach der Versammlung gehört hatten. Meistens waren die Berichte kurz und bedeutungsvoll nur dadurch, daß sie inhaltslos blieben. Signale der Zufriedenheit erschienen nur chiffriert in den Leistungstabellen und Produktionsziffern. Stumm strömte die Menge aus der Halle.

Brusters Jacke zeigte nach seiner Rede große dunkle Flecken. Der Schweiß lief ihm über das Gesicht. Er nahm Gratulationen entgegen und ließ sich nach Hause fahren, um zu duschen und sich umzuziehen. Für die Belegschaft waren auf dem Fabrikgelände Zelte aufgeschlagen worden, in denen sie ein freies Mittagessen und Bier bekam. Von zwei Uhr an wurden die Werkshallen für den Besuch der Familienmitglieder freigegeben. Die Männer konnten ihren Frauen zeigen, wo und wie sie ihr Geld verdienten, die Frauen zeigten es ihren Hort- und Schlüsselkindern. Man muß an den Nachwuchs denken, hatte Bruster gesagt, als er die Anregung gab, die Familien an diesem Tag ins Werk einzulassen.

Im Park seiner Villa, neben dem Schwimmbecken, war ebenfalls ein großes Zelt errichtet worden. Die Seitenwände waren hochgerollt, man erblickte eine hufeisenförmige Tafel mit zweihundert Gedecken. Bruster gab hier für seine nächsten Mitarbeiter und für seine Generalvertreter ein Essen. Diese waren aus ihren Ländern mit drei gecharterten Passagiermaschinen herbeigeflogen worden. Bei diesem Essen hielt Bruster seine zweite Rede an diesem Tag. Die Stimmung unter dem Zeltdach, außen himmelblau, innen rosa, unter das eine improvisierte Klimaanlage kühle Luft blies, war glänzend. Ein Werkphotograph blitzte jeden Gast, und in der nächsten Ausgabe der auf schwerem Kunstdruckpapier gedruckten internen Werkmitteilungen wurden die zweihundert Einzelbilder und ein paar Dutzend Gruppen- und Gesamtaufnahmen veröffentlicht. Die Unterschriften dazu lauteten: Unser Herr Roß aus Hongkong freut sich, daß er wieder einmal in Europa is(s)t; oder: Herr Kalunke, unser immer wißbegieriger Chef der Verpackungsabteilung, tauscht hier seine Erfahrungen mit der neuen tropenfesten Verpackung für TNM XII/58 mit unserem Vertreter in Santiago, Herrn A.W. Moraleto, aus. Im Verlauf des Festes spielte auch eine Kapelle im Park zum Tanz, doch als die Fabrik Schichtwechsel hatte und Tausende von Arbeitern an der Parkmauer entlang ihren Heimen zustrebten, bekam die Musik Weisung, eine Pause einzulegen. Auch die Wasserspiele wurden vorübergehend abgestellt; alle Gäste waren voll Verständnis für diese Beweise eines wachen sozialen Empfindens.

Die Dankrede, von dem Generalvertreter in Tokio gehalten, hatte eine humorige Färbung und lockerte die Tischsitten. Einige der Herren, die keine Damen in der Nachbarschaft hatten, begannen das Visier ihrer Wohlanständigkeit aufzuklappen und Witze zu erzählen. Im

 großen und ganzen blieb die Unterhaltung aber

im Rahmen der Geschäfte, und die Sehnsucht, Mensch sein zu dürfen, blieb noch ungestillt zugunsten der Verpflichtung, sich wichtig nehmen zu müssen. Des Tages offizielle Feiern waren ja noch nicht zu Ende, die Einweihung oder besser gesagt die Enthüllung des Denkmals des Unbekannten Arbeiters, das Bruster in seiner Rede erwähnt hatte, stand noch bevor.

Rechts neben Bruster saß H.S. Goffrey, der ABRUDA in Chicago vertrat und dort selber Unternehmungen hatte, mit denen verglichen Bruster ein kleiner Mann war. Er sprach ein leidlich gutes Deutsch und hatte sich die Rede in Halle 5 angehört. Beim Kaffee kam er auf das Denkmal zu sprechen. Was ist das für eine Sache, Alfons? fragte er, diese Memorial für unbekannte Arbeiter? Funny idea…

No, Harry, sagte Bruster, für euch mag es komisch sein, für uns nicht. Konjunktur ist ganz schön, aber was, wenn sie mal aufhört? Ich bin ein Mensch, ich sehe tiefer. Wenn's wieder hart auf hart geht, dann brauchen wir was hinter uns. Wir müssen den Arbeitern mehr bieten als die Lohntüte.

H. S. Goffrey stellte sein Cognacglas, aus dem er gerade hatte trinken wollen, wieder vor sich hin. Denkmäler? sagte er. Bruster, dem Verlegenheit im allgemeinen fremd war, fühlte sich doch ein bißchen unbehaglich. Er war von seiner Idee mit dem Denkmal überzeugt, aber es war schwer, sie einem Amerikaner verständlich zu machen. Ja, auch, antwortete er, wir müssen ihnen etwas bieten, damit sie stolz darauf werden, zu der Firma zu gehören.

Der Amerikaner wollte etwas sagen, aber Bruster ließ ihn nicht zu Wort kommen. Und da haben wir also jetzt dieses Denkmal gebaut, fuhr er fort, jetzt sind wir über den Berg, jetzt können wir auch mal umschauen. Hier war doch nichts mehr, nur Trümmer, ich hab jetzt drei Hektar Dächer, aber damals lag nicht ein einziger Ziegel mehr an seinem Platz. Der Betrieb ist viermal gebombt worden, dreimal von euren Jungs – vergessen, war ja Krieg. 49 haben wir den letzten Blindgänger ausgebuddelt. Die Leute, die ihn rausgeholt haben, schrieben mit Farbe drauf: Letzter Gruß von Morgenthau. Das steckt eben nun mal drin …

Aber er hat doch gar nicht …, sagte H. S. Goffrey.

Nee, er hat nicht, aber warum? Weil er nicht konnte. Aber lassen wir das, ich sage ja nur, die Leute haben es draufgeschrieben, es ist ja nicht meine Meinung. Jedenfalls, die Bombe haben wir ausgeleert und aufgehoben. Und nun haben wir dort, wo wir sie ausgebuddelt haben, in Hof 3, so 'n Ding gebaut, rund, mit Säulen, alles Marmor, sieht direkt klassisch aus, und innen ist 'ne Vertiefung. Ich hab den Architekten nach Paris geschickt, weil ich das dort gesehen habe, das Grab von Napoleon, da steht der Sarg auch tief, man schaut hinunter, sieht so feierlich aus, unser Denkmal ist natürlich viel kleiner, drei Stufen rauf, fünf Stufen runter, und da unten schaut die Bombe halb aus dem Marmor raus, vergoldet.

Mit Morgenthau?

Selbstredend ohne Morgenthau, Harry! Ich bin nicht nachtragend. Leben und leben lassen. Und wir leben

 doch – kein Morgenthau, gewiß nicht, aber doch

Erinnerung: So ist es gewesen – das haben wir geschafft! Die Leute müssen sich an was halten. Deshalb ist da auch die Inschrift, oben herum, die Säulen tragen ein Dach, eine flache Kuppel – so ... Hans!

Hans, Chauffeur und Diener in einer Person, im Augenblick einer der Diener, stellte eine Sektflasche ab und näherte sich seinem Herrn. Geh doch mal rauf in mein Zimmer, da liegt der Plan von dem Denkmal auf dem Schreibtisch ...

Sofort, Herr Bruster, sagte Hans und ging über den Rasen zur Villa hinüber.

Und was steht darauf? erkundigte sich der Amerikaner.

Bruster fingerte einen Zettel aus der Brieftasche und las: *Unsern Arbeitern zum Dank und zur Ehre + aus Trümmern entstanden die ABRUDA-Werke.* Sehen Sie, Harry, ganz schlicht, aber es gibt den Leuten was, Tannenbergdenkmal ist nicht mehr, aber so was ... ganz ohne geht's auch nicht.

Die Feier in Hof 3 war kurz. Von der Belegschaft waren einige tausend Mann anwesend, die übrigen wanderten, teils mit, teils ohne ihre Familien, durch das Werk in ungewohnter Freiheit oder waren nach dem Essen nach Hause gefahren. Außer Bruster und dem Bürgermeister sprach der Vertreter des Ministeriums:

In unserer symbolarmen Zeit, in einer Zeit, in der eine Zerstörung so vieler echter Werte stattgefunden hat, das Vaterland geteilt und die geschichtlichen Zusammenhänge unterbrochen worden sind, in einer Zeit aber auch, in der die Wirtschaft dank einer weit vorausschauenden, den Idealen der freien Welt tief verpflichteten politischen Führung in die Lage versetzt worden ist, einen neuen, von der ganzen Welt bewunderten Aufstieg zu … äh … zu … herbeizuführen, ist die Sinngebung Ihrer Arbeit durch dieses Monument von tiefer Bedeutung. Wenn ich hier als Vertreter des Staates …

Um fünf Uhr war alles vorbei. Die meisten der auswärtigen Gäste waren in Frankfurt einquartiert worden, da es in der näheren Umgebung an angemessenen Hotels gebrach. ABRUDA hatte das halbe Palasthotel gemietet. Herren der Geschäftsleitung begleiteten die drei luxuriösen Omnibusse, die gegen sieben Uhr in der Innenstadt ankamen. Die Gäste gingen in ihre Zimmer, um sich frisch zu machen. Jeder fand dort einen Briefumschlag der ABRUDA-Werke vor. Er enthielt eine schön bedruckte Karte mit folgendem Text:

Lieber Geschäftsfreund!
Mit Rücksicht darauf, daß wir Sie morgen noch einmal für unsere geschäftlichen Besprechungen beanspruchen müssen, glaubten wir in Ihrem Sinn zu handeln, wenn wir für den heutigen Abend von einer gemeinsamen Veranstaltung abgesehen haben. Sie werden es sicher vorziehen, nach Ihrem Wunsch den Abend zu verbringen. Ein Verzeichnis orientiert Sie über die Möglichkeiten, die Frankfurt bietet. Darüber hinaus steht Ihnen der Chefportier des Hotels, dem Sie nur diese Karte vorzuweisen brauchen, mit Rat und Tat zur Verfügung.

Wir erlauben uns, in gesondertem Umschlag

einen Beitrag zu den Spesen des heutigen Abends beizulegen, und wünschen Ihnen viel Vergnügen.

Die Arbeitssitzung beginnt morgen um elf Uhr im neuen Verwaltungsgebäude, die Autobusse starten um 9.30 Uhr vom Parkplatz des Hotels.

ABRUDA-A.G.
Public Relations
ppa. Kotzsche

In dem gesonderten Umschlag befanden sich zwei nagelneue, nicht gefaltete Hundertmarkscheine.

Bruster hatte für sich ebenfalls ein Zimmer im Hotel reservieren lassen. Er sagte zu seiner Frau, nachdem die Autobusse nach Frankfurt abgefahren waren, er werde ihnen leider folgen müssen, da sei noch der und jener, den er unter Alkohol setzen und für morgen weichmachen wolle, die Verhandlungen würden hart, das ganze Preisgefüge sei durch die englische Konkurrenz bedroht. Es wird sicher spät, sagte er, und feucht, ich bleibe im Hotel und komme erst um elf Uhr zur Sitzung wieder. Du hast es heute fabelhaft gemacht. Keine Panne den ganzen Tag. Primissima. Brauchst du Hans? Nein, sagte sie, soll er dich fahren? Ganz gern, sagte er, dann nehm ich den großen Wagen und schlaf unterwegs ein bißchen. Ich könnt dich ja auch fahren, sagte sie. Neenee, sagte er, du hast auch dein Teil heute geleistet.

Er schlief unterwegs nicht. Er war wach und gespannt. Hans trug ihm das Köfferchen mit dem Schlafanzug und den Toilettesachen aufs Zimmer. Ich brauch Sie nicht mehr. Kriegen Sie hier ’n Bett, oder wollen Sie zurückfahren? Wenn Sie mich morgen um Viertel vor zehn holen, reicht’s. Ist ja noch früh, sagte der Chauffeur, da fahr ich lieber zurück. Recht haben Sie, erwiderte Bruster, bei Mutti schläft sich’s am besten. Mir hängt das Hotel auch zum Hals heraus.

Er nahm ein Taxi zum Dornbusch. Was hast du denn da? sagte Rosemarie und nahm ihm an einem Tragriemen einen roten Kasten ab, ziemlich schwer, mit abgerundeten Ecken, goldenen Verschlüssen.

Später, sagte Bruster, stell’s irgendwohin. Er war alles andere als müde. Die Reden, die vielen Menschen, der ganze Wirbel, als dessen Mittelpunkt er sich hatte fühlen dürfen, hatten ihn aufgepulvert.

Na, wie war’s? fragte Rosemarie, ich hab schon so was am Radio gehört, war ja ganz ulkig.

Er sagte nichts. Er hatte die Jacke schon auf einen Stuhl geworfen, die Krawatte hinterher. Nanu, sagte sie, was ist denn mit dir heute, Dicker? So kenn ich dich ja gar nicht. Ist ja allerhand. Quatsch jetzt nicht, keuchte er. Es blieb ihr keine Zeit, sich auszuziehen. Er riß ihr das Kleid herunter, es ging in Fetzen. Bist du wahnsinnig, schrie sie. Sie wollte ins Bad. Damit hatte sie nicht gerechnet. Sie war eine sorgfältige Hure, an zwei Abtreibungen hatte sie genug. Er riß sie zurück und warf sie auf die Couch. Sie schlug nach ihm, teils fürchtete sie ihn wirklich in diesem Augenblick, teils tat sie es, weil er es gern hatte. Wehr dich! hatte er sie beim erstenmal angeherrscht, als sie ihm fügsam hatte entgegenkommen wollen. Sie kratzte nicht, sie biß nicht, sie schlug mit Fäusten auf ihn ein, nicht ins Gesicht. Man darf nichts sehen, hatte er gesagt. Das war nicht immer einzuhalten. Wenn er in Fahrt kam, schlug er auch, mit der flachen Hand dorthin, wohin Prügel gehören, Rosemarie hatte es nicht ungern, solange es Spiel blieb.

Sie besaß weniger Leidenschaft als ein Huhn. Sie ging nicht einmal gern mit Männern ins Bett, sie spielte nur gerne mit ihnen herum, das war auch alles. Sie war weder ein Partner für vulkanische Männer noch für Artisten des Betts. Sie war eine schlechte Liebhaberin. Es waren keine Ekstasen aus ihr herauszuholen, und ihre kurzen Intervalle erlaubten kein Vergessen der Zeit und der Welt, kein Versinken.

Stunde um Stunde war an diesem Tag in Bruster der Pegel der Gier langsam gestiegen, jetzt brach sie aus ihm. Rosemarie wußte damit nichts anzufangen. Er aber war von einer wilden, wütenden, anhaltenden Kraft. Sie konnte sie nur über sich ergehen lassen. Au, schrie sie, du tust mir ja weh. Du elendes Miststück, du Hure, du Dreck, schric er. Sie bekam Angst, sie begann um sich zu schlagen, es war kein Spiel mehr, jetzt kratzte sie auch und biß. Damit stimulierte sie ihn aufs äußerste, und er überwältigte sie. Sie entwand sich ihm danach und stürzte ins Badezimmer. Er blieb allein zurück. Sein Gehirn arbeitete jetzt fröhlich und leicht. So war es immer aprés. Der Tag zog noch einmal an ihm vorbei. Was für ein großartiger Tag war es gewesen! Wir hätten Hartog einladen sollen, dachte er. Ob er gekommen wäre? Ha, wenn der wüßte, daß ich hier bin …

Als sie zurückkam, hatte er den roten Kasten neben das Radiogerät gestellt und an die Leitung angeschlossen. Sie sah die Couch und sagte verärgert: Ich hab's ja gewußt. Sie breitete ein frisches Handtuch aus und machte jetzt das Bett. Er ging in seinem verknitterten kurzen Taghemd, das er nicht ausgezogen hatte, quer durchs Zimmer zur Tür, die in den Flur führte. Was suchst du denn? fragte sie. Mal sehen, ob du was im Eisschrank hast; ich hab nicht zu abend gegessen. Das laß mich machen, sagte sie. Schon gut, sagte er, mach das Bett, ich bleib heut nacht hier. Er kam mit einer Flasche Bier, Brot und Wurst wieder. Die Wurst war in einem Zellophanbeutel verpackt, es gelang ihm nicht, ihn zu öffnen. Verfluchter Mist, sagte er, ich möchte eine ordentliche Wurst im Stück. Sie schnitt den Beutel mit einer Nagelschere rundherum auf, entfernte die Ränder und den oberen Teil der Hülle, sauber und ordentlich servierte sie die Wurst auf dem unteren Zellophanblatt. Du hättest in den Haushalt gehen sollen, sagte er. Das Bier trank er in großen Schlücken aus der Flasche. Er stand vor ihr an der Couch, auf der sie nackt lag, er hatte die Semmel in der einen, die Flasche in der anderen Hand. Ihr war jetzt ganz behaglich. Irgendwo hoch über ihr und über seinem Bauch mümmelte er an seiner Semmel, und manchmal griff er hinter sich und holte ein Stück Wurst vom Tisch. Dreh mal an, sagte er und deutete mit der Bierflasche auf das Tonbandgerät, das er mitgebracht hatte. Wo denn? fragte sie. Den rechten Knopf nach rechts, sagte er. Sie tat es. Muß erst warm werden, sagte er. Und als der Apparat zu schnurren begann wie eine Katze: nun drück die zweite Taste von links. Sie stützte sich auf den Ellbogen, betätigte mit der Linken die Taste, ließ sich zurückfallen und sagte: Du bist heute in Form. Still, sagte er. Erst kam die Stimme des Betriebsratsvorsitzenden. Wer ist denn das? fragte sie.

Der Menneberg, sagte er, den haben sie schon zum drittenmal gewählt. Je öfter, desto besser. Der frißt mir aus der Hand. Dann kam seine Stimme, aufgepumpt mit der schwimmenden Akustik von Halle 5: Meine Arbeitskameraden, Männer und Frauen des Werkes, und Sie, unsere Gäste, die Sie uns die Ehre gegeben haben, die Bedeutung dieses Tages durch Ihre Anwesenheit zu unterstreichen, liebe Frau, mein lieber Sohn ...

Rosemarie brach in kreischendes Gelächter aus. Der Apparat sprach weiter:

Als wir bald nach dem verlorenen Krieg an diesem Platz, an dem wir jetzt versammelt sind ...

Das haben sie auch im Radio gebracht, sagte Rosemarie; nun leg dich schon hin, mir wird ja der Arm lahm. Haben sie alles gebracht? fragte er. Nein, ich weiß nicht, oder doch, ich glaube, sagte sie. Er stellte die Flasche weg. Semmel und Wurst hatte er aufgegessen. Er setzte sich auf den Rand der Couch und lauschte gespannt seinen eigenen Worten, wobei er den Blick auf das Gerät gerichtet hielt, als sei er dort selbst zu sehen.

Rosemarie drehte sich um, legte sich auf den Bauch, stützte ihr Kinn auf seinen linken Oberschenkel.

Es war ein schwerer Anfang, aber wir haben nicht nur Draht hergestellt, wir waren auch auf Draht.

Das ist gut, sagte Bruster.

Das Gelächter der Menge, in diesem Lautsprecher nur als Lärm zu hören, war undefinierbar.

Was kaputt? sagte Rosemarie.

Psst! sagte er.

Nach der Währungsreform ging es aufwärts. Ende 1949 …

Rosemarie ließ sich durch das Gerät nicht stören.

Laß das, flüsterte er, hör zu!

… hatten wir wieder 1600 Beschäftigte, das heißt sovicl wic im Jahr 1942 …

Und so weiter. Rosemarie hielt ihre Hände still, sie hörte nun wirklich zu. Da erfahr ich was von seinem Betrieb, dachte sie. Ihr Verstand, ihre Phantasie konnten mit den Zahlen, die sie hörte, nichts anfangen, und sie begriff nur vage, wovon er sprach. Sie hörten die Rede bis zum Ende, sie machte ihr einen tiefen Eindruck, man könnte sagen, einen unauslöschlichen Eindruck, wenn sie ein Leben lang Zeit gehabt hätte, ihn auf ihre Weise in die Tat umzusetzen. Aber dieses Leben war nicht mehr lang, und die ihr noch zugebilligte Zeit reichte gerade nur dazu aus, eine Andeutung ihrer ungewöhnlichen kommerziellen Begabung sichtbar werden zu lassen.

Als die Rede zu Ende war, lief das leere Band weiter. Bruster saß in Gedanken versunken, er machte keine Anstalten, das Gerät abzustellen. Rosemarie probierte so lange an den Knöpfen und Tasten herum, bis die Spulen stehenblieben. Sie begann zu frieren und zog sich ein Nachthemd an aus rosafarbenem Nylon.

Prima, sagte sie.

Findest du? sagte er.

Ganz prima, sagte sie.

Ich hab sie wieder mal aufgemöbelt, sagte er. Stell dir vor, siebzehntausend. In Worten: sieb-zehn-tausend! Mein Vater hat mit zwanzig angefangen, und wie ich die Firma übernommen habe, waren es dreihundert. Und dann der Krieg. Zuerst war er ja gut, wir haben gebaut und gebaut und gebaut, aber dann … siebzehntausend! Wenn ich so durch den Betrieb geh, das ist wie ’n Motorboot, hast schon mal gesehen? Vorne liegt der See ganz glatt, dahinter weißer Schaum, Wellen, Bewegung. Ich brauch gar nichts zu sagen, nur durchgehen, dann ziehen sie schon an. Freundlich, immer freundlich, weißt du, gegen einen Haufen mußt du immer freundlich sein, nie gegen anstänkern, immer Honig ums Maul und reden, was sie gerne hören, und wenn sie was nicht so gern hören, aber du mußt es doch sagen, dann ganz auf die sanfte Tour, so wie ich ihnen das mit dem neuen Bau hingerieben habe, hör noch mal …

Er wollte das Tonband noch einmal laufen lassen und die Stelle heraussuchen.

Laß nur, Dicker, sagte sie, ich hab's gehört. Es war prima, wirklich …

War's auch, sagte er. Zur Sau machen darfst du sie nur einzeln, aber sonst, immer nur lächeln. Die haben ein Vertrauen zu mir, das kannst du dir nicht vorstellen. Ich hab nie Schwierigkeiten im Betrieb. Dabei fangen wir erst jetzt an, die Leute auszusuchen bei Neueinstellungen, bisher haben wir sie schockweise vom Arbeitsamt bezogen, wie sie kamen, aber keine Schwierigkeiten ... Du hörst ja gar nicht mehr zu! Woher bist du denn so braun?

War doch jetzt immer schön Wetter, sagte sie, ich geh schwimmen und leg mich dann in die Sonne.

Sieht man ja gar keinen Badeanzug, bist ja überall braun.

Da gibt's eine Liegeterrasse, da kann man ohne. Nur für Frauen. Das wär was für dich, da kannste was sehen. Ich seh genug, sagte er und schob das Nylonhemd über ihre Schenkel hinauf.

Was hast du denn vorhin gehabt? fragte er, du warst ja gar nicht richtig da.

Doch war ich, sagte sie. Du bist so grob. Möcht wissen, was deine Frau sagen würde ...

Morgen werden wir 'n heißen Tag haben, sagte er. Die Engländer schießen quer.

Erzähl mal, sagte sie und rückte näher.

Wir haben doch Zeit, Kindchen, sagte er, die ganze Nacht. Die werden ganz schön was rumhuren heute in Frankfurt. Alles für mein Geld.

Wer? fragte sie.

Meine Vertreter, sagte er.

Ich hab auch mal einen Vertreter gekannt.

Ach Quatsch, sagte er, doch nicht so 'n Vertreter. Meine Generalvertreter. Die hab ich eingeladen aus der ganzen Welt. Allein die Flugzeuge kosten mich bare hundertfuffzigtausend Emm, aber es lohnt sich. Da sind Burschen dabei, die haben ihre Privatflugzeuge zu Haus, der Goffrey zum Beispiel. Der war stocksauer, wie ich das vom Morgenthau zu ihm gesagt habe, stocksauer war er, aber das war ’ne gute Pille für ihn. Der wär für dich richtig, aus dem könnste was rausholen. Du bist so der Typ für solche …

Bin ich dein Typ nicht? fragte sie und schloß die Augen, wie sie es in Filmen gesehen hatte.

Bist du, sagte er, aber mach nicht auf geil. Da lachen ja die Suppenhühner. Du mußt sachlich sein, das ist dein Stil, verstehst du … Er lachte vor sich hin: Du hast eigentlich auch eine Firma, wenn man’s genau nimmt.

Nun laß doch schon, sagte sie, schob seine Hand weg und schlug die Beine übereinander. Erzähl weiter … Firma?

Doch, sagte er, dein Produktionsprogramm ist ’n bißchen klein, aber krisenfest, haha. Aber du verkaufst das nicht richtig. Mich nimmst du ja schön aus – ach, die Mäuse, hab ich heut ganz vergessen, ich wünsch dir immer solche Kunden wie mich … Er fischte seine Brieftasche aus dem Rock, den sie inzwischen ordentlich über die Lehne des Stuhles gehängt hatte, zählte die Scheine ab und gab sie ihr, zu einem Bündel gefaltet.

Du solltest Taschen im Nachthemd haben, sagte er.

Sie nahm das Geld und legte es über ihrem Kopf auf das Bord, auf dem das Radiogerät stand.

So möcht ich mein Geld auch verdienen, sagte er.

Du hast es nötig, sagte sie, für dich arbeiten doch die andern. Was soll ich denn tun?

Die Kundschaft ausbauen, sagte er, und der Verkaufsraum hier – alles was recht ist, aber das ist wirklich das Letzte. Ich würd dir gern mal unser neues Verwaltungsgebäude zeigen, da könntest du mal sehen, wie man heute so was macht, da ist nichts dran, was du weglassen könntest, und hier ist nichts drin, was du nicht weglassen könntest – außer dir, versteht sich.

Du bist eigentlich 'n ganz Lieber, sagte sie.

Bin ich, sagte er, aber meine Frau, die tut immer so, als müßte sie sich erst Handschuhe anziehen, bevor sie mit mir ins Bett geht. Die lauert so rum ... bei dir kann man wenigstens reden und muß sich nicht jedes Wort überlegen ... Herrgott, ich hab Hunger ...

Ich hab noch Ölsardinen und Butter, sagte sie.

Brrr, sagte er, Fettzeug mag ich nicht. Lieber 'ne trockene Semmel, hast du noch eine?

Mal sehen, sagte sie, ging in die Küche und kam mit einem kleinen Rest Schwarzbrot zurück.

Das ist alles? sagte er. Siehst du, du verstehst nichts vom Geschäft. Mit mir kannste das ja machen, ich bin ja gutmütig, 'n anderer käm hier nicht mehr rauf bei so 'ner Bedienung. Da muß Zug rein in die Sache.

Das kostet Geld, sagte sie.

Er stand auf und biß von dem Brot ab. Nun laß dir mal eins sagen, hör genau zu, und wenn dich jemand fragt, wer's gesagt hat, dann sag: ich, Alfons Bruster, nee, sag's lieber nicht, kannst du den Mund halten? Ich glaub, du kannst, das ist wichtig. Aber was ich sagen wollte: Geld kommt von Geld. Geld kommt nur von Geld, das merk dir fürs ganze Leben.

Er ging ins Bad, machte die Tür nicht hinter sich zu und ließ das Bier von vorhin aus sich herauslaufen. Dann zog er schließlich auch sein Hemd aus, kam zurück, legte sich neben sie auf die Couch, deckte sich zu.

Willst du schlafen? fragte sie.

Nee, sagte er, weißt du, was ich will? Ich will mir das noch mal anhören.

Was? rief sie, deine Rede?

Warum nicht? sagte er.

Sicher, sagte sie.

Wir können dabei ja eia popeia machen, sagte er, griff über sich und schaltete das Gerät ein.

Als er am nächsten Morgen weg war, ging sie einkaufen und brachte ein Kontobuch mit nach Hause, das sie nach langem Aussuchen und umständlicher Zwiesprache mit der Verkäuferin erworben hatte. Es war mehr breit als hoch, für doppelte Buchführung angelegt, von der sie keine Ahnung hatte; aber sie machte sich ihr eigenes System zurecht, das ihr später sogar erlaubte, den Stand ihrer Bankkonten, ihres Bargeldes, ihrer Außenstände und ihrer Schulden auf dem laufenden zu halten und mit einem Blick zu übersehen. Meistens waren die Außenstände null und die Schulden minimal.

Sie verbrachte den ganzen Nachmittag damit, ihrer Buchhaltung eine Basis zu geben; sie wollte sie bis zu dem Tag zurück nachholen, an dem ihr Hartog den ersten größeren Betrag gegeben hatte, und es gelang ihr tatsächlich, ihre Einnahmen auf Heller und Pfennig zu verbuchen, sie hatte nicht einmal die fünfzig Mark vergessen, die ihr Hartog in dem Restaurant in Wiesbaden gegeben hatte. Von den Ausgaben waren ihr natürlich nur noch die größeren Beträge im Gedächtnis. Damit Ausgaben und Bargeld gleich der Summe ihrer Einnahmen wurden, mußte sie auf der Ausgabenseite einen Posten ‹Verschiedenes› in Höhe von 3771,77 verbuchen. Von Bruster allein hatte sie bis zu diesem Tage 4000 Mark bekommen – und jene eine, die er neben das Telefon gelegt hatte beim ersten Mal. Das heißt, er war bisher achtmal bei ihr gewesen.

An jenem Nachmittag kam sie noch nicht auf die Idee, die Dauer der Besuche ihrer Kunden unter dem Datum zu vermerken, denn Zeit war für sie noch nicht kostbar. Wenige Wochen später war ihre Klientel allerdings bereits so umfangreich geworden, daß Rosemarie ihre Zeit einteilen mußte, und Schmitt war es dann, der ihr begreiflich machte, daß sie ihre Kalkulation überhaupt nur auf dem Faktor Zeit aufbauen konnte, wenn sie zu einer gerechten Preisgestaltung kommen wollte. Dafür genügte das Kontobuch nicht mehr. Sie begann vielmehr Karteien zu führen, die nach ihrem Tod den Eifer der Polizei in die rechten Bahnen lenken und sie darauf aufmerksam machen sollten, daß hier ein Fall vorlag, bei dem es geraten schien, mit besonderer Umsicht vorzugehen.

Für ihre finanziellen Aufzeichnungen benützte sie aber bis zu ihrem Tod jenes erste Kontobuch, das ihr teuer wurde und vor dem sie zuweilen träumend saß, wobei die Zahlen vor ihren Augen verschwammen. Es zeigte noch acht leere Doppelseiten, als sie ermordet wurde. Mit großer Sorgfalt hatte sie das erste Blatt mittels durchsichtiger Klebstreifen wieder in Ordnung gebracht, das Konrad Hartog in seiner Wut mitten entzwei gerissen hatte, als ihm das Buch in die Hand gefallen war, eine Woche nachdem sie es gekauft hatte.

Sie verwahrte es unter ihrer Wäsche im linken Teil des Kleiderschrankes. Dort wähnte sie es vor Hartogs Augen sicher, er war noch nie an ihren Schrank gegangen. Es war von ihm nicht zu befürchten, daß er auch nur eine Schublade öffnen würde, die fremden Besitz enthielt. Er besaß jedoch eine Eigenschaft, mit der Rosemarie nicht gerechnet hatte, weil sie sie noch nicht kannte. Wie es Männer gibt, die von der Küche magisch angezogen werden und in jeden Topf schauen müssen, weshalb man sie Topfgucker nennt, so hätte man Hartog einen Kleider- und Wäschegucker nennen können. Er hätte sein Geld vielleicht auch als Schneider verdienen können. Er versäumte nie, wenn es seine Zeit zuließ, Adelheid zu ihren Anproben zu begleiten, er befühlte gern Stoffe, und zu den Gebrauchsanweisungen, die Rosemarie von ihm und für ihn bekommen hatte, gehörte auch die, daß sie sich nicht immer sogleich ganz ausziehen sollte. Sie hatte viel zu bügeln nach seinen Besuchen.

So geriet er über ihre Kleider, als sie in die Küche gegangen war, um einen mitternächtlichen Imbiß zu bereiten aus dem nun besser versorgten Eisschrank; es war noch eine ziemlich bescheidene Garderobe, er hatte sich mit ihr nicht in Geschäften sehen lassen wollen, und das wenigste, was sie sich gekauft hatte, gefiel ihm; er kam auch über ihre Wäsche, und dort fand er, unter zwei Nachthemden, das Kontobuch.

Er öffnete es, und als er sah, um was es sich handelte, war er amüsiert. Sie hatte eine Schrift wie ein Schulkind; die Zahlen standen so ordentlich zwischen den blauen und roten Linien, daß er sie vor sich sah, am

Federhalter kauend und mit einem blauen Finger. Aber dann schaute er genauer hin und fand die erste Eintragung: von B. ... 1,–; und fand die zweite: von B. ... 500,–; und fand die dritte: von B. ... 500,–, und fand alle übrigen.

Als Rosemarie mit Tellern und Besteck ins Zimmer kam, stand er am geöffneten Fenster und blickte in die Nacht hinaus. Er trug den schwarzen, rot abgesetzten Hausmantel, den er bei ihr hinterlegt hatte. Es ist gleich soweit, sagte sie, stellte das Geschirr ab und ging wieder hinaus. Sie kam mit belegten Broten und Wein zurück. Er stand noch immer am Fenster und bewegte sich nicht. Du könntest mal decken, sagte sie. Er rührte sich nicht. Sie wußte, daß er launisch war und ihm leicht etwas gegen den Strich ging, aber es war zuvor nichts geschehen, was ihn geärgert haben könnte, sie verstand nicht, warum er ihr nicht half. Sie verstand es um so weniger, als er ein anstelliger Mann war, sein Personal zu Hause hätte gestaunt, wenn es gewußt hätte, wie gut Herr Konrad Hartog einen Teetisch zu decken verstand und wie gern er es tat. Adelheid wußte es von Aufenthalten im Jagdhaus und von ihren Reisen mit der Hochsee-Jacht.

Dann eben nicht, sagte Rosemarie und breitete eine Tischdecke über die Glasplatte. Da drehte er sich um. Sie sah sofort, daß etwas passiert sein mußte. Sein Gesicht drückte Ekel und Verachtung aus.

Ich hab von dir nicht verlangt, sagte er, daß ich der einzige bin. Aber nur, weil ich nicht gedacht habe, daß du ...

Sie fuhr auf: Ich habe mit niemand ...

 Ich hasse Streit, sagte Hartog. Wenn du anfängst zu lügen, werden wir uns streiten. Es gibt für alles Spielregeln.

Woher weiß er es denn plötzlich? dachte sie. Da sah sie das Kontobuch auf dem Boden liegen, die Hälfte eines Blattes, eines beschriebenen Blattes lag daneben. Sie stürzte sich auf das Buch, raffte es auf und legte es hinter sich, wie um es in Sicherheit zu bringen.

Was gehen dich meine Sachen an, schrie sie.

Deine Sachen! sagte er und bereute es sogleich.

Spielregeln, höhnte sie, du kommst dir so fein vor mit deinen Spielregeln. Wer hat denn betrogen, du oder ich? Wer ist verheiratet?

Es stimmt also ...?

Was soll denn stimmen?

Machen wir's kurz, sagte er, wer ist dieser B.?

Das erriet er also nicht. Soll ich es ihm sagen, überlegte sie. Was kann es mir nützen, was schaden?

Das kann dir gleich sein, sagte sie, und er dachte: das kann mir wirklich gleich sein.

Was war hier noch zu sagen? Ich führe mich lächerlich auf, dachte Hartog; was hab ich denn erwartet? Und warum? Die Wohnung und genug Geld, dachte ich ...

Was hast du dir eigentlich gedacht? fragte sie hellsichtig und schrie nicht mehr. Sie sah, wie seine Wut zerfiel, sie hatte nichts mehr zu fürchten, sie hatte ihn nur noch zu verlieren. Sie wollte ihn nicht verlieren. Er war so ein Feiner. Mit Bruster konnte sie sprechen wie mit sich selbst, das war bequem; der aber war aus einer anderen Schachtel, das war unbequem, aber es zog sie zu ihm hin. Du warst doch nie da, sagte sie und bekam einen

Ton in die Stimme, der ihn erschauern ließ. Er blickte sie an, um zu sehen, ob sie vielleicht die Absicht hatte zu heulen. Die Stimme hatte so geklungen. Aber der Ausdruck ihres Gesichtes widerlegte die Stimme. Er war echt, er verriet höchste Aufmerksamkeit und eine harte Entschlossenheit, keine Chance zu verschenken; die Stimme hingegen, das Weinerliche darin war künstlich, war Mittel zum Zweck.

Spielregeln! wiederholte sie noch einmal, das Wort hatte sie getroffen. Gehört dazu, daß ich für dich nur da war, wenn du da warst, im Monat keine fünf Tage?!

Ich hab dich oft angerufen …

Mit jedem Wort, das er sprach, verlor er an Boden.

Setz dich doch hin, sagte sie und setzte sich selber auf die Couch. Sie hatte nichts an als einen weißen Überwurf aus Frottee-Stoff, der keine Knöpfe hatte, nur eine Schnur; sie war, bevor sie in die Küche gegangen war, im Bad gewesen. Jetzt wollte sie Zeit gewinnen.

Es ist so dumm, sagte er, du hattest doch alles …

Steh nicht rum wie dein eigenes Denkmal, sagte sie, und wirklich, er setzte sich, und während er sich setzte, zog er mit einer mechanischen, tausendmal geübten Bewegung die Hosenbeine an den Falten mit zwei Fingern etwas empor. Der schwarze Mantel, über den Knien auseinanderfallend, berührte den Teppich. Er zündete sich eine Zigarette an. So saß er, ein untadeliger Herr, auf einem Stuhl, den er bezahlt hatte, diesem Mädchen gegenüber, das er bezahlte, und wünschte am Nordpol oder wenigstens in Essen in seinem Haus zu sein, mein Haus,

 meine Burg, und war in seiner Eitelkeit so tief

getroffen, daß er entschlossen war, nie wieder hierher zurückzukehren.

Wie die meisten Frauen, die eine Verteidigung in einen Angriff verwandeln, klammerte sie sich an die Worte, die er ihr hinwarf, sie wiederholte sie, gewann damit für den nächsten Zug einen neuen Start. Dumm – so gescheit bin ich nicht wie du, aber das Theater, das du jetzt spielst ... was willst du eigentlich, was paßt dir nicht?

Das kann ich dir genau sagen, erwiderte er. Mir paßt nicht, daß du dich von mir bezahlen läßt und mit einem andern rumschläfst, vielleicht sogar hier ...

Hier nicht, sagte sie.

Das wenigstens doch nicht, dachte er. Aber dieser B., er bezahlt auch ... sagte er, steht ja in deinem Buch ...

Was interessiert dich eigentlich? fragte sie, ob's noch andere gibt oder was sie bezahlen? Vielleicht willst du dich beteiligen ...

Er glaubte, sie verhöhne ihn, aber sie sprach im Ernst. Du könntest es verlangen, sagte sie, der andere hat ganz schön bezahlt, viertausend, aber von dir hab ich schon neunzehntausend, mit der Wohnung.

Er starrte sie fassungslos an.

Ich geb dir noch das Geld für einen Monat, sagte er, die Wohnung kannst du behalten. Ich denke, du wirst jemand finden, der in Zukunft die Miete bezahlt.

Du willst Schluß machen?

Das will ich, sagte er und stand auf.

Wenn er jetzt wenigstens geradenwegs zur Tür gegangen wäre, im Flur den Morgenmantel gegen seine Jacke vertauscht und die Wohnung verlassen hätte, würde er sich viel erspart haben, nicht nur Geld. Aber er war nicht der Mann dazu. Er hatte sich zu weit eingelassen, er zauderte, er kam nicht von der Bühne herunter, die er selbst aufgebaut hatte. Er war aufgestanden, aber er wollte nicht einfach so weggehen, er wollte nicht unhöflich sein. Aber vielleicht war es auch mehr.

Und wieder traf sie ihn am empfindlichsten Punkt.

Warum sollst du eigentlich so billig wegkommen, sagte sie. Willst du wirklich behaupten, ich hätt dich betrogen? Du bist ja ulkig. Du hast doch alles gehabt, was du wolltest – oder? Bin ich dir was schuldig geblieben? Hast du nicht selber gesagt, mit mir bist du am besten?

Hör auf, sagte er.

Ich hör nicht auf, rief sie, stand auf und steigerte sich in eine neue Erregung hinein. Erzähl doch mal, bevor du abhaust, was du eigentlich gewollt hast, wenn du meinst, daß ich dich betrogen habe, ich – dich! Ha! Wolltest du eine feine Dame? Sah nicht so aus. Du wolltest jemand, bei dem du nicht so fein zu sein brauchtest wie bei deiner Adelheid oder wie du jetzt tust. Tut's dir eigentlich nicht leid, wenn du jetzt so weggehst, du warst doch eigentlich ganz schön scharf auf mich, vom ersten Augenblick an damals in der Bar …

Pause.

Du redest nicht mehr mit mir? Sieh mal an! Überleg dir's noch mal. Geh nur, du bist ja sonst auch immer gleich ins Hotel zurück. Ruf mich an morgen früh …

Er glaubte es sich schuldig zu sein, zu sagen: Ich ruf dich nicht mehr an.

Wie du meinst, sagte sie. Vielleicht ruf ich dich an. Essen 768053.

Er hatte sich in der Gewalt. Er ließ sich nicht anmerken, wie er erschrak, als sie die Nummer nannte.

Das wirst du nicht tun, sagte er.

Warum nicht? erwiderte sie.

Sie standen einander gegenüber. Der Hausmantel beengte ihn plötzlich, er mußte ihn loswerden, augenblicklich. Er ging hinaus, entledigte sich dort des Mantels, zog die Jacke an; Rosemarie stand im Zimmer und wartete auf das Zufallen der Tür. Aber er kam zurück, alarmiert von ihrer Drohung, sie werde in seinem Haus anrufen.

Noch einmal versuchte sie ihn zu halten. Ist doch alles Unsinn, sagte sie, wir vertragen uns doch ganz gut.

In diesem Augenblick hätte sie noch gewinnen können, wenn sie zurückhaltend gewesen wäre. Aber nun machte sie einen Fehler, den ersten und zugleich entscheidenden, seitdem er das Kontobuch gefunden hatte. Sie versuchte ihn zu verführen, und sie gebot dabei, wenn sie nicht nur Objekt war oder Anweisungen befolgte, nun einmal nur über sentimentale Töne. Wie sie sich ihm jetzt näherte, sich an ihn schmiegte und Liebling sagte, damit verdarb sie sich alles. Schluß jetzt mit der Komödie, sagte er scharf und machte sich frei.

Es gibt keine aufrichtige Sentimentalität. Verlogenheit macht ihr Wesen aus. Objektiv. Aber ein sentimentaler Mensch ist, wenn er sich sentimental gibt, subjektiv selbstverständlich aufrichtig, und Rosemarie war aufrichtig in dem äußersten ihr möglichen Grad, als sie in Hartogs Ohr: Liebling, flüsterte.

Und nichts verletzt sentimentale Naturen tiefer, als wenn sie der Verlogenheit bezichtigt werden deshalb, weil sie sich ihrer Sentimentalität überlassen.

Komödie? sagte sie. Nun wurde sie tückisch.

Du kannst es dir aussuchen, sagte sie. Ich halte dich nicht, aber wenn du meinst, daß du einfach so abhauen kannst, da bist du schiefgewickelt.

Was willst du? fragte er.

Ebenso unüberlegt, ebenso aus dem Zentrum ihrer geheimsten Begierden, wie sie zu Bruster gesagt hatte: fünfhundert, platzte es jetzt aus ihr heraus: den Wagen!

Was? rief er und lachte, aber es klang nicht überzeugend. Meinen Wagen – den SL?

Deinen Wagen, unseren Wagen, meinen Wagen. Du hast gesagt, wenn er alt ist, schenkst du ihn mir.

Das habe ich nie gesagt. Und er ist nicht alt.

Dein Pech, sagte sie, wenn er keine Zeit hat, bei uns alt zu werden.

Unmöglich, sagte er. Ich kann doch nicht ohne den Wagen …

… bei deiner Frau aufkreuzen, das wolltest du doch sagen? ergänzte sie. Kannst ja sagen, er sei dir gestohlen worden.

Du hast keine Ahnung, was der Wagen dich kostet.

Der kostet mich gar nichts, sagte sie.

Nachher, meine ich, wenn du ihn hättest, Steuern, Benzin, Garage.

Es war wieder alles falsch, was er vorbrachte. Er war ihr nicht gewachsen.

Dafür laß mich nur sorgen, sagte sie. Aber, ich bin gar nicht so, es kann auch ein anderer sein. Ein anderer SL.

Warum bist du so versessen darauf?

Sie lachte. Das kannst auch nur du fragen, sagte sie. Er steht mir, das hast du selber gesagt.

Er spürte ihre Entschlossenheit, ihn zu erpressen. Er war die Sache satt. In gewissen seltenen Augenblicken handeln wirklich reiche Leute so, wie es sich der kleine Mann vorstellt, obwohl wirklich reiche Leute im allgemeinen in ihrer Beziehung zum Geld den Vorstellungen des kleinen Mannes nicht im geringsten entsprechen. Hartog wollte sich jetzt freikaufen, und er empfand es in dieser Sekunde als einen überaus glücklichen Umstand, daß es ihm aufs Geld nicht anzukommen brauchte.

Ich will dir keinen Scheck geben, sagte er, das soll nicht über die Bank laufen. Ich schick dir das Geld.

Sie war überwältigt. Ihre Gefühle schlugen um. Du schenkst ihn mir?

Wenn du das schenken nennst – bitte. Also dann ...

Er wendete sich zur Tür. Kein Abschiedswort paßte. Was sollte er sagen: Auf Wiedersehen? Mach's gut?

Da hörte er sie sagen: Und ich glaub sogar, daß das Geld kommt. Komisch, wie?

Er war an der Tür. Du – sagte sie.

Er wendete sich um.

Die Stehlampe beleuchtete die Couch. Rosemarie lag im Licht, den weißen Überwurf hatte sie abgestreift. Komm, sagte sie, ich würde gern sagen, daß ich 18000 für einmal bekommen habe.

Sie wußte genau, was der Wagen kostete. Er ging hinaus.

Du blöder Hund, sagte sie.

Nun weinte sie wirklich.

Als Bruster drei Tage später bei ihr war, fragte sie ihn plötzlich: Bist du morgen in Frankfurt?

Warum? fragte er.

Du könntest mitkommen, sagte sie.

Du machst es aber spannend, meinte er.

Laß mich nur, sagte sie. Sie war heiter, was bei ihr selten vorkam. Sie besaß keinen Humor, und wo er fehlt, stellt sich wahre Heiterkeit nicht ein. An diesem Abend aber schien sie heiter zu sein, und als er sie am nächsten Tag, wie verabredet, bei Kranzler an der Hauptwache traf, war sie es noch immer. Er sah sie seit dem Reitfest zum erstenmal wieder außerhalb ihrer Wohnung, sie trug aus gutem Instinkt das graue Kostüm, und als er sich dem Tisch näherte, an dem sie bei einer Tasse Kaffee saß, dachte er: Man merkt ihr eigentlich gar nichts an; sieht aus wie alle. Oder besser. Er vergaß, wie sicher er in seinem Urteil gewesen war, als er ihr in Arnoldsheim begegnet war.

Der Wagen steht bei der Börse, sagte er, näher war kein Parkplatz.

Wir brauchen keinen Wagen, sagte sie.

Sie traten auf die Straße, und sie wendete sich nach rechts.

Willst du nicht endlich sagen –

Wart noch fünf Minuten, Dicker, sagte sie.

 Sie führte ihn zu einem weiträumigen Laden,

in dem Automobile verkauft wurden. Hinter den großen Scheiben standen verschiedene Typen, darunter ein schwarzer Sportwagen.

Hier müssen wir rein, sagte sie.

Ein Herr, der bestimmt keinen SL fuhr, aber so tat, als habe er eine kleine Herde solcher Wagen zu Hause, näherte sich ihnen.

Ich habe mit Ihnen telefoniert wegen dem SL, sagte Rosemarie.

Ganz recht, gnädige Frau, sagte der Verkäufer. Sie wollten den Wagen besichtigen. Bitte hier – unser Ausstellungsstück. Gnädige Frau haben den Wagen schon einmal gefahren?

Das ist aber ein trauriges Schwarz, sagte Bruster, um auch etwas zu sagen. Er kam sich vor wie in eine Falle gelockt.

Aber es paßt zu Blond, sagte Rosemarie.

Sie können den Wagen natürlich in jeder Farbe haben, sagte der Verkäufer.

Wo sind die anderen? fragte sie.

Wie, ich verstehe nicht …? sagte der Verkäufer.

Die Wagen in den anderen Farben, erläuterte Bruster, der anfing, Spaß an dem Spaß zu gewinnen.

Wir haben nur diesen hier, sagte der Verkäufer. Wenn gnädige Frau sich zu einem Wagen entschließen, muß er ohnehin erst im Werk bestellt werden.

Ich will den Wagen jetzt haben. Genau den, der hier steht. Das geht doch nicht, sagte Bruster, dem wieder angst wurde, Rosemarie möchte den Scherz zu weit treiben. Der ist sicher schon verkauft.

Er ist nicht verkauft, mein Herr, sagte der Verkäufer, aber wir müssen ihn hierbehalten, bis wir ein neues Ausstellungsstück bekommen. Die Lieferzeit ist mindestens zwei Monate.

Telefonieren Sie, sagte Rosemarie.

Mit wem? fragte der Verkäufer.

Bruster lachte dröhnend. Mit dem Papst, sagte er.

Mit irgend jemand, der mir diesen Wagen jetzt sofort verkauft, fuhr sie den Mann an, von dem jetzt klar war, daß er bestenfalls 700 Mark im Monat verdiente. Gewiß, sofort, sagte er und verschwand.

Nun reicht's, sagte Bruster, es ist ganz komisch, aber so komisch auch wieder nicht.

Ich kaufe den Wagen, sagte sie.

Bruster begriff, daß es ihr Ernst war. Das ist wohl nicht die Möglichkeit, sagte er.

Der Verkäufer kam zurück. Sie möchten bitte ans Telefon kommen, sagte er zu Rosemarie.

Moment mal, junger Mann, sagte Bruster, und der junge Mann zog sich wieder zurück.

Kannst du ihn wirklich bezahlen? flüsterte Bruster.

Zum Teufel, ja, sagte sie gierig.

Dann laß mich mal, sagte er und ging zum Telefon. Man hörte ihn bis auf die Straße hinaus in die Muschel rufen: Hier Bruster. Alfons Bruster. Es dauerte eine ganze Zeit, dann kam er zurück.

Sie möchten noch mal dran gehen, sagte er zu dem jungen Mann.

Und? fragte Rosemarie.

Du kriegst ihn, sagte er stolz.

Der Verkäufer kam zurück, zwischen Bewunderung und Gekränktsein nach einem Halt suchend.

Sie können den Wagen sofort kaufen, sagte er.

Also warum nicht gleich, sagte Bruster.

Was die Bezahlung angeht ... fing der Verkäufer an.

Quittieren Sie mir die Rechnung, sagte Rosemarie.

Als die Quittung aus geschrieben war, öffnete sie ihre Handtasche und zählte fast 19 000 Mark, die sie ihr teils gebündelt, teils verknüllt entnahm, auf den Tisch. Die beiden Männer schauten zu.

Doch immer wieder lästig, daß es keine Tausendmarkscheine gibt, sagte Bruster.

Gewiß, mein Herr, sagte der Verkäufer.

Dreimal war Rosemarie neben Hartog am Steuer gesessen für kurze Minuten, und nur einmal allein auf jener Fahrt nach Arnoldsheim, von der er nie etwas erfahren hatte und, wie es jetzt schien, nie etwas erfahren sollte. Sie hatte Angst, mit dem schweren Wagen durch Frankfurt zu fahren, aber sie gestand es Bruster nicht cin. Ein kleiner Gehilfe des kleinen Verkäufers, der seine Chancen an diesem Tage wesentlich verbessert hatte – denn er erzählte seinem Chef, er habe der Dame so lange zugeredet, bis sie ganz wild auf den Wagen gewesen sei –, drehte eine Scheibe des Verkaufsraumes herunter, und zusammen schoben sie den Wagen so lange auf dem spiegelnden Linoleum hin und her, bis er vor der Ausfahrt stand. Rosemarie brauchte nur noch einzusteigen und Gas zu geben.

Der Nachmittagsverkehr eines motorisierten

Landes, in dem man nicht gerade rücksichtsvoll zu fahren pflegt, einer Großstadt, in der mitten im 20. Jahrhundert Straßenzüge nachgebaut wurden, durch die Goethe als Kind gegangen ist, schlug über Rosemarie zusammen. Sie kroch mit 10 km im ersten Gang dahin, auch wenn sie ausnahmsweise einmal schneller hätte fahren können und müssen, und ihre Hände umklammerten noch immer das Rad, als steuere sie ein Segelschiff durch einen Taifun.

Bruster war es unbehaglich. Hinter ihnen bellten andere Wagen zornig. Fahr mal irgendwo rechts ran, sagte er. Sie erspähte eine Parklücke, aber sie kam nicht hinein. Nimm die nächste, sagte er überraschend geduldig. Sie wagte nicht, zur Seite zu schauen, um zu sehen, was er für ein Gesicht machte, aber sie war sicher, daß es spöttisch war. Indes, als sie schließlich doch ein rettendes Ufer erreicht hatte und der Wagen stand, verlor er nicht ein Wort über ihre Fahrkunst. Mußt du noch etwas besorgen? fragte er; nein? Dann fahren wir jetzt zu dir. Und dein Wagen? fragte sie. Der steht gut, wo er steht, antwortete er, ich nehm mir nachher ein Taxi; aber vielleicht fahr ich?

Er brauchte fast zwanzig Minuten bis zu ihrer Wohnung. Es kam ihr so vor, als fahre er absichtlich langsam. Er ließ sich überholen. Manchmal ging ein forschender Blick zu ihr hin. Sie bemerkte erst jetzt, was ihr entgangen war, solange sie selbst gesteuert hatte; Bruster aber hatte es von dem Augenblick an beobachtet, in dem sie den Laden verlassen hatten: Autofahrer und Fußgänger drehten sich nach ihr um. Schon Hartog hatte gesagt: Der Wagen steht dir! Schwarzes Blech stand ihr noch besser als beiges.

Es wäre nicht weiter verwunderlich gewesen, wenn der und jener sich nach ihr umgedreht hätte; wer schaut nicht nach einer leidlich hübschen jungen Frau am Volant. Selbst Frauen schauen sich insgeheim nach solchen Frauen um, lernbegierig und neidisch. Es ist immer, als sei da mitten im Straßentrubel ein Stückchen Film Wirklichkeit geworden, aber schließlich ist das nichts Besonderes, es gibt so viel Film in unserer Wirklichkeit, daß es nicht zu verstehen ist, warum es nicht mehr Wirklichkeit in unserem Film gibt. Es wäre vielleicht zuviel gesagt, daß unsere Straßen voll sind von hübschen jungen Frauen, die hübsche junge Wagen fahren, aber jedenfalls gibt es eine Menge davon. Man schaut ihnen nach, bis sie um die nächste Ecke verschwinden oder an uns vorbei sind, man freut sich an dieser wirkungsvollen Verbindung von industrieller und weiblicher Kosmetik, man freut sich, daß der Wagen so gut frisiert ist, und man freut sich auch daran, daß diese schnellen Mädchen nicht umhinkönnen zu zeigen, daß sie genau wissen, wie hübsch sie in ihren Wagen aussehen. Dadurch werden sie noch ein bißchen hübscher, noch ein bißchen unwirklicher, als sie sind, so daß man sie getrost ihrem Schicksal überlassen kann und diejenigen nicht zu beneiden braucht, zu denen sie unterwegs sind. Denn der Augenblick, in dem sie aussteigen, kann doch nur Enttäuschung bringen. So traumhaft, wie sie an uns vorbeiziehen mit geschwellten Kühlerhauben, sind sie nicht, wenn sie ihre Füße wieder auf die Erde stellen.

Bruster, neben Hans und ohne Hans, war an vielen schnellen Mädchen in schönen Wagen vorbeigefahren, er war der Typ von Mann, der für derlei Schaustellungen ein dankbares Publikum ist. Er hatte überholt und sich überholen lassen, auch andere Männer bei diesem Spiel beobachtet, aber nie einen Erfolg mitangesehen, der dem Rosemaries zu vergleichen gewesen wäre bei dieser ersten Fahrt durch die Stadt in ihrem Wagen. Es war, als sei die Tonne Eisen, in der sie saß, magnetisch, und die Gesichter der Männer Masken aus Blech, auf drehbare Holzkugeln aufgenagelt.

Bruster bewunderte fremden Erfolg fast so wie seinen eigenen – eine gute Voraussetzung, mit der Konkurrenz fertig zu werden, denn Bewunderung stimuliert die eigene Geltungssucht. Hier, wo von Konkurrenz keine Rede war, sondern das Aufsehen, das Rosemarie erregte, ihn selbst schmückte, genoß er es doppelt. Bisher war er sich von Rosemarie übervorteilt vorgekommen; er hatte die fünfhundert Mark zwar jedesmal bezahlt, ohne mit der Wimper zu zucken, aber es hatte ihn gewurmt – um so mehr, als er sich ja nicht darüber im klaren war, wofür er sie eigentlich bezahlte. Soviel ist sie nicht wert, hatte er gedacht – aber nun wurde sie es vor seinen Augen. Das Verhalten der anderen Männer ließ ihren Wert steigen; und es sollte nicht lange dauern, bis sie begriff, daß sie teurer geworden war. Damit wurde sie aber auch teurer als fünfhundert.

Sie selbst erlebte ja dieses Maß von Erfolg zum erstenmal. In Hartogs Wagen …

 … in Hartogs Wagen sitzend, war ihr Gedanke,

hatte sie diesen Erfolg nicht eingeheimst. Warum nicht? Sie dachte den Gedanken nicht zu Ende. Ein anderer verdrängte ihn, ein Blitz von einem Gedanken, die Flamme eines Gedankens, die überwältigende Erkenntnis einer Gewißheit: das war nicht Hartogs Wagen, in dem sie saß, das war auch nicht der Wagen des Mannes, der neben ihr saß, das war ihr Wagen! Er gehörte ihr! Armseliges Wort, um auszudrücken, wie Rosemaries Besitzgier sich in diesem Augenblick dieses Wagens bemächtigte, wie er ein Teil von ihr wurde, so eng, so untrennbar mit ihr verbunden wie ein Arm oder ein Bein. Sie preßte plötzlich ihre Hände in der Gegend ihres Magens auf ihre graue Kostümjacke. Was ist denn? fragte Bruster. Nichts, nichts, sagte sie. Jenes Gefühl in der Magengrube, das eine plötzlich anspringende Furcht hervorbringt, empfand sie, als sie begriff, daß dies ihr Wagen war.

Er gehörte ihr auf eine endgültigere Weise als irgend etwas, was sie vordem besessen hatte – und das war nicht viel gewesen. Hartog war fort, der ihn ihr geschenkt hatte; sie wußte nur zu gut, aus welch fragwürdigen Motiven er sich dahin hatte bringen lassen, ihr das Geld zu schicken, in einem versiegelten Wertbrief, den er selber verschlossen und zur Post gebracht hatte. Wäre er statt Bruster neben ihr gesessen, der Wagen wäre immer noch mehr der seine als der ihre gewesen. Aber Hartog war fort, und was sie in den drei Tagen, seitdem er sie verlassen, zunächst bis zu Tränen empfunden hatte: schade! verwandelte sich jetzt in ein Gottseidank! Er ist fort, er wird keinen Anspruch mehr an diesen Wagen erheben, nicht den kleinsten, es ist mein Wagen, mein Wagen, mein Wagen, mein …

Es dauerte nicht lange, da nannte man sie den Engel mit dem SL. Sie lernte ihn in wenigen Tagen beherrschen, und nun, wenn sie das schwarze niedere Boot mit einer Hand im Schrittempo durch den Verkehr lenkte, wurde ihre vollkommene Vereinigung mit der Maschine ganz deutlich. Sie war nicht Leda mit dem Schwan, sie war Rosemarie mit dem SL, und was immer man über Autos als Symbole des Weiblichen geschrieben haben mag, die Beziehung zwischen Rosemarie und ihrem Wagen war keineswegs lesbischer Natur; sie war, im Wagen sitzend, den Wagen steuernd, in den Augen der Männer, die mit ihr schlafen wollten, dem Bett viel näher, als wenn sie ihnen zu Fuß begegnet wäre; sie war gewissermaßen schon darin. Die reichen Männer stellten nicht nur fest, daß dieses Mädchen teuer war, weil es einen teuren Wagen fuhr, den Wagen, den sie selbst fuhren oder hätten fahren können, wenn sie gewollt hätten; sie sahen auch angesichts dieser schamlosen und radikalen Person im offenen Wagen eine Art körperlicher Vereinigung in Permanenz zwischen einem blonden Mädchen und einem schwarzen Auto, ausgeführt auf offener Straße, mitten in Frankfurt, und wenn sie sich dessen auch nicht bewußt waren, so gerieten sie doch spontan in einen Zustand, in dem sie gierig wurden, die Rolle des Wagens zu übernehmen, und glaubten plötzlich ebenfalls über 105 PS zu verfügen, oder vielmehr: über 105 Männerstärken.

Und schon allein damit, daß Rosemarie eine gewisse Schicht von Männern, auf die nach Brusters

Kernspruch: Von Geld kommt Geld, ihr Auftreten, ihre Karosse und ihre Preise berechnet waren, dazu herausforderte, oder zutreffender gesagt: daß sie ihnen Anlaß bot, Geld und Sexualität zu addieren, verdiente sie sich das Ansehen, dessen sie sich in diesen Kreisen alsbald erfreute. Sie steigerte das schwer angeschlagene Bewußtsein all derer, die von der Mechanik der Konjunktur weit über ihr inneres Vermögen hinaufgetragen worden waren und sich bei ihrem Anblick sagen durften: die kauf ich mir, egal was sie kostet, die versteht mich.

Und wenn Herzinfarkte, wie die Ärzte meinen, geradezu epidemisch infolge eines weitverbreiteten Mißverhältnisses zwischen Persönlichkeit und ihrer Geltung auftreten, welches dadurch in einer Zeit, in der quantitative Veränderungen in aller Regel auch qualitative zur Folge haben, entsteht, daß die dynamische Aneinanderreihung von Produktionsanlagen den Ohnmächtigen Macht verleiht – dann war Rosemarie ein Zaubermittel gegen Herzinfarkte, und es ist nur gut, daß es der Rosemaries noch viele sind, nachdem die bekannteste von ihnen ermordet wurde.

Selbst die Wohnung, obwohl ihr geschenkt, dieses ganze von ihr zusammengeschleppte Zeug, hatte sie im Unterbewußtsein noch als Hartogs Wohnung bisher empfunden, ihr zur Verfügung gestellt von ihm, ihr geliehen, von ihr abzuleisten. Erst jetzt, als sie neben Bruster die Treppen hinaufstieg und den Schlüssel in die Wohnungstür steckte und aufschloß, dachte sie: Das ist meine Wohnung.

Eine erste Ahnung jener Sicherheit überkam

sie, die Besitz verleiht. Von den beiden elementaren Antrieben, Besitz zusammenzuraffen: Machtgier und Existenzangst, besaß sie die letztgenannte. Sie hatte sie in ihrem bisherigen Leben in der krassesten Form kennengelernt, und nun wich die Angst von ihr zurück, als sie in die Wohnung am Dornbusch trat und sich sagte: Das ist meine Wohnung. Es war, wie wenn Schmerzen durch eine Morphiumspritze verschwinden.

Wer aber mit dem Ungeheuer Existenzangst zusammen in diese Welt gekommen ist, der ist mit ihm lebenslänglich zusammengekettet. Es bleibt immer drohend vor ihm sitzen, glotzt ihn aus roten scheußlichen Augen an und fletscht die Zähne. Man kann es allenfalls bannen, nie ganz vertreiben. Die Bannformel wurde für Rosemarie das Geld, das sie nun zusammenzuscharren begann. Hartog und Bruster kannten das Ungeheuer nicht; jener, weil er sich eine besitzlose Existenz nicht vorzustellen vermochte, dieser, weil er ohne Angst lebte; die ABRUDA-Werke waren das Produkt der Unternehmungslust und Geltungssucht ihres Besitzers. Killenschiff aber zum Beispiel und auch Nakonski waren erfolgreiche Unternehmer aus Existenzangst geworden.

Die Erleichterung, die Rosemarie empfand, als sie zum Bewußtsein von Eigentum gelangte, verwandelte sich sogleich in eine neue Angst: es wieder zu verlieren. Nur deshalb vergrößern ja Menschen, die aus Existenzangst Vermögen ansammeln, in unserer Zeit, die den Begriff Eigentum so häufig und so gründlich in Frage gestellt hat, ihr Vermögen immer weiter, sich selbst dabei

 verschleißend, weil sie wähnen, es gebe, wenn

man den Wall von Eigentum um sich herum nur hoch und stark genug mache, eine Möglichkeit, die private Existenz sogar gegen kollektive Katastrophen abzusichern. Diese These läßt sich mit guten Beispielen erhärten; durch mindestens ebenso gute Beispiele aber auch entkräften, und letzten Endes ist es nicht eine Frage der Vernunft, wie man sich in diesem Punkt verhält, sondern des Instinkts, und Rosemarie hatte, obschon ihr dazu von Hause aus die Voraussetzungen wahrlich fehlten, einen kapitalistischen Urinstinkt. Bereits am nächsten Tage beauftragte sie einen Schlosser, an ihrer Wohnungstür ein Sicherheitsschloß und einen Sperriegel anzubringen. Sie hatte Angst vor Dieben, noch nicht vor Mördern.

Die Heiterkeit, die sie beim Kauf des Wagens noch gezeigt hatte, war dahin, als sie in der Wohnung angekommen waren. Der Tonfall, mit dem sie sagte: Geh schon rein, ich bring was zu trinken, war Bruster neu. Die lernt verdammt schnell, dachte er. Es war ein sehr geschäftlicher, ein sehr unpersönlicher, fast ein befehlender Ton gewesen.

Als sie wieder ins Zimmer trat, mußte Bruster endlich aussprechen, was ihn schon die ganze Zeit bewegte, seitdem er das Geld aus Rosemaries Handtasche hatte quellen sehen: Wie kommt denn dein Freund Hartog dazu, dir den Wagen zu kaufen? Woher weißt du, daß er von ihm ist? fragte sie. Von wem denn sonst? gab er zurück. Habt ihr darüber gesprochen? Kein Stück, sagte Bruster, meinst du, er erfährt von mir, daß wir …

Er weiß es aber, sagte Rosemarie.

Was, wie? rief Bruster, er weiß es …?

Er weiß nicht, daß du's bist, er weiß nur, daß noch einer … Versteh ich nicht, sagte Bruster, hatte aber doch genug verstanden, um erleichtert festzustellen, daß der andere nichts von seinen Besuchen wußte.

Er hat mein Buch gefunden, sagte sie.

Was für ein Buch?

Es lag nicht mehr unter den Nachthemden. Sie hatte es jetzt in der Küche versteckt. Sie ging hinaus und holte es. Bruster schlug es auf. Was ist das? sagte er. Dann las er Zeile für Zeile, Zahl für Zahl. Die letzte Eintragung lautete: von H. 18000.

Der Betrag hatte nicht ganz gereicht, sie hatte sich offenbar am Telefon nach dem genauen Preis erkundigt, denn er war unter den Ausgaben ebenfalls verbucht. Ihr Bestand an Bargeld hatte sich durch den Wagenkauf verkleinert.

Hahaha, lachte Bruster, hahaha. Doppelte Buchführung mit zehn Spalten …

Er wußte nicht, daß er der Erfinder des ersten Rosemarie-Witzes war.

Dann hörte er auf zu lachen und blickte Rosemarie so an, wie er sie auf der Fahrt zum Dornbusch ein paarmal angesehen hatte: prüfend und mit dem Gefallen eines Vaters an einer wohlgeratenen Tochter. Die könnte ich brauchen, dachte er, und von da an war es nicht mehr weit zu: die sollte meine Frau sein.

Du bist richtig, sagte er, aus dir kann noch mal was werden. Aber ich versteh immer noch nicht, warum hat er dir denn den Wagen geschenkt?

Zum Abschied, sagte Rosemarie leichthin.

Er ist weg?

Ja.

Ganz weg?

Ja.

Warum?

Warum? Wegen dir. Er hat's doch gelesen.

Was, sagte Bruster, er ist eifersüchtig? Is ja 'n Witz.

Du bist's nicht? sagte sie.

Worauf du dich verlassen kannst, sagte er. Ich hab meine fünf Sinne beisammen. Wenn ich 'n Goggomobil kaufe, weiß ich, daß 's kein Rolls Royce ist.

Und deine Frau? sagte sie.

Die soll sich unterstehen. Wär vielleicht ganz gut, ich würde sie mal erwischen, dann würde ich sie runterholen von ihrer Einbildung, aber bei ihr weiß man nicht, ich glaube, wenn ich die in einem fremden Bett fände, die würde sich das Hemd anziehen und sagen: aber Alfons, du hast wieder nicht angeklopft.

Dann klopf halt an, sagte Rosemarie; sie hatte es gern, wenn er über seine Frau sprach. Und er tat es offenbar auch gern.

Da kann sie lange warten, sagte Bruster. Aber du lenkst nur ab. Du willst mir doch nicht erzählen, daß er dir den SL zum Abschied geschenkt hat?

Rosemarie nickte.

Du hältst Onkel Alfons aber für dümmer, als er ist, sagte er. Das gibt's ja gar nicht.

Ist aber so, sagte sie.

Nee, nee, nee, sagte er und betrachtete sie

mißtrauisch, so blöd ist kein Mann; das hat mit Geld gar nichts zu tun. Er ist ja ein komischer Vogel, aber das – niemals …

Er hat mal gesagt, er würde mir seinen Wagen schenken, wenn er alt ist, und jetzt ist er fort, und da hat er …

Aber das ist doch gar nicht sein Wagen, das ist ein neuer Wagen, und sein Wagen ist gar nicht alt, ich weiß doch, was er drauf hat, wir haben doch neulich darüber gesprochen – jedes Wort ist gelogen.

Glaub, was du willst, sagte sie, er hat eine Stinkwut gehabt, wie er das gefunden hat …

Hat er das Blatt zerrissen …?

Ja. Ich hab's wieder in Ordnung gebracht, und er hat gesagt, er kommt nicht wieder, und jetzt sitz ich da, und alles wegen dir.

Immer schön langsam, sagte er. Du sitzt da? Aber wie sitzt du da! Die Wohnung hat er dir auch gelassen? Und das Ganze hat kaum acht Wochen gedauert. Wenn ich dir damals den Zettel nicht runtergeschmissen hätte, das wär für Hartog besser gewesen. Aber für dich hat sich's gelohnt. Und nun fang ja nicht an zu behaupten, ich sei schuld. Wenn ich an was schuld bin, dann an deinem Dusel, an deinem unverschämten Dusel, durch den du an so einen Blödian geraten bist. Ich versteh das nicht. Jetzt hast du 'n Wagen, und was für einen, und die Wohnung und –

– er nahm das Buch und las die Ziffer ab –

und viertausendachthundertsiebenundzwanzig Mark. Wundert mich, daß du nicht die Pfennige ausgerechnet hast …

 – sind keine, sagte sie ernsthaft –

... und da willst du jammern? Das ganze Geld von mir hast du gespart und noch mehr dazu ...

Aber jetzt hab ich ja nichts mehr sicher, sagte sie, weiß ich, wie oft du kommst?

Ich komm schon, Kindchen, sagte er, aber ich bin ja nicht Hartog. Ich verlang ja nicht, daß du hier sitzt und Pullover strickst, bis Alfons Bruster hier auftaucht. Ich kann dich überhaupt nicht verstehen, du mußt doch Zeit haben. Wenn ich die Zeit hätte, die du vertust, ich würde jedes Jahr eine neue Fabrik in Schwung bringen. Der Tag hat nur 24 Stunden, aber die hat er, und was machst du damit? Nichts. Ich hab's doch vorhin gesehen, du hast jede Menge Erfolg. Ich möcht wissen, woher das kommt, so doll bist du gar nicht, aber denen sind ja die Augen nur so aus dem Kopf gefallen. Hast du den gesehen in dem Amerikaner mit der Düsseldorfer Nummer? Wenn du allein gewesen wärst, der wär dir nachgefahren bis ins Bett. Die Vorstellungen, denen Bruster nachhing, versetzten ihn selbst in den Zustand des Mannes in dem Amerikaner mit der Düsseldorfer Nummer.

Er griff nach ihr.

Wo du's nur hernimmst, sagte sie, dann komm schon, aber vergiß deine Rede nicht.

Er vergaß sie nicht. Nicht ausgenutzte Chancen ließen ihn nicht ruhen. Er sah ein Fließband vor sich, eine Fabrik Rosemarie, elegant eingerichtet, letzter Schrei, kombiniert mit einer Taxameteruhr und einer Registrierkasse.

Aber hier kannst du deinen Laden nicht aufziehen, sagte er später. So was wie Hartog findest du nicht noch mal. Die Wohnung liegt viel zu weit vom Zentrum weg und dann – so ein Zimmer kannst du doch niemand zumuten.

Wieso nicht? sagte sie.

Siehst du das nicht? sagte er. Ist doch alles altmodisch, wenn's noch alt wäre, richtig alt, Lui käs oder so, wo die ganze Welt ein Puff war, das ging noch, aber es wär auch nicht das Richtige. Du mußt dich so einrichten, wie die zu Hause eingerichtet sind, mit denen du das Geschäft machen willst.

Und wie sind die eingerichtet? fragte Rosemarie. Sie war ganz bei der Sache, eine Schülerin von aufmerksamer Wißbegier. Sie sollte noch an einen anderen Lehrer geraten, einen dritten; der erste, Hartog, hatte allerdings seine Rolle unbewußt gespielt, jetzt war Bruster an der Reihe, und außerdem gab es während der nächsten Monate viele Nachhilfestunden. Ihre Lehrer lehrten sie nur, worin sie selbst Meister waren, was man nicht von jedem Lehrer sagen kann; auch war das Besondere ihres Unterrichts, daß er meistens im Bett stattfand und die Autorität der Lehrer durch die Umstände nicht Schaden litt.

Es verdient festgehalten zu werden, daß sie trotz dieser Umstände gerade in dem Fach nicht belehrt wurde und nichts lernen wollte, in dem sie nach landläufiger Auffassung tätig war und mit dessen Beherrschung sie angeblich zu Wohlstand kam und zu Reichtum gekommen wäre, wenn sie länger gelebt hätte: in der Liebeskunst. Die primitiven Gebrauchsanweisungen, die ihr

 einige ihrer Kunden gaben, kann man nicht als

Unterricht bezeichnen, und tatsächlich verstanden ihre Kunden ebensowenig davon wie sie selbst. Nur ein südamerikanischer Diplomat gab ihr eine Ahnung davon, was von manchen Völkern auf diesem Gebiet auch heute noch geleistet wird. Aber es machte ihr keinen sonderlichen Eindruck. Für das Gros ihrer Kunden war sie offenbar gut genug, und wenn sich einer in der Hand hatte und die Sache hinzudehnen verstand, so trug dies keineswegs zu ihrem Wohlbehagen bei, im Gegenteil, sie fühlte sich überfordert und, als sie erst einmal begriffen hatte, was die Zeit für sie bedeutete, auch übervorteilt. Wenn Bruster gesagt hatte, sie sei eigentlich eine Firma, so traf das vielleicht noch nicht zu, als er die Bemerkung machte; aber kein Zweifel, daß sie zu einer Firma wurde, nachdem sie in die neue Wohnung umgezogen war. Eine Firma freilich höchst eigentümlicher Art: die Alleininhaberin wußte bis zu ihrem Tode nicht, wofür eigentlich ihre Kunden so hoch bezahlten. Ihr kommerzieller Sinn war außerordentlich, ihre Habgier einzigartig, ihr Einfühlungsvermögen in die Psyche ihrer Kunden beinahe genial, jedoch allein dem Instinkt entspringend und ihr nicht bewußt – nichtsdestoweniger aber war sie eine Hure trivialster Art, in den Konventionen der Huren befangen wie irgendeines der armseligen Geschöpfe, die sich für zehn Mark anbieten und es notfalls auch noch billiger tun. Zu diesen Konventionen ihres Gewerbes gehörte auch, vorauszusetzen, die Männer kämen, um durch die mehr oder weniger kurzschlüssige Ausübung einer natürlichen Funktion sich ein höchst flüchtiges Vergnügen mit nachfolgender Beruhigung zu verschaffen. Unter dieser grundfalschen Voraussetzung baute sie nach dem Umzug ihre Firma auf, und wenn es sich um eine reellere Form von Geschäften gehandelt hätte mit einklagbaren Leistungen, so hätte sie sich bald vor gerichtlichen Klagen und Prozessen, in denen Mängelrügen vorgebracht worden wären, nicht mehr zu retten gewußt.

Auf ihre Frage, wie die denn eingerichtet seien, mit denen sie ihr Geschäft machen solle, antwortete Bruster: So wie ich. Wenn meine Frau mal verreist ist, zeig ich dir unser Haus. Und mein neues Büro. Da wirst du staunen! Aber ich weiß nicht, wann das sein wird. Jeder Tag, den du noch hier bleibst, ist rausgeschmissenes Geld. Geld kommt von Geld, das hab ich dir schon mal gesagt, aber man kann es nicht oft genug sagen. Bei dir muß es nach Geld aussehen, dann kannst du Preise verlangen. Du kannst nicht im SL fahren und wie die Witwe von einem Regierungsrat wohnen. Schau dir das an … Er nahm die Schleierschwanzfische von ihrem Platz und bewegte sie, als ob sie durch Wellen schwämmen: ju-ju-ju-ju, machte er.

Gib her, sagte Rosemarie.

Sie ergriff das kostbare Stück, ging ins Bad, öffnete mit dem Fuß den Chromdeckel des weißlackierten Abfalltopfes und knallte die Fische hinein. Sie zersprangen klirrend in tausend Scherben.

Na also, sagte Bruster lachend.

Es war die einzige Verschwendung, die sie sich je leistete, die einzige Äußerung von Leichtsinn, die je ein Mann bei ihr erlebte. Beim Verkauf der Dornbuschwohnung verlor sie keine Mark der Summe, die Hartog hineingesteckt hatte.

Du meinst, ich soll die Wohnung wechseln?

Lieber heut als morgen, sagte Bruster, es gibt die schönsten Appartements mitten in der Stadt.

Aber was das kostet, sagte sie, ich hab doch kein Geld.

Du kriegst Geld für die Wohnung. Und außerdem ... – wirst du doch verdienen, hatte er sagen wollen, aber das traf ja nicht zu; nach seiner Meinung würde sie erst in einer eleganteren, bequemer gelegenen Wohnung richtig ins Geschäft kommen. Sie mußte vorher Geld haben. Geld kommt von Geld. Und er wußte, daß sie ihn jetzt dahin würde bringen wollen, ihr die neue Wohnung zu bezahlen.

Dicker, sagte sie, du könntest doch ...

Nix Dicker, sagte er, ich bin nicht dein Stifterverband, den Zahn laß dir mal ziehen. Ich heiße auch nicht Hartog. Du brauchst mir's ja nicht zu schenken, sagte sie. Aber du hast so viel geredet, dir gefällt's doch hier nicht ...

– hier hat's überhaupt nur Hartog gefallen, sagte er –

... dann leih mir das Geld, und ich zahl's ab.

Fünfhundertmarkweise, sagte er und lachte.

Nein, sagte sie, soviel kann ich nicht. Hundert zahlst du jedesmal, und vierhundert schreib ich dir gut.

Ganz schön für den Anfang, sagte er bewundernd. Sie war wirklich tüchtig.

Er lag da und dachte nach. Hast 'n Bleistift und Papier? sagte er.

Dreh dich rum, sagte sie, denn er lag auf ihrem linken Arm. Sie kletterte über ihn hinweg und brachte ein blaues Schulheft und einen Kugelschreiber.

Wofür hast 'n das? fragte er.

Da rechne ich und reiß es dann raus, sagte sie.

Er rechnete auch. Ich fahr Ende Juli nach Rußland, sagte er, da komm ich dann drei Wochen gar nicht, und wenn ich zurück bin, nochmal 'ne Woche nach Ägypten, da kocht sich was an, 'n Auftrag über 50 Mio, mindestens, also 'n Monat gar nichts von mir, und öfters als einmal die Woche im Durchschnitt komm ich doch nicht, das sind im Jahr rund zwanzigtausend. Wie? dachte er, denn das hatte er sich nicht klargemacht, zwanzigtausend? Soviel macht sie allein mit mir? Und steuerfrei. Das wären ja mindestens dreißigtausend brutto, und dann noch mal fünftausend, denn er bezahlte ihr ja nicht vierhundert, sondern fünfhundert. Und das alles für ein paar Nächte im Monat, oder nachmittags, oder sogar nur für Stunden am Vormittag; auch das war schon vorgekommen, damals, als er um 12 Uhr die Sitzung in der Bank hatte wegen des Kredits für das Argentinien-Geschäft, aber schon um 10 Uhr in Frankfurt gewesen war, weil man ihm einen falschen Termin gegeben hatte.

Er sah sie in einem ganz neuen Licht. Er hatte nicht an ihrem kaufmännischen Talent gezweifelt, und er war auch davon überzeugt gewesen, daß die Spesen für einen erhöhten Aufwand leicht herauszuholen sein mußten, aber er hatte sich doch nicht vorgestellt, welchen Umfang ihr Geschäft aller Wahrscheinlichkeit nach annehmen würde. Und Hartog hatte ihr noch mehr gegeben, weit mehr als er. Vielleicht gab es doch noch mehr Hartogs?

Sag mal, sagte er nachdenklich und ließ den Bleistift sinken, was hat Hartog eigentlich bei dir gewollt?

 Sie antwortete nicht: dreimal darfst du raten,

denn sie hatte sich ja schon selbst Gedanken darüber gemacht, was ihn eigentlich veranlaßt hatte, ihr nach jener Nacht in Heidelberg die Wohnung einzurichten. Sie hatte keine Erklärung dafür gefunden. Ich weiß nicht, sagte sie.

War er gut? fragte er weiter.

Im Bett nicht, antwortete sie, da wollte er gar nicht.

Na, so was, sagte Bruster, wo denn?

Sie sagte nichts mehr, und als er weiter in sie drang, sagte sie: Du möchtest doch auch nicht, daß ich den andern erzähl, wie du bist.

Richtig, sagte er und fing wieder an zu rechnen. Wie hoch war der Baukostenzuschuß? fragte er. Der stand doch irgendwo in deinem Buch … Moment mal … ja, hier: viertausendfünfhundert … viel zuviel für die Gegend, na, du kriegst's ja wieder, zehntausend holst du hier raus mit den Möbeln, mehr nicht …

Dreizehn, sagte sie.

Bestimmt? fragte er.

Bestimmt, sagte sie.

Also dreizehn, und mindestens dreißigtausend brauchst du, sonst kannst du gar nicht anfangen … nee, Kindchen, was du dir da ausgedacht hast, das ist nichts, das ist keine Basis, und dann will ich vielleicht gar nicht und muß, bloß damit ich wieder zu meinem Geld komm.

Du willst schon, sagte sie.

Nee, so geht's nicht. Aber ich leih dir das Geld, zwanzigtausend, den Rest bringst du auf, zwanzigtausend ohne Vertrag, ohne Quittung, ohne Zinsen, und du gibst sie mir in einem Jahr zurück, egal wie und wann, aber in einem Jahr. Ist das ein Angebot?

Und du bezahlst außerdem die fünfhundert, wenn du kommst?

Ja.

Sie schmiegte sich nicht dankbar an ihn, sie küßte ihn nicht, sie stimmte nicht ohne weiteres zu. Sie dachte nach. Sie nahm ihm das Heft und den Stift weg und setzte sich an den Tisch, und als sie aufstand, weil es sie fror und sie sich einen Kimono holen wollte, hatte sie das Muster des geflochtenen Stuhlsitzes auf der Haut, und er sagte: Du siehst hinten aus wie eine Eiswaffel, und es gefiel ihm über die Maßen, daß sie nicht sofort ja sagte, sondern sich die Sache überlegte. Er war absolut sicher, daß er wieder zu seinem Geld kommen würde, und er täuschte sich auch nicht. In der Tat, eine Woche nachdem er aus Kairo zurückgekommen war, fünf Wochen nachdem er es ihr geliehen hatte, gab sie ihm das Geld zurück. Auf dich müßte man Aktien haben, sagte er, als sie ihm die Summe auf den mit Mosaiksteinen in Schwarz und Weiß ausgelegten Nierentisch zählte, der auf dem grauen Bodenbelag ihrer neuen Wohnung stand, einem Belag, der an köstlicher Weichheit und Dichte dem Belag im Blauen Konferenzzimmer nicht nachstand – wie Schmitt einmal feststellte, nachdem er bei Rosemarie ein und aus zu gehen begonnen hatte. An ihrem steilen Aufstieg war Bruster, der ihr mit Rat und Tat so viel geholfen hatte, auch noch dadurch beteiligt, daß er sie Herrn Kleie warm empfahl, als eine für höchste Ansprüche genügende Nachtdame; und daß er ihn ferner veranlaßte, ihr zu erlauben, in der Halle des Palasthotels sich ebenso unauffällig wie
 unmißverständlich anzubieten, und sie in sein

schwarzes Buch aufzunehmen. Aber alle diese Dienste bewahrten Bruster nicht davor, eines Tages behandelt zu werden wie jeder andere, und das war der Tag, an dem sie ihm sein Geld zurückgab.

Wider Erwarten erschien der Minister zur nächsten Sitzung des Isoliermattenkartells, zu der ihn die Herren der Industrie über Hoff dringlich eingeladen hatten, nicht. Er ließ sich durch Hoff entschuldigen, der darauf hinweisen konnte, daß der Minister plötzlich, wie auch alle Zeitungen gemeldet hatten, nach Amerika habe fliegen müssen, um dort Besprechungen zu führen. Sehen Sie bitte darin nicht einen Ausdruck des Desinteressements an Baby Doll, sagte Hoff, wie ich überhaupt ermächtigt bin, Ihnen zu erklären, daß Sie unser Projekt mißverstehen würden, wenn Sie es ausschließlich unter dem Gesichtspunkt der Rüstung betrachteten.

Unter welchem denn sonst? murmelte Bruster.

Ohne den Einwurf zu beachten, fuhr Hoff fort: Das Auswärtige Amt ist an dem Ergebnis, vor allem an dem baldigen Ergebnis Ihrer gemeinsamen Anstrengungen ebenso interessiert wie wir, meine Herren. Ja, ich möchte, um die augenblickliche Situation zu kennzeichnen, die durch unsere Schwierigkeiten mit Frankreich belastet ist, sogar sagen: vielleicht noch mehr. Unsere rüstungsmäßige Entwicklung ist nach wie vor wichtig, aber sie vollzieht sich mehr oder weniger zwangsläufig im Rahmen der Verträge. Nicht so unsere politische. Überlegungen hinsichtlich der Großmächte scheiden hier aus. Aber was wir in Europa sind und werden, das ist weitgehend in unsere Hand gegeben; und es ist noch für lange Zeit und in gewisser Weise wohl für immer unabhängig von unserer militärischen Kraftentfaltung.

Ihr Wort in Gottes Ohr, sagte Schmitt.

Wenn das Ding mal fertig ist, wird man einen Sprengkopf mit Atommunition einschrauben, da halt ich jede Wette, sagte Nakonski, und das reicht dann, um in einem Gebiet von 30km Radius um den Punkt Null, Radius, nicht Durchmesser, jedes Leben auszulöschen. Das hatte er in seinem Roman *Die letzten drei Stunden* gelesen.

Die Möglichkeit wird nicht bestritten, sagte Hoff, aber das heißt nicht, daß Baby Doll als Waffe verwendet werden soll. Im übrigen, Herr Nakonski, sagte der Ministerialdirektor, wollen Sie doch gewiß nicht, daß unsere Armee mit Pfeil und Bogen ausgerüstet wird? Wir geraten auf Abwege, warf Hartog ein, dem Hoff aus der Seele gesprochen hatte. Wir wollen hier doch nicht Bundestag spielen. Was Sie sagen, Herr Hoff, finde ich vernünftig. Es ist keine Frage unserer Verteidigungskraft, es ist eine Frage unseres nationalen Prestiges, wenn wir Baby Doll bauen.

Bruster, der sich ihres Gespräches im Hotelflur erinnerte, sagte: Dafür bist du Spezialist. Aber früher hatten unsere Baby Dolls deutsche Namen.

Meine Herren, sagte Hoff, bei voller Berücksichtigung des Umstandes, daß Sie sich vor Jahresfrist freiwillig auf unseren Vorschlag hin bereit erklärt haben, an dem großen Projekt mitzuarbeiten und Ihre Entwicklungsabteilungen, Ihre großen technischen Erfahrungen auf bestimmten Spezialgebieten in den Dienst dieser Sache

 zu stellen, und in Anerkennung auch dessen –

– Hoff hielt seinen Blick auf ein Blatt Papier gesenkt, offenbar hatte er sich Notizen gemacht –

– daß Sie sich zu keinem festen Termin verpflichtet haben, muß ich Sie von dem Wunsch des Herrn Ministers, der sich dabei mit dem Kabinett einig weiß, unterrichten, Sie möchten zu bindenden Erklärungen kommen, bis wann Sie die von Ihnen übernommenen Aufgaben ihrer Lösung zugeführt haben werden.

Ein Gemurmel der Überraschung erhob sich im Kreis. Das kann ich nicht, sagte Schmitt, darauf bin ich nicht vorbereitet. Dazu müßte ich Professor Prosky herbitten.

Andere äußerten sich im gleichen Sinn. Hartog sagte nichts. Nakonski flüsterte Killenschiff ins Ohr: Da wird gleich etwas platzen.

Sie wußten doch, meine Herren, daß wir über Termine sprechen wollen, sagte Hoff.

Wir haben uns das anders gedacht, sagte Bruster. Wir hofften, mit dem Herrn Minister zusammenzutreffen und die ganze Frage der praktischen Durchführung noch einmal zu besprechen.

Dem steht nichts im Wege, sagte Hoff. Für den Fall nämlich, daß es sich als unmöglich herausstellen sollte, eine Fixierung des Termines jetzt zu erreichen, an dem die Startversuche begonnen werden können, sollten wir uns überlegen, ob wir vielleicht andere organisatorische Wege gehen müssen, um zum Ziele zu gelangen.

Härwandter fragte: Wollen Sie in diesem Fall eine staatliche Entwicklungsstelle ins Leben rufen? Das kostet aber erst recht Zeit.

Es liegen diesbezüglich keine Entschlüsse vor, sagte Hoff.

Nun wurden alle hellhörig. Keine Entschlüsse, das bedeutete, weniger vorsichtig ausgedrückt: es bestanden bei der Regierung präzise Pläne. In welcher Richtung liefen sie? Sollte die Privatindustrie, die einen jahrelangen Kampf um die Initiative in der Atomenergiewirtschaft geführt und gewonnen hatte, bei der Entwicklung von Baby Doll ausgeschaltet werden? Wurde die Frage des Termins vielleicht überhaupt nur deshalb zu solcher Wichtigkeit aufgeblasen, um einen Vorwand zu finden, die Industrie aus einem Projekt auszuschalten, dessen Konsequenzen unabsehbar waren? Wurde hierfür erst einmal ein staatlicher Apparat aufgezogen, so konnten seine Kompetenzen Zug um Zug erweitert werden, wenn die politische Entwicklung oder ein späteres Stadium der Aufrüstung es geraten erscheinen ließ.

In diesem Augenblick wären einige bereit gewesen, jede Terminzusage zu geben, um nicht ausmanövriert zu werden. Aber sie waren unter sich nicht einig, und das erleichterte es Hoff, sich durchzusetzen.

Was heißt: keine Entschlüsse? fragte Gernstorff geradezu.

Es heißt, daß wir die bisherige Arbeitsweise gerne beibehalten würden, wenn es sich mit höheren Gesichtspunkten allgemein politischer Art vereinbaren läßt, sagte Hoff.

Der ist wie mit Seife eingerieben, wie der Schlitten beim Stapellauf, dachte Härwandter, der aus Hamburg

 stammte. Der Ministerialdirektor war offensichtlich nicht bereit, die ministerielle Katze, die er, das war jetzt ganz klar, mitgebracht hatte, vorzeitig aus dem Sack zu lassen. Seine Taktik verstärkte den Verdacht der Herren vom Isoliermattenkartell, die Regierung wolle die Sache mit Baby Doll auf Füße stellen, die nicht die ihren waren. Ihre Vermutung war richtig, aber sie wußten nicht, was dahintersteckte.

Sie wußten nicht, daß hinter Hoffs vorsichtig abgewogenen Formulierungen Berichte standen, in weit schlechterem Deutsch und ohne alle diplomatischen Floskeln von dem Geheimdienst abgefaßt, den das Ministerium in drei Jahren aufgezogen hatte. Die Veranlassung, solche Untersuchungen durchzuführen, war obrigkeitliches Mißtrauen gewesen, und ihre Wirkung war eine beträchtliche Steigerung dieses Mißtrauens: eines allgemeinen gegen die Industrie überhaupt, ob die Verlockung der ostwärts gelegenen Märkte sie nicht zu versteckten Gegnern einer Regierungspolitik machen würde, die gegen solche Verlockungen immun war; eines ganz speziellen in Sachen Baby Doll, dessen Objekte vor allem Bruster und Schmitt, die beiden Großen, waren – nach Hartog, an dessen loyaler Haltung man nicht zweifelte.

Die politischen Erwartungen, die an Baby Doll geknüpft wurden, konnten sich nur erfüllen, wenn die Rakete in absehbarer Zeit zum Himmel stieg, getrieben von einem Brennstoff, der allen anderen bisher bekannten und verwendeten Brennstoffen überlegen war, und wenn sie plötzlich und unerwartet in Erscheinung trat. Das Isoliermattenkartell aber schien in seiner gegenwärtigen Zusammensetzung nicht die Gewähr zu bieten, daß diese beiden Punkte erfüllt werden würden, und man war im Ministerium zu der Überzeugung gelangt, daß sowohl bei ABRUDA wie bei Mallenwurf & Erkelenz die Arbeiten an Baby Doll absichtlich verschleppt wurden. Und der Rußlandreise auf Wallnitz' Spuren, vor der Bruster unmittelbar stand, sah man mit äußerst gemischten Gefühlen entgegen.

Das war, von Hoff aus gesehen, die Lage, und die Herren spürten, daß er nicht mit offenen Karten spielte. Von der Begeisterung, mit der man vor einem Jahr an die Sache herangegangen, war nichts übriggeblieben. Die Sitzung war an einem toten Punkt angelangt, und es bewies Hoffs Meisterschaft in der Führung solcher Verhandlungen, daß er eine Pause vorschlug. Vielleicht wollen Sie sich untereinander besprechen, sagte er zuvorkommend; ist es Ihnen recht, wenn wir für eine halbe Stunde unterbrechen? Sollen wir? überlegte Schmitt, aber bevor er zu dem Schluß gelangt war, daß es vielleicht besser sei, zusammenzubleiben, weil Hoff dann keine Gelegenheit hätte, in Einzelgesprächen einer Parteibildung unter ihnen Vorschub zu leisten, hatten sich die meisten schon erhoben. Schmitts Befürchtungen schienen jedoch unbegründet, denn Hoff zog sich sofort in sein Zimmer zurück. Merkwürdig, dachte Schmitt. Zu aller Erstaunen tat Hartog das gleiche, Ich glaube, mein Standpunkt ist klar, sagte er so nebenhin und verließ das Blaue Konferenzzimmer.

Die Fenster waren geschlossen, die Klimaanlage in Tätigkeit. Es war angenehm kühl im Raum, während über Frankfurt eine feuchte Julihitze brütete. Die Zeitungen berichteten in dieser Woche von Hitzschlägen und von einer derartigen Überfüllung der öffentlichen Bäder, deren Bassins mit einer lauwarmen trüben Brühe gefüllt waren, daß die Behörden vor ihrem Besuch warnten. Eine Erhöhung der durchschnittlichen Temperatur um acht bis zehn Grad während einiger Tage zeigte die Unzulänglichkeit der zivilisatorisch-hygienischen Einrichtungen eines Industriestaates, in dem das nationale Selbstgefühl mangels anderer Symbole neuerdings mit dem Industrie-Index gekoppelt war.

Die Herren des Isoliermattenkartells, die unter solchen Mängeln der öffentlichen Verhältnisse nicht zu leiden hatten, denn es gab in ihren Gärten und Parks im Sommer wie im Winter benützbare Schwimmbecken, unterhielten sich gleichwohl über die ungewöhnliche Hitze, denn es zeigte sich bald, daß sie zur Sache einander nicht viel zu sagen hatten, jedenfalls nicht in Form vertraulicher Gespräche, da auch sie einander nicht mehr trauten. Schmitt schlug immerhin vor, allerdings ohne davon durchdrungen zu sein, das Richtige zu wollen, man möge auf dem einmal eingeschlagenen Weg weitergehen.

Bruster widersprach ihm entschieden. Sie waren doch auf unserer letzten Zusammenkunft selber dagegen, so weiterzumachen, unter Zeitdruck, und überhaupt …

Das stimmt, gab Schmitt zu, aber wir müssen uns jetzt überlegen, was es für Folgen haben kann, wenn die Regierung, um Baby Doll durchzupauken, eine

Atomkommission bildet, die anders als die bisherige nicht nur eine beratende, sondern vor allem eine aus führende und kontrollierende Funktion haben würde. Sie wußten alle, was Schmitt befürchtete. Mallenwurf & Erkelenz hatte sich unter den deutschen Spitzenunternehmen am stärksten in der Vorbereitung der Atomenergiewirtschaft engagiert, wobei es dem Industriepool gelungen war, für die Entwicklung und den Bau der ersten Versuchs-Reaktoren bedeutende Zuschüsse vom Staat zu bekommen ohne Verpflichtung zur Rückzahlung zu einem Zeitpunkt, von dem an Atomkraftwerke rentabel arbeiten würden. Hier lagen enorme Gewinnaussichten in der Zukunft, und es mußte das selbstverständliche Bestreben der Beteiligten sein, zu verhindern, daß der Staat seine Kompetenzen nachträglich ausweitete.

Für Bruster lag die Sache anders; er war nicht in den Atompool eingetreten, er war aus Instinkt ein Außenseiter und auf seine Unabhängigkeit mit dem Elan und der Verbissenheit der ersten Generation fast ebenso erpicht, wie es hundert Jahre früher die Gründer der großen Industrieunternehmen allgemein gewesen sind.

It's not my baby, sagte Bruster, der aus Geschäftsinteresse ein einfaches, aber brauchbares Amerikanisch über seine Schulkenntnisse hinaus beherrschte. Von mir aus soll die Regierung machen, was sie will. Ich geb die Sache mit Handkuß zurück.

Warum haben Sie sie dann angefangen? fragte der korrekte Gernstorff vorwurfsvoll.

Warum haben wir alle sie angefangen? entgegnete Bruster. Es schien uns aussichtsreich, es war mal was anderes, wir wollten der Welt zeigen, was wir können …

Das gilt alles noch, warf Schmitt ein.

… geb ich zu, sagte Bruster, aber vor einem Jahr sah es doch anders aus. Es sah aus wie ein Hobby und jetzt – wie eine Fahne.

Wie was? fragte Nakonski.

Wie eine Fahne, sagte Bruster, wie die Hoheitsflagge auf einem Schiff, auf einem Kriegsschiff. Nationales Prestige, wenn ich das schon höre …

Sie wollen also hinschmeißen? fragte Härwandter.

Kein Gedanke, sagte Bruster, aber ich laß mich rausschmeißen, wenn er's darauf anlegt mit seinen Terminen. Schließlich haben wir noch etwas anderes zu tun.

Damit war das allgemeine Gespräch zu Ende, auch Schmitt sagte nichts mehr, denn er war im Grunde Brusters Auffassung viel näher, als er heute zeigte. Auch er hatte etwas anderes zu tun, und dieses andere überschnitt sich an einem gewissen Punkt, von dem er glaubte, er ruhe als tiefes Geheimnis im Schoße des Direktoriums von Mallenwurf & Erkelenz, mit Baby Doll. Aber Hoff hatte auch davon Wind bekommen. WWs zahlreiche Flüge über den Ozean dienten unter anderem dazu, Verhandlungen lebendig zu erhalten, deren Fernziel die Erwerbung der Lizenz für den Bau von Strahltriebwerken war. Nicht zuletzt deshalb war Schmitt in das Isoliermattenkartell eingestiegen, um über die Entwicklung des neuen Brennstoffes, an dem eine Hartogsche Forschungsgemeinschaft arbeitete, auf dem laufenden zu bleiben. Nicht zuletzt deshalb befand er sich im

Widerspruch mit sich selbst, seitdem WWs Moskaureise den Schwerpunkt der Interessen der Firma etwas verschoben hatte. Machte er weiter im Isoliermattenkartell mit, so war der Tag abzusehen, an dem diese Sache seine russischen Verbindungen belasten mußte; stieg er aber aus, so verlor er den unmittelbaren Zusammenhang mit einer technischen Entwicklung, die für eine ins Auge gefaßte Serienproduktion von Strahltriebwerken wichtig war. Der weitere Verlauf der Sitzung sollte seinem Schwanken ein unerwartetes Ende bereiten.

Noch war Hoff nicht zurück, auch Hartog nicht zu sehen. Nakonski und Bruster, in einer Fensternische stehend, sprachen nicht vom Wetter und von der Hitze, sondern von Rußland. Sie starten morgen? fragte Nakonski. Ja, sagte Bruster, über Stockholm. Na, meinte Nakonski, dann werden die Ehrenjungfrauen vom Dienst schon ihre weißen Kleider bügeln. Er spielte damit auf ein fast unglaublich klingendes Detail aus Wallnitz' Rußland-Bericht an, zum Amüsement seiner Zuhörer in der Fassung enthalten, die er dem Industrieclub geboten hatte. Er sei, hatte er erzählt, bei der Besichtigung einer Baumwollkolchose am Eingangstor von weißgekleideten Mädchen empfangen worden, die ein Gedicht aufgesagt und ihm Blumen überreicht hätten.

Er hat behauptet, die Geschichte sei wahr, sagte Nakonski.

Warum soll sie nicht wahr sein? sagte Bruster.

Sie paßt nicht ins Bild, meinte Nakonski.

In welches? erwiderte Bruster und grinste; in mein Bild paßt sie, sonst würde ich nicht fahren.

Hartog kam auf die Minute pünktlich zurück, Hoff betrat nur Sekunden später das Konferenzzimmer. Man setzte sich. Es wurde ganz still, so still, daß man hörte, wie Schmitt Mineralwasser in ein Glas goß.

Hoffs fragender Blick wanderte von Schmitt, der auf sein Glas schaute, zu Bruster, der ihn auffing.

Reden ist Silber, Schweigen ist Gold, sagte Bruster.

Alle lachten ein bißchen, es klang mühsam.

Was soll's denn, sagte schließlich doch Schmitt, er war der Älteste in der Runde; was erwarten Sie jetzt von uns, Herr Hoff? Wie Herr Bruster vorhin schon gesagt hat, wir haben uns den Verlauf der heutigen Sitzung anders vorgestellt. Wir sind nicht darauf vorbereitet, bindende Termine zu nennen. Dazu müßten wir uns erst mit unseren Technikern verständigen. Ich glaube, ich darf hier für alle sprechen, ohne daß ich dazu irgendwie ermächtigt wäre.

Das war der Stand der Dinge schon bei unserer letzten Zusammenkunft, entgegnete der Ministerialdirektor. Ich bitte Sie zu verstehen, wir sind in einer Lage, in der wir eine gewisse Klarheit über den zeitlichen Ablauf gewinnen müssen. Ich erwarte selbstverständlich nicht eine Festlegung auf einen Tag oder eine Woche, aber über den Monat, in dem die ersten Startversuche stattfinden sollen, müßten wir uns heute einigen.

Sie blickten vor sich hin.

Übern Daumen weg, frei nach Schnauze würde ich sagen: Herbst nächsten Jahres, ließ sich Bruster vernehmen.

Unmöglich, sagte Hoff, ganz und gar unmöglich. Da ist die Sache nicht mehr interessant. Da könnten wir auch bei der nächsten Weltausstellung einen Dieselmotor zeigen und darunter schreiben: Spitzenerzeugnis der deutschen Industrie.

Na na, sagte Gernstorff. Und wieder schwiegen alle. Hartog spielte mit seinem Feuerzeug – *24.3.1951 Adelheid* –, jetzt blickte er auf, rutschte ein wenig in seinen Sitz zurück; seine schmalen Hände lagen nun still, die Finger der einen über den Fingern der anderen, auf dem blauen Tuch des Tisches, und auch sein Körper, gerade aufgerichtet, ohne die Lehne des Sessels zu berühren, bewegte sich nicht, und so begann er leise und behutsam zu sprechen.

Ich glaube, sagte er, daß hier niemand am Tisch sitzt, dem auch nur der allergeringste Vorwurf zu machen wäre. Wir haben uns in eine für uns neue Materie einzuarbeiten, und wer von uns wüßte nicht, welchen Überraschungen man dabei ausgesetzt ist, und wieviel Rückschläge man hinnehmen muß auf dem Wege zu einer neuen großen Sache. Der Termin, den Herr Bruster soeben nannte, um einen ungefähren Anhaltspunkt zu geben, scheint mir insbesondere unter Berücksichtigung unserer Erfahrungen eher noch zu optimistisch zu sein.

Sie fühlten sich alle in Schutz genommen gegen Hoff, dessen Gesicht völlig ausdruckslos Hartog zugewendet war.

Dabei denke ich nicht nur an die technisch-wissenschaftlichen Probleme, deren Lösung uns mehr

Zeit kostet, als wir ursprünglich vermutet haben, sondern an die ganz allgemeine Erfahrung, welcher ungeheure Arbeitsaufwand mit dem Bau einer Maschine wie Baby Doll verbunden ist. Wir könnten sie aus purem Gold herstellen und mit Brillanten schmücken, der Anteil des Rohstoffaufwandes würde gegenüber den Kosten, die schließlich in Gestalt von Arbeit darin stecken, immer noch vergleichsweise unerheblich sein. Wir müssen mit einer Präzision arbeiten, von der wir alle wohl bisher nichts geahnt haben. Die Kontrollanlagen, die so ein Ding erfordert, damit man feststellen kann, ob es auch richtig funktioniert, scheinen mir fast schwieriger zu bauen zu sein als die Rakete selber.

Schmitt nickte Hartog zu. Sie haben ganz recht, sagte er, nach Proskys Berechnungen werden wir fünfhundert Spezialisten brauchen nur allein für die Vorbereitung und die Kontrolle eines Startversuches der fertigen Rakete.

Sehen Sie, sagte Hartog – wir befinden uns eben unter völlig neuen Arbeitsbedingungen, an die sich unsere Leute erst gewöhnen müssen, für die sie erzogen werden müssen … Wenn ich dergestalt die Schwierigkeiten anerkenne, in denen wir uns befinden, so glaube ich jedoch auch, fuhr Hartog fort, daß die Gründe, welche seitens der Regierung uns durch Herrn Ministerialdirektor Hoff nun wiederholt dafür genannt worden sind, daß die Rakete zu einem wesentlich früheren Termin startklar sein muß, nämlich in dem Augenblick, in dem gewisse vertragliche Beschränkungen unserer Produktionsfreiheit, die wir ja alle kennen, und die wir als von der politischen Entwicklung gründlich überholt betrachten dürfen – daß diese Gründe von uns anerkannt werden müssen. Ohne über spezielle Informationen zu verfügen –

– was für Informationen hat er denn? dachte Schmitt –

möchte ich einfach aus der Beurteilung der Gesamtlage heraus vermuten, daß wir mit unserer Arbeit im Spätwinter zu Rande gekommen sein sollten.

Hoff nickte.

Ist jemand von Ihnen der Ansicht, daß wir, wenn wir in der bisherigen Weise weiterarbeiten, über diesen Termin realistisch sprechen können?

Offenbar war niemand dieser Meinung.

Wenn das nicht so ist, wenn wir alle darin übereinstimmen, daß es unmöglich ist, dann müssen wir es jetzt auch verbindlich erklären.

Einige nickten ihm zu, es war die kürzeste Art, diese Erklärung abzugeben.

Da kommt doch noch was, dachte Bruster. Und es kam.

Ich fände es jedoch unrecht, ein Jahr angestrengtester Bemühungen nachträglich unter ein so negatives Vorzeichen zu setzen. Wenn unsere bisherige Arbeitsweise uns Zeit gekostet hat, so sollten wir uns fragen, ob es nicht vielleicht gerade an dieser Art unserer Zusammenarbeit liegt, von der wir uns anfangs soviel versprochen haben. Die Arbeitsberichte, die ich soeben einmal durchgeblättert habe, lassen erkennen, daß die Koordination unserer Firmen für diesen Zweck Zeit, viel Zeit verbraucht hat, während die speziellen Erfahrungen der einzelnen Forschungsabteilungen der hier vertretenen Betriebe sich für das Projekt nicht wirklich fruchtbar machen ließen. Es ist daraus der Schluß zu ziehen, daß eine stärkere Konzentration der Arbeitsvorgänge den Entwicklungsablauf beschleunigen müßte. Dabei entsteht naturgemäß sofort der Gedanke an ein Produktionszentrum unter unmittelbarer staatlicher Aufsicht, aber ich glaube gerade in diesem Punkt für uns alle zu sprechen, wenn ich sage: diese Entwicklung erschiene uns unerwünscht. Und wie vorhin schon jemand gesagt hat, ich glaube, es war Herr Nakonski: die Errichtung eines solchen staatlichen Apparates, für den alle Voraussetzungen bisher fehlen, ich darf hinzusetzen: glücklicherweise, würde im gegenwärtigen Stadium neuerdings so viel Zeit kosten, daß die Regierung selbst ernste Bedenken dagegen haben müßte.

Noch immer war nicht zu erkennen, worauf Hartog hinauswollte. Er mauerte sozusagen alle Türen zu, aber welche würde er öffnen?

Es bietet sich meines Erachtens nur ein annehmbarer, im allgemeinen Interesse liegender Ausweg an. Einer aus unserem Kreis müßte das Opfer bringen, das ganze Projekt zu übernehmen, und sich verpflichten, es mit allen Mitteln zu fördern. Eine beratende Mitwirkung der übrigen wäre dadurch nicht ausgeschlossen, im Gegenteil, sie wäre erwünscht, aber die eigentliche Arbeit müßte in einem Werk, an einem Platz getan werden. Ich weiß, wovon ich spreche, ich weiß, welche Last dadurch für das betreffende Unternehmen entstünde, und um mich nicht dem Vorwurf auszusetzen, einen Schwarzen Peter ins Spiel gebracht zu haben nur mit der Absicht, ihn einem von Ihnen zuzuschieben, möchte ich sagen, daß meine Firma bereit wäre, das Projekt allein weiterzuverfolgen. Sofort und ohne jeden Zeitverlust. Mißverstehen Sie mich bitte nicht: wir reißen uns nicht darum. Wir würden, ganz theoretisch gesprochen, das Projekt der DERLAG übertragen, hier sind von unseren Betrieben die Vorbedingungen am relativ günstigsten, aber man wäre dort über eine solche Entwicklung keineswegs erfreut. Aber ich glaube, Fairness gebietet, dieses Angebot zu machen, Fairness nicht nur Ihnen gegenüber, meine Herren, Fairness auch gegenüber der Regierung, die uns ihr Vertrauen schenkte, als wir diese Arbeitsgemeinschaft unter Ihrem Vorsitz, Herr Ministerialdirektor, ins Leben riefen. Wir müssen das Beste aus einer Situation machen, in die wir ohne irgendein Verschulden geraten sind. Bedenken Sie bitte auch noch folgendes: ich habe eine Aufstellung machen lassen, mit wieviel Zulieferfirmen wir alle zusammen für Baby Doll arbeiten. Es sind ungefähr neunhundert, und es ist nicht so, daß diese Firmen es jeweils nur mit einem von uns zu tun haben. Wir als Prime Contractors, wenn ich so sagen darf, stehen mit einer ganzen Reihe unserer Zulieferer in mehrfacher Verbindung, und das ist natürlich eine schlechte Konstruktion. Alle Aufträge, die an die Zulieferer gegeben werden, müßten von einer Stelle ausgehen.

Das alles war untadelig gesagt. Es war vernünftig, und es schien ganz im Sinne der Unternehmer gesprochen zu sein; Hartogs Vorschlag fing die Gefahr ab, daß Baby Doll zum Ansatzpunkt einer staatlichen Lenkung der ganzen Atomindustrie werden konnte, vorausgesetzt, die Regierung ließ sich darauf ein, und er bot zugleich allen die Möglichkeit, sich ihrerseits noch weiter um Baby Doll durch beratende Mitarbeit zu bemühen.

Dennoch ließen sich diese vernünftigen, selbstlosen, die nationalen Belange berücksichtigenden Ausführungen auf jene kurze Formel bringen, die Nakonski nach der Sitzung Killenschiff gegenüber verwendete: Der Hartog hat uns überspielt und sich Baby Doll unter den Nagel gerissen. So war es, und zwar deshalb, weil überhaupt nur die Hartogschen Werke in der Lage waren, das Projekt allein zu übernehmen und in der gestellten Frist zu vollenden; selbst Mallenwurf & Erkelenz wäre dazu nicht fähig gewesen.

So warf Hartogs Vorschlag nicht die Frage auf, welche Firma den ‹Schwarzen Peter› ziehen, sondern die, ob Hartog oder der Staat Baby Doll – ein deutsches Wunderkind mit amerikanischem Namen – zur Welt bringen würde.

Eine halbe Stunde später war die Sitzung zu Ende. Hoff erhob gegen Hartogs Vorschlag keinen prinzipiellen Widerspruch, der auch aus dem Kreis der Unternehmer ausblieb. Hoff erklärte, er sei nicht ermächtigt, jetzt ja oder nein zu sagen, er müsse Rücksprache nehmen, die Wichtigkeit der Angelegenheit erfordere wahrscheinlich sogar eine Beschlußfassung des Wirtschaftskabinetts, aber er würde trotzdem gern, um jeden Zeitverlust zu vermeiden, schon das Unternehmen namhaft machen, dem das Gesamtprojekt übertragen werden könne. Damit die Herren diese Frage in allem Freimut erörtern können, schloß Hoff, will ich mich jetzt zurückziehen. Lassen Sie mich bitte rufen, wenn Sie zu einem Ergebnis gelangt sind.

Freimut ist gut, meinte Bruster, und Schmitt sagte: Bleiben Sie da, Herr Hoff. Der Fall ist doch ausgestanden, wenn Hartog bei seinem Angebot bleibt und unter der Voraussetzung, daß es ein Unternehmen aus unserem Kreis sein soll, das …

Selbstverständlich, sagte Hoff.

Dann sollten wir nicht lange so tun, als ob … diesen Stein wird sich keiner von uns an den Hals binden wollen oder können – außer Hartog, von dem der Vorschlag stammt. Habe ich recht, meine Herren?

Warum Hartog nach Baby Doll griff, war allen klar. Wurde die Sache ein Erfolg, so würde sie eben ‹mehr als ein Geschäft› werden, wie Hartog zu Bruster gesagt hatte. Nicht nur kommt Geld von Geld, auch Prestige hat eine Neigung, sich zu vervielfältigen. Der Name Hartog würde neuen Glanz bekommen, aber das war ihnen immerhin noch lieber, als vielleicht den Vorwand dafür zu liefern, daß eine staatliche Entwicklungsanlage für die einschlägigen Projekte geschaffen würde.

Warum machen Sie es nicht, fragte Gernstorff Schmitt, aber der wehrte ab. Nein, sagte er, wenn ich mit Baby Doll nach Hause komme, bringt mich Wallnitz um.

Hoff sagte: Dann darf ich also zur Kenntnis nehmen und entsprechend weiterleiten, daß …

Man ging auseinander. Isoliermattenkartell ex, sagte Härwandter, das muß gefeiert werden. Es zeigte sich, daß dazu niemand rechte Lust hatte. Ohne mich, sagte Bruster, ich reise morgen, ich muß nach Hause. Hartog und Hoff verabschiedeten sich noch unter der Tür des Blauen Konferenzzimmers. Nakonski erklärte, er habe eine Verabredung. Gernstorff sagte: Bei der Hitze in die Stadt? Da bleib ich lieber im Hotel, in der Bar ist es kühl. Dann komme ich mit Ihnen, sagte Härwandter. Killenschiff schloß sich an. Schmitt stand unschlüssig vor der Lifttür. Fahren Sie gleich weg? fragte er Bruster. Ja, ich muß, entgegnete dieser, aber wenn Sie nichts Besseres vorhaben, ich wüßte etwas.

Sie machen ein Gesicht wie ein Mädchenhändler, sagte Schmitt.

Haha, lachte Bruster, Sie sind schon auf dem richtigen Dampfer. Kommen Sie doch einen Augenblick mit.

Sie gingen in Brusters Zimmer. Setzen Sie sich, sagte er, ich telefonier mal, es verpflichtet Sie zu nichts.

Schmitt setzte sich und schaute sich um. Sie haben einen van Gogh an der Wand, sagte er, bei mir ist es ein Liebermann. Es lebe der Farbdruck.

Immer noch besser als Landkarten aus dem sechzehnten Jahrhundert, auf denen man sich nicht auskennt. So was hab ich immer in Bonn überm Bett, wenn ich dort bin. Beim van Gogh weiß man wenigstens, was drauf ist.

In echt wäre er mir lieber, sagte Schmitt.

Ich hab gehört, Sie sammeln Bilder, sagte Bruster, wenn man's versteht, soll's ein Geschäft sein. Ich bin mehr für Madonnen, frühes Mittel... – hallo!

Endlich meldete sich die Zentrale.

Auch schon munter? sagte Bruster ins Telefon. Na, dann geben Sie mir mal …

Und er nannte die neue Nummer Rosemaries.

Ich bin froh, daß ich die Sache los bin, sagte er, den Hörer am Ohr, zu Schmitt. Sie anscheinend nicht!?

Ja und nein, entgegnete dieser. Wir waren schon ganz schön weit. Jetzt schöpft Hartog den Rahm ab.

Es hat mich zuviel Zeit ge… – hallo, bist du's? Wie geht's? Alles schon ganz feinchen bei dir? – na, ich sag's ja. Hör zu, Kindchen, ich kann heut nicht mehr kommen, morgen früh flieg ich, ich muß nach Hause – – – nee, arbeiten, ar-bei-ten, was denn sonst – – – ja, erst wenn ich zurück bin, spätestens in drei Wochen, dann nur noch auf russisch – – – das weiß ich auch nicht – – – nee, das fällt dort flach, so was gibt's dort nicht – – – was machst du denn jetzt? – – – nein, wirklich, unmöglich, aber ich hätte hier jemand, der langweilt sich – – – das mußt du ihn selber fragen, ich geb ihm deine Adresse – – – Schmitt – ja, Schmitt wie Müller – also, mach's gut, Kindchen, und vergiß mich nicht. Ich meld mich wieder – – – Tjüs!

Wie heißt sie denn? fragte Schmitt, nachdem Bruster den Hörer aufgelegt hatte.

Rosemarie, sagte er, meine Entdeckung. Hier ist die Adresse. Ich sorg doch wie ein Vater für Sie –

Meinen Sie mich oder die Kleine, sagte Schmitt und grinste.

Euch beide, sagte Bruster, aber ich tu's gern. Gute Taten tragen ihren Lohn in sich.

Wie soll ich das verstehen, sagte Schmitt, sind Sie an der Dame beteiligt?

Wenn ich's wäre, würde ich jedenfalls bong davon leben.

Also teuer?

Sie werden es bezahlen können. Wie machen Sie das eigentlich, Schmitt, ich hab nachgeschaut im Who's Who, wann Sie geboren sind, aber wenn Sie nicht die weißen Haare hätten, würde ich sagen, Sie sehen aus wie vierzig. Keine Falte. Und die Haare machen Sie eigentlich noch jünger. Und es macht Ihnen immer noch Spaß.

Warum sollte es nicht, sagte Schmitt.

Ja, sagte Bruster, Sie überleben mich noch.

Während Bruster mit Rosemarie sprach, waren auf dem Vermittlungsschrank der Telefonzentrale auch die Zimmer 317 und 121 miteinander verbunden. Hoff sprach mit Hartog, und es ist die Frage, ob Hartog Brusters Gespräch mit Rosemarie interessanter gefunden hätte oder Bruster Hartogs Gespräch mit Hoff, das folgendermaßen verlief:

Hartog: Ich glaube, da kann nichts mehr passieren?

Hoff: Von unserer Seite aus bestimmt nicht. Der Minister wird erfreut sein zu hören, wie reibungslos die Sache gegangen ist. Es wäre uns sehr unangenehm gewesen, wenn sich Differenzen ergeben hätten.

Hartog: Mir auch. Sagen Sie bitte dem Minister, daß wir nach dem in den letzten Tagen noch einmal überprüften Zeitplan hoffen, Ende Februar mit den Startversuchen beginnen zu können.

Hoff: Ausgezeichnet. Und scherzend setzte er hinzu: Ich muß Sie schon jetzt darauf aufmerksam machen, daß die Bundesrepublik keinen Orden mehr zu verleihen hat, den Sie noch nicht besitzen.

Hartog: Ich werde auch keinen Orden zu tragen wissen.

Hoff: Bravo! Sie sollten doch in den diplomatischen Dienst. In Amerika geht big business in die Diplomatie. Bei uns …

Hartog: Wenn der Posten in Moskau frei wird, können Sie mich empfehlen.

Hoff: Ist das Ihr Ernst?

Hartog: Ich würde sagen: zu dreiunddreißigeindrittel Prozent. Wissen Sie, daß Bruster morgen nach Moskau fliegt?

Hoff: Das kann niemand nicht wissen. Er redet doch unausgesetzt davon. Übrigens keine schlechte Taktik.

Hartog: Im Vertrauen, Herr Hoff, was glauben Sie, welchen Eindruck es höheren Orts machen würde, wenn ich den Herren da drüben auch mal einen Besuch machen würde?

Hoff, der am liebsten geantwortet hätte: einen schlechten, sagte: Das kommt darauf an.

Hartog: Sie verstehen, es ist eine ganz theoretische Frage, ich habe noch keine Pläne in dieser Richtung.

Hoff: Wir sprechen noch darüber.

Fast gleichzeitig glommen die Lämpchen auf, die das Ende der beiden Gespräche anzeigten. Das Fräulein zog die Stöpsel heraus. Sie saß vor einem großen Schrank voll stummer Geheimnisse und las, wenn wenig los war, eine Illustrierte, um sich nicht zu langweilen, während abenteuerliche Wirklichkeit durch die Drahtbündel floß.

Rosemarie hätte für Schmitt an diesem Abend keine Zeit gehabt, wäre es nicht die Zeit gewesen, in der sie Bruster erwartet hatte. Ihr Terminkalender für ihre Hauptgeschäftszeit zwischen fünf Uhr nachmittags und zwölf Uhr nachts war an diesem Tag voll, und wenn Bruster die Verabredung nicht hätte schießen lassen müssen, so hätte er bereits an diesem Abend und nicht erst nach Rückkehr von seinen Reisen die Erfahrung gemacht, daß die schönen Dornbuschzeiten vorbei waren, in denen er endlos von seinen Geschäften, von seinen Erfolgen und ein bißchen auch von seiner hochnäsigen Frau und seinem wunderbaren Haus plaudern konnte, wozu Rosemarie nicht mehr beizusteuern hatte als von Zeit zu Zeit ein: Is ja doll, Dicker, oder: Das hast du aber prima gemacht. Das waren trauliche Stunden gewesen, eine rechte Erholungszeit, und Rosemarie hätte viel von den geheimsten Geheimnissen der ABRUDA-Werke erfahren, wenn sie den geringsten Anlaß gesehen hätte, auf das zu achten, was er ihr erzählte. Durch seine Absage blieb er zunächst davor bewahrt, zu erkennen, daß er sich den Ast abgesägt hatte, auf dem er wie ein Paradiesvogel gesessen und sich hatte bewundern lassen – abgesägt, als er seinen Managertrieb auch an Rosemarie ausließ. Der Erfolg freilich, den Rosemarie dank seines Rates und seiner Hilfe errang – aber das Darlehen war weniger wichtig gewesen als der Rat, die Eröffnung von Perspektiven –, bewies einmal mehr, daß er geschäftlich eine glückliche Hand hatte, selbst für andere. Aber das war für ihn nur ein geringer Trost, als er bemerkte, was er angerichtet hatte. So wichtig und wohltuend war jene Rosemarie im Dornbusch, Rosemarie ohne Terminkalender, für ihn gewesen, daß er sich zu einem unwahrscheinlich kostspieligen Angebot hinreißen ließ, als sie zum zweitenmal zu ihm sagte: Jetzt mußt du gehen, Dicker. Er erklärte sich bereit, ihre bis dahin höchste Tageseinnahme mit dreißig zu multiplizieren und ihr den so errechneten Betrag als feste Monatsgage auszusetzen, und knüpfte daran nicht einmal die Hartogsche Erwartung, sie dann ganz für sich allein zu haben, sondern wollte damit nur erreichen, daß er ungestört über ihre Zeit verfügen konnte, wenn er für sie Zeit hatte.

Es ist fraglich, ob Rosemarie auf dieses Angebot eingegangen wäre, selbst wenn sie gekonnt hätte, denn sie war zu diesem Zeitpunkt schon so sehr zur Unternehmerin geworden, daß sie die Dynamik, die sie nur in ihrer risikolosen Form kennenlernte, der Sicherheit eines Einkommens vorzog, das sie, finanziell gesehen, über einen Bundesminister hinaushob. Sicher ist, daß sie Bindungen eingegangen war, die ihr nicht mehr erlaubten, Brusters Angebot anzunehmen. Der König unter den Drahtfabrikanten, ihr Ratgeber und Mäzen, mußte sich hinfort nach der Uhr richten wie jeder andere.

Mit dem Umzug in die neue Wohnung hatte die dritte Phase ihres steilen Aufstieges begonnen. Bruster

 hatte an sein Geld die Bedingung geknüpft, daß

sie sich bei der Einrichtung nicht selbst betätigen durfte, sondern eine Firma, die er ihr nannte, gewähren lassen mußte. Diese lieferte von den Möbeln bis zum Geschirr alles, sie zauberte in die fünf mal vier Wände – großer Wohn- und Arbeitsraum, Flur, Küche, Bad, Koffer- und Abstellraum – jene Vogelbauerleichtigkeit aus Glas, Bambus, farbigen Stoffen, Grünpflanzen, ungestrichenem Holz und großen Lampen, die einerseits die Flüchtigkeit unseres Daseins auf dieser Welt zum Ausdruck bringt, es andererseits unwahrscheinlich macht, daß wir durch böse Vernichtungskräfte vorzeitig in möglicherweise ernstere, auf jeden Fall völlig ungewisse Verhältnisse befördert werden. In wenigen Tagen war alles fertig, da jene verzögernden Faktoren, wie der Geschmack und die besonderen Wünsche und die immer neuen Einfälle des Auftraggebers, fehlten. Als Rosemarie alle Rechnungen in ihrem Kontobuch zusammenzählte, ergab sich, daß sie nicht dreißig-, wie Bruster veranschlagt hatte, sondern rund vierzigtausend Mark zu bezahlen hatte. Das beschwerte sie aber nur eine Woche lang. Weder die Hausverwaltung noch die Lieferfirmen bemerkten etwas davon, daß sich Rosemarie kurzfristig übernommen hatte. Noch weit vor ihren Fälligkeitsterminen waren die Rechnungen bezahlt.

Sie wirkte und lebte nun in einer Umgebung, mit der verglichen ihre Wohnung am Dornbusch immerhin den Reiz des vollkommen Kitschigen gehabt hatte. Sie selbst hätte sich nicht so eingerichtet, wie sie nun wohnte, es gefiel ihr nicht, alles war so durchsichtig, und es stand nichts herum, was darauf hindeutete, daß sie Geld ausgegeben hatte. Aber schließlich bemalt ein Zahnarzt den futuristischen Baum in seinem Behandlungszimmer, dessen Äste Bohrer, dessen Früchte Lampen und Röntgenröhren sind, auch nicht mit Röschen, nur weil es seinem persönlichen Geschmack entspräche, sondern er verwendet ihn so, wie ihn die Firma liefert, in glatter Emaille, schwarz oder weiß, weil diese Emaille nach konventionellen Ansichten ein Ausdruck für hygienische Verhältnisse ist. Ebenso war Rosemaries neues Interieur nach konventionellen Ansichten ein Ausdruck für geschäftlichen Erfolg schlechthin; ihre Kunden fühlten sich bereits von der Einrichtung verstanden, kaum daß sie die Schwelle der Wohnung überschritten hatten. Bruster hatte Rosemarie gesagt, diese Wohnung werde ein Teil ihres Geschäftes sein, ebenso wie ihr Wagen – daran hielt sie sich und sah es um so mehr ein, als der Erfolg augenblicklich eintrat.

Wie erstaunt wären die vornehmen, adeligen Aushälter einer Nana gewesen, wenn sie sich aus ihren Gräbern hätten erheben können, um die Wohnung Rosemaries in Augenschein zu nehmen: welche Ordnung, was für ein abstoßender Mangel an Intimität! Die Einfachheit wäre ihnen schäbig erschienen – und sie war es ja auch –, und die Couch dem Feldlager eines Generals ähnlicher als einem Pfuhl der Sinnenlust. Diese vier Wände des großen Raumes, vor deren einer, fast ganz aus Glas, stets ein leichter weißer Vorhang am Tage, ein dichter weinroter bei Nacht gezogen war, ließen kaum erraten, ob nun hier ein Mann oder eine Frau wohnte, und noch viel weniger enthielten sie einen Hinweis auf den Beruf ihrer Bewohnerin. Aber eines zeichnete sie aus: sie waren von vollkommener Unverbindlichkeit und insofern bildeten sie doch das ideale Milieu für Begegnungen, die hier stattfanden: zwischen Rosemarie und Wundertätern unseres großartigen Aufstieges.

Das Schicksal, das Rosemaries Weg bestimmte, scheint, nachträglich betrachtet, durchaus nicht blind gewesen zu sein, sondern sich vorausschauend nach ihrem nahen und jähen Ende in allen Einzelheiten gerichtet zu haben. Es verlor vor allem keine Zeit. Diese kurzen Jahre, die gewissermaßen ihre geschichtliche Existenz bedeuteten nach zweiundzwanzig Jahren anonymen Vegetierens, gönnten ihr keine Pause und keine Übergänge mehr. Ihre äußere Entwicklung vollzog sich ruckartig, darin ein getreues Spiegelbild des unwahrscheinlichen ökonomischen Aufstieges ihrer Kunden in kurzer Frist; von einer inneren Entwicklung läßt sich unter solchen Umständen im allgemeinen kaum, im Falle Rosemaries nur mit Vorbehalten sprechen, nämlich nur insoweit, als ihre Geldgier immer schärfer und peinlicher hervortrat, je größer ihre Einnahmen wurden. Das bedeutet aber doch, daß die Rosemarie des Appartements in der City von Frankfurt nicht mehr dieselbe aus dem Kleinbürgerhaushalt am Dornbusch war.

Zeit zu haben ist eine Eigenschaft, die sogar ein Mädchen von Rosemaries Art etwas weniger ordinär erscheinen läßt, als es ist. In ihren Beziehungen zu Hartog und Bruster hatte sich am Dornbusch ein Gran individueller Zuneigung entwickeln können, und was Hartog betrifft, vielleicht sogar ein bißchen mehr, obwohl er so erpicht darauf gewesen war, das Menschliche nicht hochkommen zu lassen zugunsten dessen, was man merkwürdigerweise das Allzumenschliche nennt. Aber als sie keine Zeit mehr für den einzelnen hatte, teilte sie das Schicksal vieler ihrer Besucher, die in ihrem sonstigen Leben auch keine Zeit hatten, ausgerechnet bei ihr jedoch gern etwas mehr Zeit zugebracht hätten, als sie ihnen zubilligte: dieses Gran Menschlichkeit ging zum Teufel. Sie wurde eine Unternehmerin.

Da man von Hartog absehen muß, der in seiner ersten Rosemarie-Zeit – es folgte ihr eine zweite – nichts als die körperliche Begegnung suchte, ins Mechanisch-Artistische gespielt, so war Bruster vielleicht der einzige Mann in ihrem Leben, dem sie wenigstens anfänglich auch außerhalb der sexuellen Sphäre alles bot, was er suchte; dem gegenüber sie sich als reell erwies, indem sie ihm gab, was er für sein Geld füglich erwartete: sie gewährte ihm Zweisamkeit, ohne sie auf das Eiapopeia zu beschränken, sie ließ ihm Zeit, sich auszusprechen, sie sagte zur richtigen Zeit: Ja, Dicker – sie war Beichtstuhl und Richterstuhl zugleich, und in beiden Funktionen war sie vollkommen korrupt, wie er es von ihr erwartete. Bruster riskierte bei ihr nicht mehr als mit sich selbst, und die einzige Gefahr, die von ihr hätte drohen können und der sie schließlich selbst zum Opfer fiel: die der Indiskretion oder mindestens der Drohung mit Indiskretion, bestand für ihn im Dornbusch noch nicht.

Es waren vergleichsweise idyllische Verhältnisse gewesen. Abgesehen von den vierzehn Tagen, die Hartogs
 Rückzug vorausgegangen waren, hatte sie dort

gleichzeitig nur mit einem Mann gelebt. Gewiß nicht aus Treue, sondern weil die Einkünfte, die sie aus dieser fragmentarischen Monogamie erzielte, sich so märchenhaft von ihren Einkünften jener Jahre unterschieden, in denen sie wie eine streunende Katze sozusagen vom Bett in den Mund gelebt hatte, daß selbst ihre beispiellose Habgier, die fast ihr ganzes Leben lang eine potentielle Eigenschaft hatte bleiben müssen, es nicht vermocht hatte, ihre ökonomische Phantasie über die Wirklichkeit hinaus anzustacheln. Gewiß wäre Rosemarie auch ohne Bruster, ohne SL und ohne die neue Wohnung in kurzer Zeit darauf gekommen, daß ihre Möglichkeiten, Geld zu machen, noch längst nicht erschöpft waren – aber es wäre nicht so schnell gegangen. Noch bevor diese Einnahmen in ganz anderer Größenordnung in ihrem Buch erschienen, ahnte sie, daß sie kommen würden.

Man wird also, dies sei nur nebenbei erwähnt, sehr vorsichtig urteilen müssen, wenn man die Frage stellt, ob diese beiden ersten Männer, die für Rosemarie die Begegnung mit dem Reichtum und mit der mirakulösen Willfährigkeit, sie daran teilhaben zu lassen, bedeuteten, die eigentlich Schuldigen an ihrem Untergang waren – wobei Bruster zunächst als der weit Schuldigere erschiene als Hartog. Aber selbst darin läge eine fragwürdige und unstatthafte Abstufung, denn wenn es auch Hartogs Absicht gewesen war, sie zum eigenen Gebrauch in einen Käfig zu setzen, während sie von Bruster ganz bewußt dazu verleitet wurde, eine Firma mit vielen Teilhabern zu gründen, mit so vielen Teilhabern, daß sie später selbst von der Polizei nicht mehr gezählt werden konnten, erscheint doch der Mißbrauch, den Hartog mit dem Mädchen trieb, um nichts verderblicher als der Brusters, ungeachtet dessen, daß die Erniedrigung, die Bruster sich durch Rosemarie zufügen ließ, indem er sie als menschlichen Partner suchte und anerkannte, so viel größer war als die Hartogs.

Doch wie dem auch sei, es war erst der dritte Mann aus dem Isoliermattenkartell, der Rosemarie von der horizontalen auf die schiefe Ebene brachte: Schmitt, der so überaus vertrauenerweckend aussah, der zu seinem weißen Haar das ganze Jahr hindurch eine sorgsam gepflegte dunkelbraune Hautfarbe trug, an deren Erzeugung die teuren Sonnen berühmter Kurorte beteiligt waren; Schmitt, der sein Leben lang teure Speisen gegessen, sich in teure Stoffe gekleidet, mit teuren Frauen geschlafen hatte; Schmitt, der geschäftlich und persönlich sich des höchsten Ansehens erfreute.

Rosemarie war nicht sehr erstaunt, einen weißhaarigen Herrn vor ihrer Tür zu sehen. Sie hatte schon einmal, in ihrer prähistorischen Epoche, Geld von einem alten Mann bekommen. Er hatte sie immer mit weichen Farbstiften bemalt, deren Spuren sie nur schwer wieder hatte entfernen können. Dieser hier sah jedoch eigentlich nicht nach Farbstiften aus.

Er blickte sich mit der gleichen Selbstverständlichkeit bei ihr um, wie es Bruster bei seinem ersten Besuch am Dornbusch getan hatte. Er bewegte sich bedächtig, ging mit kleinen schnellen Schritten, und seine Stimme war so
 leise, daß sie ihn kaum verstehen konnte.

Du wohnst noch nicht lange hier? sagte er.

Nein, sagte sie.

Er ging quer durch den Raum zum Fenster. Schön, sagte er, sehr geschmackvoll. Ich möchte ja so nicht wohnen, ich käme mir immer vor wie ausgestellt, aber ich will ja auch nicht hier wohnen, haha.

Hinter dem durchsichtigen Vorhang und der Glaswand ging eine sommerliche blaue Stunde zu Ende. Rosemarie schaltete die Deckenbeleuchtung an und wollte den zweiten Vorhang vorziehen. Nein, sagte er, das ist doch schade. Lösch das Licht wieder.

Er hob den Vorhang ein wenig zur Seite und schaute hinaus. Wirklich schön in dieser Beleuchtung, sagte er, das sollte mal einer malen. Ich hätte nicht gedacht, daß Frankfurt …

Woher kennst du Bruster? fragte er nach einer Weile, noch immer den Blick auf die gegenüberliegenden Gebäude gerichtet, deren gläserne Fassaden wie polierte Stahlplatten aussahen. Das Tageslicht schwand dahin. In tiefer gelegenen Stockwerken wurden Arbeitszellen bereits von innen beleuchtet.

Von einem Reitfest, sagte Rosemarie.

Kannst du reiten? fragte er.

Ja, log sie.

Jetzt wendete er sich ihr zu. Was war denn das für ein Reitfest? fragte er mißtrauisch und mit einer Betonung, die dem Wort einen obszönen Sinn gab.

Vom Club, sagte Rosemarie.

Hm, sagte Schmitt. Und plötzlich: Willst du mit mir verreisen?

Wohin denn?

Irgendwohin. Im Süden ist es jetzt zu heiß. Ich habe nächste Woche drei Tage Zeit. Nach Schweden vielleicht.

Auch Hartog hatte in der ersten Nacht in Heidelberg davon gesprochen, er wolle mit ihr einmal verreisen, aber es war nur so hingesagt gewesen, er war nie wieder darauf zurückgekommen. Und Bruster hatte einmal schon die Flugkarten nach Nizza bestellt gehabt, aber dann war ihm etwas dazwischengekommen. Nun wollte dieser Opa mit ihr verreisen …

Sie sah nicht ein, was es ihr nützen sollte herumzufahren. Sie hatte kein Verlangen nach Ortsveränderung. Sie konnte sich nicht vorstellen, daß sie durch Reisen ihre Einnahmen vergrößern würde. Erst später, als sie tiefere Einblicke in die Organisation der Welt ihrer Kunden gewonnen hatte, fuhr sie zu Tagungen und Versammlungen, wo eben diese Kunden gehäuft auftraten und ein bequemes Alibi hatten. Noch genügte ihr Frankfurt durchaus. Sie war vollkommen im Einklang mit sich selbst, nichts drängte sie, ihr Leben zu vervielfältigen, es hatte keinen doppelten Boden, wie das Leben all der Männer, die auf der Flucht vor sich selbst und vor der pompösen Sinnlosigkeit ihrer Arbeit zu ihr kamen, um Wirklichkeit zu finden. Sie hatte keine Ursache, vor sich selbst zu fliehen, und um den Reiz der Fremde vorzuschmecken, fehlte es ihr an Phantasie. Sie war nicht neugierig.

Ich kann jetzt hier nicht weg, sagte sie und dachte an ihre unbezahlten Rechnungen. Vielleicht später, setzte sie hinzu, als sie sah, daß ihn ihre Antwort enttäuschte. Sie wollte ihn nicht verärgern, er sah so reich aus.

Komisch, dachte Schmitt, es gibt eine Frau, die nicht reisen will. Aber warum eigentlich nach Schweden? Wie jetzt die Lichter überall aufflammten, die ersten Sterne sichtbar wurden und in dem tiefen Graben der Straße die Scheinwerfer der Autos hin und her zu huschen begannen, fiel ihm Paris ein. Natürlich, jetzt war die richtige Zeit für Paris, die Stadt war jetzt leer, die Franzosen hatten Zettel an ihre Wohnungs- und Ladentüren geheftet: Bin in Ferien, und Schmitt kannte die Stadt so gut, daß er sich zutraute, sie abseits der Herden amerikanischer Touristen genießen zu können.

Drei Tage Paris, sagte er.

Warum? sagte Rosemarie.

Es kam ihm zum Bewußtsein, daß dieses blonde Geschöpf, das so durchschnittlich aussah, einen ungewöhnlichen Charakter besitzen mußte, zu dem er noch keinen Schlüssel besaß.

Dann nicht, antwortete er ernüchtert, man soll keinen Hund auf die Jagd tragen.

Wie heißt du? fragte Rosemarie. Sie wollte aufs Geld zu sprechen kommen, es sprach sich eindringlicher darüber, wenn man des anderen Namen verwenden konnte.

Er hieß Bernhard.

Er fühlte sich ausgefragt. Noch was? sagte er. Bevor sie zum Sprung auf seine Brieftasche ansetzen konnte, setzte er zum Sprung an.

Dann könnten wir uns ja erst mal kennenlernen, sagte er.

Sie antwortete: Ich habe bis zehn Uhr Zeit.

Er schaute auf die Uhr, sie kam an einem

etwas behaarten Arm unter der Manschette seines weißen Hemdes hervor, zu dem er eine schwarze gestrickte Krawatte trug. Es ist schon neun vorbei, sagte er.

Ja, sagte sie, du bist ja schon eine halbe Stunde da.

Schmitt lächelte. Schlaf schneller, Genosse, sagte er.

Was? fragte sie.

Nichts, sagte er. Und dann: Das möchte ich aber nicht, das ist ungemütlich.

Ich habe aber nachher eine Verabredung, antwortete sie.

Wie Bruster mit dir telefonierte, habe ich gedacht, wir könnten den ganzen Abend zusammen sein. Ich hab heute nichts mehr vor.

Aber ich, sagte sie.

Weißt du was, sagte er, ich habe jetzt deine Nummer, wir treffen uns ein andermal.

Ich habe die Zeit für dich freigehalten, sagte sie. Für mich? sagte er – für Bruster!

Ja, zuerst, erwiderte sie, aber dann für dich.

Du willst also Geld? sagte er.

Sie ließ keinen Zweifel darüber.

Hör mal, sagte er, mir gefällt das hier. Das ist repräsentativ. So etwas suche ich schon lang. Nicht für mich persönlich. Vielleicht kann ich dir einen Vorschlag machen. Aber nicht jetzt. Das müssen wir in Ruhe besprechen. Ich komme übermorgen wieder, am liebsten um dieselbe Zeit. Paßt es bei dir?

Sie erhob sich und ging zum Telefon, neben dem ein Büchlein in grünem Leder lag. Sie hatte sich denselben

 Notizkalender gekauft, den sie bei Bruster gesehen hatte. Das geht, sagte sie und machte eine Eintragung.

Aber dann den ganzen Abend, sagte er, du wirst sehen, es lohnt sich. Ich komme bestimmt, du kannst dich darauf verlassen.

Sie brachte ihn zum Lift, ohne noch einmal vom Geld zu sprechen. Sie fing an, Selbstvertrauen zu gewinnen.

Er fand sich zur verabredeten Zeit ein. Von Farbstiften war nicht die Rede. Die bewundernden Worte, die Rosemarie fand, waren nicht nur professioneller Natur. Seine Rüstigkeit überraschte sie und wurde ihr bald lästig. Aber sie fand sich mit Rücksicht auf andere Dienste damit ab, für die sie dieser Kunde zu bezahlen versprach. Er leitete die vierte Phase ihres Lebens ein, jene, die bis zu ihrem Tode währte. Wir können sie die Phase der Zweckentfremdung nennen, und so war die dritte nur kurz gewesen – jene, in der sie frei und ungebunden in den Straßen Frankfurts auf Kundenfang ausgegangen war. Sie graste zwar auch späterhin noch zuweilen Frankfurt ab, aber das tat sie dann auf Schmitts Rat hin mehr zur Tarnung als aus unmittelbarem Geschäftsinteresse; so wie ein Arzt, der im wesentlichen von Abtreibungen lebt, doch auch zuweilen Blinddärme und Mandeln schneidet, um die Quelle seiner Einnahmen nachweisen zu können.

Als sie in vielfältige Verpflichtungen eingespannt war, die weit mehr von ihr verlangten als nur körperliche Dienstleistungen, bedauerte sie es rückschauend fast, daß die Zeit, in der sie ein Freelancer der Großstadt gewesen, so rasch vorübergegangen war. Das Aufsehen, welches sie erregte, wenn sie langsam an den Rändern der Bürgersteige entlangfuhr, schmeichelte ihrer Eitelkeit. Nie dauerte es lange, bis ihr ein anderer Wagen nachfuhr, in dem ein Mann saß oder deren zwei. Diese motorisierten Fische waren am einfachsten an Land zu ziehen. Sie fuhren ihr bis zu ihrem Haus nach. Wenn sie hielt, waren sie schon an ihrer Seite. Das Verkaufsgespräch kam rasch in Gang. Manchmal verließ sie auch den Wagen und suchte die Halle des Palasthotels auf, wo ihr Chefportier Kleie Hilfestellung gab. Die einzigartige Mischung von sehr teuer und sehr billig, die sie darstellte, zeigte, wie genau sie begriffen hatte, wie ihr Markt beschaffen war und was verlangt wurde. So genau inszenierte sie ihre Wirkung, daß sie zum Beispiel in Gesellschaft Sekt trank, obwohl sie ihn widerwärtig fand und die besten Sorten nicht von Hausmarken zu unterscheiden vermochte, nur weil sie wußte, daß ihre Kunden Sekt für ein standesgemäßes Getränk hielten, dessen Konsum sie als soziale Verpflichtung auffaßten.

Ihre Garderobe hatte sich verbessert. Sie zog sich jetzt wenigstens modisch an, und wenn sie auch nicht eigentlich elegant war, so konnte sie doch im Wagen auf den ersten Blick zuweilen fast für eine Dame gelten – sehr zum Leidwesen wirklicher Damen in Frankfurt, die den gleichen Wagen fuhren, der Rosemaries Signalement im Kreis ihrer Kunden geworden war. Insbesondere hatte die Frau eines in Frankfurt ansässigen Diplomaten unter Verwechslungen zu leiden, weil sie denselben Wagen wie Rosemarie fuhr; hinter ihr tönten, wenn sie zum

Einkaufen in die Stadt fuhr, die schrillen Beifallspfiffe amerikanisierter junger deutscher Firmenprinzen her; oder sie fand unter dem Scheibenwischer Zettel eingeklemmt, auf denen ihr ein Paul M. oder ein Karl Wilhelm v. K., oder ein ‹Du weißt schon von wem› einen Termin vorschlug.

Es ist verwunderlich, wie rasch sich in bestimmten Kreisen Rosemarie herumsprach; aber es ist vielleicht noch erstaunlicher, daß sie doch eigentlich nur in diesen Kreisen schon zu ihren Lebzeiten zu einer Fama geworden war, obwohl sie ohne Zweifel eine Erscheinung des öffentlichen Lebens von Frankfurt, ja, des ganzen Landes war. Es war, als habe sie eine soziale Tarnkappe getragen, die sie für das Volk wenn nicht unsichtbar so doch uninteressant machte bis zu ihrem Tod. Das Volk war in dieser Phase ihrer Laufbahn nicht ihr Kunde. Sie war jetzt ein Geschöpf der Elite und nur noch mit ihr verschwistert.

Am Tage vor seinem zweiten Besuch bei Rosemarie hatte Schmitt eine längere Besprechung mit seinem Generaldirektor, an deren Ende er sagte: Haben Sie noch zehn Minuten Zeit? Ich hätte noch gern etwas besprochen ... es gehört nicht zur Sache, aber es ist ein Punkt, den wir längst klären sollten. Graudenz war vorige Woche bei mir und hat sich bitter darüber beklagt, daß er fast keinen Abend mehr zu Hause sei.

Ich weiß, sagte Wallnitz, an ihm bleiben immer unsere gesellschaftlichen Verpflichtungen hängen. Aber er macht das auch glänzend.

Eben, sagte Schmitt, unsere Geschäftsfreunde wollen sich abends amüsieren. Graudenz wies nach, daß er von den sieben letzten Abenden vier in Frankfurt verbracht hatte. Und nicht nur Abende, die halben Nächte gingen drauf. Da war Krantz, der bekam die Abendmaschine nach London nicht mehr und wollte die Gelegenheit benützen; das andere Mal mußte er die drei Knaben aus Sydney ausführen, die sollen die Schlimmsten gewesen sein; am Donnerstag voriger Woche nach der Sitzung sagte Hauner zu ihm: Kommen Sie, Graudenz, wir machen uns einen vergnügten Abend, und am Sonnabend, als er endlich nach Hause fahren wollte zu einer vernünftigen Zeit, hatte er die Burschen aus Hamburg am Halse, die Ölfritzen. Und das ist nur Graudenz. Sie wimmeln ja so was ab, Walter, aber die andern vom Verkauf und Einkauf und von der Werbung und Public Relations …

– die sind dafür da, warf Wallnitz ein –

… schon gut, sagte Schmitt, aber was zuviel ist, ist zuviel. Wenn es noch amüsant wäre, aber es ist doch immer dasselbe, ich könnt's ja auch nicht, und es hört nie auf; der Alkohol, und was dann noch so fällig wird …

Da hilft uns doch Kleie …

Natürlich, der ist Gold wert …

Das ist ihm nicht unbekannt!

Lassen Sie ihn, er ist genau der richtige Mann am richtigen Platz, diskret, zuverlässig, geschickt …

Wollen Sie ihn engagieren statt Graudenz?

Das nicht, sagte Schmitt. Ich dachte nur, wir müssen zu irgendeiner Lösung kommen, die unsere Herren entlastet. Erstens sollten wir so eine Art Grüß-August anstellen, einen, der nach etwas aussieht und Manieren hat und Alkohol verträgt, einen, der nicht tagsüber im Büro sitzt, sondern abends frisch ist. Für ganz besondere Fälle können unsere Herren immer noch einspringen, manchmal empfiehlt sich's ja auch, am Mann zu bleiben, aber das Gros, was da täglich so angeflogen kommt, das könnte so ein Mann ausführen.

Und zweitens?

Ja, sagte Schmitt, es bleibt doch meistens nicht beim Saufen. Und ich habe da neulich eine junge Dame kennengelernt ... grinsen Sie nicht, oder meinethalben grinsen Sie, ich bekam ihre Adresse durch Bruster an dem Abend, wie Baby Doll geplatzt ist. Er dachte wohl, ich hätte Trost nötig, aber der Trost blieb aus, die junge Dame hatte keine Zeit. Sie heißt Rosemarie.

Wollen Sie die auch anstellen?

Schmitt zündete sich eine Zigarre an. So ähnlich, sagte er. Sie hat eine tadellose Wohnung im Zentrum, Lift und Bad und alles, was man sich nur wünschen kann. Und sie selber kann man auch vorzeigen. Sie hat etwas, ich weiß noch nicht, wo es liegt, aber das hab ich im Gefühl, die ist genau richtig. Sieht aus, wie so eine blonde Puppe eben aussieht, aber inwendig ist sie nicht blond, wenn Sie verstehen, was ich meine, ... Sie glauben jetzt, der Alte hat sich verknallt, Unsinn, da wäre einer bedient, der sich in die verknallen würde, die hat etwas Eisern-Eisiges ...

Klingt nicht sehr verlockend, sagte Wallnitz; ausgerechnet etwas Eisern-Eisiges zum Vergnügen für abends?

Sie haben sie nicht gesehen, sonst würden Sie mir recht geben. Sie redet nicht viel, aber sie kann zuhören. Ich sage Ihnen, mit der würden Sie sich auch ganz gern unterhalten …

Die hat es Ihnen aber gehörig angetan, Bernhard, sagte Wallnitz amüsiert; ich denke, sie redet nicht viel …

Unterhalten Sie sich lieber mit Leuten, die viel reden oder die gut zuhören? sagte Schmitt. Ich dachte, wir bezahlen die Person pauschal, sie scheint Zulauf zu haben, sie fährt einen SL …

Was fährt sie? sagte Wallnitz.

Einen SL, sagte Schmitt in einem Ton, als sei es das Selbstverständlichste von der Welt.

Dann ist sie jedenfalls teuer.

Sicher, erwiderte Schmitt, das sieht man, und das ist ja auch gut so.

Und da soll dann unser Grüß-August, den wir noch gar nicht haben …

Ja, sagte Schmitt, der soll dann die Arrangements machen, und so bekommt alles ein bißchen Form und Gesicht. Am besten wäre ein Adeliger, das macht bei den Amerikanern immer Eindruck, ich werde Kueltz sagen, er soll inserieren.

Kueltz war der Personalchef von Mallenwurf & Erkelenz. Schmitt entnahm einem Kästchen einen Notizzettel und schrieb darauf: *Grüß-August! / Kueltz*

Und wie verbuchen wir das, was unser Privatpuff kosten wird?

Sie sind immer so direkt, Walter, sagte Schmitt; entweder unter Werbung oder Repräsentation, da wird Hofmannstal schon etwas einfallen … Hofmannstal war der erste Steuerberater der Firma.

Das Inserat hatte folgenden Wortlaut:

Großes Industrieunternehmen, Raum Frankfurt, sucht

einen Herrn

mit tadellosen gesellschaftlichen Umgangsformen, gebildet und sympathisch, aus nur bester Familie, Mindestalter 45 Jahre, der die Repräsentationspflichten unserer Firma gegenüber unseren auswärtigen und ausländischen Geschäftsfreunden übernehmen soll. Englisch und Französisch Bedingung, Spanisch erwünscht. – Es muß sich um eine absolut vertrauenswürdige Persönlichkeit handeln. Handgeschriebener Lebenslauf usw. ...

Daß er adelig sein soll, brauchen wir gar nicht zu schreiben, hatte Kueltz gesagt, die Prinzen melden sich sowieso. Es meldeten sich einundzwanzig Bürgerliche ohne, acht mit Doktortitel, vierunddreißig, die nur ein schlichtes ‹von› oder ‹v.› vor ihrem Namen hatten, drei Grafen und ein Fürst. Der Fürst, Karl Heinrich v. Olsen-Ölsingen, bekam die Stellung, nicht weil er den höchsten Rang unter den Bewerbern hatte, sondern weil er auch die besten Voraussetzungen mitbrachte. Die Gefahr, daß er sich Indiskretionen zuschulden kommen lassen würde, war minimal, dank eines hohen Grades von Wahrscheinlichkeit, daß er sich für die Geschäfte von Mallenwurf & Erkelenz nur wenig interessieren würde. Er hatte einmal im Auswärtigen Amt gearbeitet.

Das Arrangement mit Rosemarie traf Schmitt

selbst. Sie bewies ihm an Hand ihrer Buchführung, was sie eingenommen hatte, seitdem sie in die neue Wohnung gezogen war, und was sie demzufolge als Pauschale verlangen mußte. Er sah ein, daß es unmöglich war, sie einzig und allein für seine Geschäftsfreunde zu verpflichten. Es wäre eine außerhalb jeder Proportion stehende Summe gewesen. Wenn du dir nur die Abende für uns freihältst und sonst machen kannst, was du willst, wo kommen wir dann hin? fragte er.

Sie hatte gerade angefangen, ihre erste Kartei anzulegen, nach dem Alphabet geordnet. Ihre Absicht war, jenen Kunden den Vorzug zu geben, die sich mit der kürzesten Zeit zufriedengaben; sie vermerkte deshalb die Besuchszeiten mit Anfang und Ende auf den Karteiblättern. Schmitt sagte: Zeig doch mal! So etwas war ihm noch nicht begegnet, aber sie verwehrte ihm den Einblick. Hätte er feststellen können, daß die Karten die vollen Namen trugen, so wäre er vorsichtig genug gewesen, Rosemarie entweder von diesem Übermaß an Systematik abzubringen oder seinen Plan ganz aufzugeben. Sie las ihm, ohne Namen zu nennen, aus der Kartei vor, er machte sich Notizen. Sie waren ganz bei der Sache und suchten nach einer Lösung. Wie anzunehmen war, ergab sich, daß sie zwei Drittel ihrer Einnahmen zwischen 19 und 3 Uhr früh erzielte, in jenen Stunden also, die für die künftigen Schützlinge des Fürsten Karl Heinrich ausschließlich in Frage kamen, da sie tagsüber beschäftigt waren.

Schmitts Kompromißvorschlag brachte indes die Lösung noch nicht, denn er war auch nicht geneigt, zwei

 Drittel von Rosemaries Einkommen zu garantieren. Dann geht's eben nicht, sagte er, aber wir haben ja deine Adresse und können von Fall zu Fall anrufen.

Und wer bezahlt dann? fragte Rosemarie.

Wir, sagte Schmitt.

Woher weiß ich das? fragte sie.

Die Frage war berechtigt. Wir könnten ein Kennwort ausmachen, schlug er vor, wenn sich einer mit diesem Kennwort meldet, braucht er nicht zu bezahlen. Das verrechnen wir dann.

Rosemarie dachte nach. Das ist nicht gut, sagte sie, das spricht sich rum, da gibt's Betrug, und dann stimmt's nachher nicht.

Auch Schmitt dachte nach. Das Problem mußte sich doch, zum Teufel, lösen lassen.

Schmitt war wohl der intelligenteste von allen reichen Männern, die zu ihr kamen; es machte ihm Spaß, die Welt mit ihren Augen anzusehen und ihre ameisenhafte Monomanie zu beobachten. Sein kritischer Verstand war in der Lage, das Verwandte zwischen ihnen zu begreifen, und er sagte einmal zu Wallnitz: Jetzt versteh ich endlich, was die Brüder da drüben mit Monopolkapitalismus meinen. Es gibt einen Drang, hochzukommen, wenn man den hat, macht einen jede Konkurrenz rasend.

Diese Bemerkung fiel in einem Gespräch über Rosemarie, das Wallnitz mit einer gewissen Dringlichkeit herbeiführte, als er von einem Flug nach Hamburg zurückkam. Kueltz hatte gerade tags zuvor den Fürsten engagiert.

Wie steht's denn mit Ihrer SL-Dame? fragte Wallnitz.

Das wird nicht so, wie ich's mir gedacht habe. Sie werden lachen, Walter, aber wir können uns die Puppe nicht leisten. Männer sind solche Idioten, was die ihr bezahlen! Das sagte Schmitt, der selbst Rosemarie für einen Abend 700 Mark bezahlt hatte.

Sie sind also nicht klargekommen?

Nein, jedenfalls nicht pauschal. Von Fall zu Fall, wenn's dafür steht, kann unser Fürst – haben Sie ihn schon gesehen? macht keinen schlechten Eindruck – oder Kleie ja Verabredungen treffen, die wir dann übernehmen. Ich hab mir gedacht, wir könnten Gutscheine ausstellen, damit wir eine Abrechnungsbasis haben …

Wallnitz sprang vom Stuhl auf und lachte schallend. Er lachte bis zu Tränen. Gutscheine …! rief er, Bernhard, Herrgott, ist das komisch, das würde kein Mensch von Ihnen glauben – Gutscheine, haha – oh, nein, so ein Witz …

Gar kein Witz, sagte Schmitt. Sie hat gesagt, wie soll ich denn wissen, wer von euch geschickt ist, und da hat sie recht. Ich habe mir gedacht, wir nehmen Wasserzeichenpapier, auf dem nichts steht als ‹Rebekka›.

Rebekka?

Ja. Der Name gefällt ihr. Sie gibt uns die Zettel dann zurück, und wir bezahlen sie. Pro Stück zwischen 600 und 300, je nach Zeit. Sie wird nicht schwindeln.

Die Person muß ich mir doch mal ansehen, sagte Wallnitz und tupfte sich die Augenwinkel mit dem Taschentuch aus; Ihr Interesse hat ja geradezu etwas Sportives.

 Aber ich glaube, wir müssen die ganze Geschichte fallen lassen, so schön sie ist. Und auch nützlich, ich gebe es zu. Aber sie ist zu gefährlich.

Wieso? fragte Schmitt.

Der Zufall spielt manchmal komisch, sagte Wallnitz, ich habe im Flugzeug eine Doppelgängerin von Ihrer Rosemarie kennengelernt. Am Montag nach Hamburg. Davon wollte ich Ihnen erzählen. Neben mir saß eine junge Dame in einem schwarzen Kostüm, und wir kamen so ins Gespräch. Sie machte mir einen hochintelligenten Eindruck. Wir haben uns glänzend unterhalten. Zuletzt habe ich mich vorgestellt und sie sich auch. Sie kannte meinen Namen und ich ihren, und Sie kennen ihn auch: Roemfeld.

Roemfeld? sagte Schmitt, da gibt's doch eine Treuhandgesellschaft?

Von der spreche ich. Sie ist die Tochter von Alex Roemfeld. Wie wir in Hamburg ausstiegen, fragte sie, ob ich länger bliebe, sie würde mich gern noch mal sprechen, geschäftlich. Ich sage Ihnen, ich dachte mir nichts dabei, sie gefiel mir, sie wohnte im Atlantik. Ich lud sie zum Essen ein, wir fuhren zu Jacob raus, und es lief darauf hinaus: sie wollte meinen Rat bei der Anlage von Geld. Sie können sich vorstellen, daß ich mich gewundert habe, ich dachte, warum fragt sie nicht ihren Vater, aber ich sagte nichts. Sie wollte dreißigtausend anlegen. Ich versprach ihr, ich würde mit Kroog sprechen, und gestern haben wir uns dann noch mal gesehen.

Natürlich wieder beim Essen, sagte Schmitt.

Wieder beim Essen! Diesmal in ihrem Hotel. Ich war so sachlich mit ihr, wie man nur sein kann, aber sie merkte, sie gefiel mir, und allmählich ging sie aus sich heraus. Sie packte richtig aus. Sie hat die dreißigtausend genauso verdient wie Ihre Rosemarie, oder jedenfalls so ähnlich. Sie lernt Männer kennen, sie sucht sich die aus, die ihr gefallen, sie geht mit ihnen in Lokale, sie tanzt mit ihnen, sie verreist mit ihnen – und sie ist wirklich die Tochter von Alex Roemfeld und eigentlich eine Dame.

Und warum tut sie's?

Es macht ihr Spaß, sagt sie, sie stehe gern auf eigenen Füßen, ihre Mutter ist gestorben, ihr Bruder ist in der Firma, heiraten will sie noch nicht …

Wenn Sie es nicht erlebt hätten, würde ich's nicht glauben, sagte Schmitt. Obwohl … warum eigentlich nicht? Wie ich neulich von Zinkers auf ihr Gut eingeladen war, da waren mindestens zwei Damen unter den Gästen, von denen ich effektiv weiß, daß sie jahrelang auf den Strich gegangen sind.

So würde ich's in dem Fall nicht nennen, sagte Wallnitz.

Pardon, meinte Schmitt, ich will Ihrer Schönen nicht zu nahe treten, aber Sie sind doch sonst fürs Deutliche. Was hat das nun alles mit unserem Fall zu tun, außer der Ähnlichkeit? Und die ist gering. Amateur und Profi …

Mit freiem Fall, verbesserte ihn Wallnitz. Sie werden's gleich hören. Meine Flugzeugbekanntschaft kam also ins Reden, ich stellte ihr Fragen, es wurde immer später, sie konnte trinken, zwei Flaschen Pommery hatten wir schon leer, das meiste davon hatte sie getrunken, aber sie fiel nicht aus der Rolle. Immer ganz Dame. Zuletzt ging sie

in ihr Zimmer und kam mit einem Leitz-Ordner

wieder und sagte: Versprechen Sie mir, daß Sie keinem Menschen erzählen, was Sie jetzt sehen werden? Ich versprach es, und ich halte mein Versprechen so weit, daß ich auch Ihnen jetzt keine Namen nenne, Bernhard, obwohl die Namen das Wichtigste dabei sind. Der Ordner enthielt nämlich Briefe, die ihr die Männer geschrieben haben, mit denen sie ein paarmal ausgegangen ist oder mit denen sie für eine Woche nach Teneriffa geflogen ist. Die meisten davon kennen Sie. Sie brauchen sie gar nicht nachzuschlagen, sie sind so bekannt wie Sie und ich. Aber nicht nur Industrie, auch Politik, hohe Beamte und so weiter.

Und was stand in den Briefen?

Alles. Alles! Wenn das Mädchen wollte, sie könnte die Hälfte ihrer Freunde in Grund und Boden ruinieren. Da bliebe nichts mehr übrig. Weder geschäftlich noch privat. Ich habe nicht geahnt, was für Waschweiber Männer sein können. Ich habe nicht alles gelesen, aber was ich gelesen habe – Bernhard, Sie würden es nicht glauben. Über ihre Geschäfte, über Kollegen, über Konkurrenten, über Bonner Tratsch, über ihre Familien, über andere Familien – alles – alles – alles! Ich frage mich, was da los ist, denn das ist ja nicht mehr normal.

Nun ja, sagte Schmitt, irgendwo muß es raus, und es redet sich leichter, wenn man sich nicht so genau kennt.

Schon gut, sagte Wallnitz, aber schließlich muß das Gehirn doch noch funktionieren.

Ach, das Gehirn, sagte Schmitt, Besitzer eines ausgezeichneten Gehirns, so wie Hartog, Inhaber riesiger Unternehmen, zu Bruster gesagt hatte: Ach, Geschäfte!

Mir hat das Eindruck gemacht, sagte Wallnitz. Und wenn ich mir nun vorstelle, daß die Leute, mit denen wir arbeiten, die für uns wichtig sind wie das tägliche Brot, bei dieser Rosemarie ebenso auspacken und ihr vielleicht auch solche Briefe schreiben – das können wir nicht riskieren.

Meinen Sie? fragte Schmitt nachdenklich.

Wallnitz blickte seinen Chef erstaunt an.

Wann kommt van Strikker? fragte Schmitt.

Er wollte Freitag in New York abfliegen, antwortete Wallnitz.

Van Strikker war technischer Direktor für die ‹westliche Hemisphäre› einer der größten Ölgesellschaften Amerikas, und das heißt der Welt. Die Gesellschaft beabsichtigte, eine Raffinerie in Holland zu bauen; es bestanden für Mallenwurf & Erkelenz gute Aussichten, den Auftrag zu bekommen.

Sie kennen ihn doch näher, sagte Schmitt, was glauben Sie, käme Ihre Flugzeugbekanntschaft für ihn in Frage?

Halte ich für wahrscheinlich.

Und würden Sie nicht gerne Briefe lesen, Briefe des Inhalts, wie Sie sie gelesen haben, geschrieben von Mister van Strikker an Fräulein Roemfeld? Würden Sie nicht gern wissen, welche Chancen wir wirklich in Holland haben, welche Termine die Konkurrenz angeboten hat, und so ...?

Selbstverständlich.

Dann sollten wir mal mit van Strikker und Rosemarie den Versuch machen.

186 Was gibt Ihnen die Gewähr, daß dieser Schuß

nicht eines Tages nach hinten losgehen wird? Wollen Sie auf die Diskretion dieser Person bauen?

Wessen Diskretion könnten wir schon ganz sicher sein? Es sind doch alles Haie. Aber im Rahmen des Üblichen, ich glaube, ja. Ich habe den Eindruck, daß sie ihre Verpflichtungen erfüllen würde. Und dann das Geld. Ich hätte es nicht fertiggebracht, ihr so viel nachzuwerfen, wie sie haben wollte, bloß, damit unsere Herren Gäste sich auf unsere Kosten amüsieren können. Aber für Informationen – das ist etwas anderes. Ich glaube, das können wir verantworten. Die Sache bleibt unter uns? Das Geld laß ich über mein Privatkonto laufen.

Schmitt bot Rosemarie den Ersatz der gesamten Einrichtungskosten der neuen Wohnung an, ferner übernahm er die Miete, und für jeden Besuch, der sich unter dem Kennwort ‹Rebekka› bei ihr einfinden würde, sollte sie 1000 Mark bekommen. Dafür mußte sie sich verpflichten, Gespräche mit diesen Besuchern auf bestimmte Gebiete zu lenken, die ihr vorher genannt werden sollten. Im übrigen blieb sie Herr ihrer Zeit wie zuvor und auch privat Schmitt zuweilen zu Diensten.

Trotz genauer und einfacher Instruktionen, die Rosemarie für van Strikker bekam, und obwohl er sich offenbar als ein taugliches Objekt erwiesen hatte, wie man der Bemerkung Rosemaries entnehmen konnte, er habe viel erzählt, wurde dieser Versuch von Industriespionage durch Mallenwurf & Erkelenz ein vollständiger Fehlschlag. Rosemarie zeigte sich nicht in der Lage, zu wiederholen, was sie gehört hatte. Schmitt, der sich vorbehalten hatte, sie selbst in diesem ersten Falle auszufragen, stand vor einem Rätsel. Seine Unterhaltungen mit ihr hatten ihm gezeigt, daß sie ein ausgezeichnetes Gedächtnis für Zahlen besaß. Ihre Kontenführung war, obwohl laienhaft, durchaus vernünftig und zweckmäßig, und in den Besprechungen über ‹unser Rebekka-Agreement›, wie Wallnitz die Sache nannte, hatte sie nicht nur ihren Vorteil zu wahren gewußt, sondern auch ein gut Teil gesunden Menschenverstand bewiesen. Nun aber versagte sie vor der Aufgabe, zu berichten, was ihr ein Mann wenige Stunden zuvor erzählt hatte.

Die meisten Menschen handeln im Bereich ihrer persönlichen Interessen einigermaßen vernünftig, während es ihnen bei Dingen, zu denen ihnen diese persönliche Beziehung fehlt, oft an jeglicher Intelligenz gebricht. Dieser Bereich unserer persönlichen Interessen kann größer oder kleiner sein, zu ihm gehören aber meistens noch Vorkommnisse, Menschen und Verhältnisse, in denen sich unser Alltag abspielt, selbst dann, wenn von ihnen unser Wohlergehen nicht unmittelbar abhängt.

Schmitt wurde sich im Laufe zweier Stunden, in denen er versuchte, das Phänomen dieses Versagens zu ergründen, darüber klar, daß der Lebensbereich des Mädchens, in dem es sich bewußt bewegte, in dem es sich auskannte, in dem es vernünftig handelte, für den es sich, mit einem Wort, interessierte, nur jene Personen umfaßte, von denen es für seine körperlichen Dienstleistungen Bezahlung erwarten durfte. Eine andere wichtige Beziehung zur Umwelt gab es für sie nicht. So daß nur diejenigen, die mit dem Anspruch auf diese Dienstleistungen an sie herantraten, jene Rosemarie erlebten, von der die Oberschicht unserer industriellen Gesellschaft so lange tuschelte, bis nichts mehr zu tuscheln war und die Zeitungen von ihr schrieben.

Die negative Formulierung von Brusters Redensart: Geld kommt von Geld, lautet: Von nichts kommt nichts. Sie galt auch für Rosemarie. Auch ihre Karriere hatte ihre Gründe. Diese blonde Puppe besaß jenen Instinkt, dem ihre Kunden ihre Erfolge verdankten: sie hatte einen sechsten Sinn für die unterbewußten Erwartungen derer, mit denen sie ihr Geschäft machen wollte. Darin lag ihre Meisterschaft, ihre Virtuosität, ihre Fähigkeit zu treffen, ohne zu zielen, die, wo immer man ihr begegnet, sogleich erkennen läßt, daß sich der Meister wirklich in der Beschränkung zeigt. Diese Fähigkeit entsteht nämlich durch eine Verdichtung oder Verengung aller einem Menschen innewohnenden Fähigkeiten auf einen Punkt. Virtuosen sind nur in der Nachbarschaft dieses Punktes stark, im übrigen aber hilflos, und eben diese Hilflosigkeit, welche die Kehrseite der Virtuosität ist, ließ Rosemarie wie blind ihrem gewaltsamen Tod entgegentaumeln.

Man könnte sie also in eine Reihe mit Generalen, Pianisten und Seiltänzern stellen; von diesen unterschied sie sich aber dadurch, daß ihre Meisterschaft gerade nicht auf dem Gebiet lag, auf dem sie ihr Gewerbe betrieb. Wäre sie eine Virtuosin des faire l'amour gewesen, so wäre sie ein gänzlich uninteressanter Fall geblieben, den Jahrtausenden bekannt – es sei denn, man hätte sich in Unkenntnis dessen, was Damen solcher Art immer schon verdienten, über die Höhe ihrer Einkünfte verwundert.

Indes, es handelt sich gar nicht darum, daß sie eine exzellente Hetäre gewesen wäre oder daß heutzutage Nachfrage nach exzellenten Hetären bestünde. Darin, wofür sie scheinbar bezahlt wurde und sich, wie sie selber glaubte, bezahlen ließ, leistete sie nur Mittelmäßiges. Als eine Nana unserer Zeit hätte sie sich schlecht und recht durchgebracht, und jahrelang war sie ja eine Nana gewesen, für Soldaten und kleine Leute, und hatte dabei erbärmlich gelebt. Das Einkommen einer Filmschauspielerin von mittlerem Star-Rang hatte sie erst erreicht, nachdem sie ihre Chance bekommen hatte, das heißt, nachdem sie an jene Männer geraten war, die sie verstanden und die sie bewunderte.

Hartog war nur ein Zufallstreffer gewesen; er hatte in ihr tatsächlich seine Nana gefunden – auf einem komplizierten Umweg, wie man weiß. Erst Bruster war ein ihr vorbestimmter Partner gewesen, der erste von vielen, deren geheime Sehnsucht nach einem menschlichen Kontakt sie zu ihr trieben. Und er hatte gesagt: Das Bett ist nicht so wichtig.

Die Bürger sind ausgestorben, von denen Zola schreibt, sie hätten niemals ihre Frauen auch nur das Strumpfband anlegen sehen, und auch die Frauen sind ausgestorben, die ihre Strumpfbänder nicht in Gegenwart eines Mannes anlegen wollen. Sex ist keine Mangel-
 ware mehr und deshalb in Wertschätzung und

Preis tief gesunken. Die Sexualisierung der Massen durch optische Mittel geht Hand in Hand mit einem Nachlassen der Spannung zwischen den individuellen Partnern. Nana war kein Star, die Bühne war ihr nur Plattform der Verführung, und die Herren eilten nach der Vorstellung hinter die Kulissen, um sich das Wesen aus Fleisch und Blut anzueignen. Der Star hingegen stellt einen Wert dar, der vom einzelnen nur so weit genossen werden kann, als er sich in der Distanz hält, selbst in der Masse bleibt und sich dessen bewußt ist, daß seine Bewunderung, seine Schwärmerei, seine Sehnsucht nur ein Teil der Bewunderung, der Schwärmerei, der Sehnsucht von Millionen anderer Menschen ist. Dieser Wert löst sich sogleich in nichts auf, wenn man ihn privatisieren oder gar erheiraten will. Wie eine farbenprächtige, im Meer dahintreibende Qualle, herausgefischt, zu unansehnlichem Schleim wird, so werden die Wunschbilder der Massen-Sexualität in der Privatisierung unansehnlich und über die Maßen langweilig, und in der Tat gemahnt ja auch die Promiskuität, die diese Idole untereinander treiben, an den Affenkäfig. Wie Rosemarie beziehen sie ihre märchenhaften Einkünfte nicht für eine Meisterschaft in dem Gewerbe, das sie betreiben – die Schauspielerei –, sondern dafür, daß sie auf Distanz die Atmosphäre zu sexualisieren vermögen. Darin liegt eine Vorwegnahme und Zerstörung, ein schäbiger Ersatz von Erlebnissen, die nur im individuellen Bereich wirklich werden können.

In dieser Atmosphäre gedeihen keine Nanas, für sie wird kein Geld mehr ausgegeben, jedenfalls nicht so viel Geld wie für Rosemarie, die in schwüleren und erotisch spannungsvolleren Zeitläufen ein unbeachtetes kleines Straßenmädchen geblieben wäre. Ihre Karriere ist von aufregender Modernität.

Sie hatte nichts gelernt und war auch nicht fähig oder willens, irgend etwas zu lernen. Darin sollte man bei so einseitig begabten, bei dämonischen Naturen nicht nur eine negative Eigenschaft sehen. Es kann sich dabei auch um eine weise List der Natur handeln, die ihre eigentümlichsten, gefährlichsten und gefährdetsten Geschöpfe bewahrt, sich selber untreu zu werden. Indem sie ihnen bürgerliche Auswege versperrt, verweist sie sie brutal auf den Zufall ihrer Chance; und sicherlich befindet sich in der Menge der untauglichen und asozialen Elemente, die den Bodensatz der Gesellschaft bilden, neben vielen Schwachen immer auch ein Prozentsatz extrem einseitig disponierter Meister und Virtuosen verschiedenster Bestimmung, die ihre Chance nicht gefunden haben und unerkannt verkommen – gewiß, oft genug glücklicherweise und Gott sei Dank.

Es hätte merkwürdig zugehen müssen, wenn Rosemarie ihre Chance in unserer Zeit nicht gefunden hätte. Sie war Holz vom Holze derer, die oben schwimmen und neidvoll bewundert werden. Sie hatte begriffen, daß es nicht in erster Linie auf die Ware ankommt, wenn man Geschäfte machen will, sondern auf die geschickte Herrichtung des Marktes für eine Ware – ihr dabei zuzuschauen, ihres Verständnisses für die eigenen Bemü-

 hungen in dieser Richtung sicher zu sein, ihre

eigenen Erfolge kennerhaft gewürdigt zu sehen, das gefiel Rosemaries Kunden so sehr.

Von den Mitteln, deren sie sich bei ihrem *marketing* bediente, sind selbst denen, die darauf hereinfielen, nur die gröbsten bekannt geworden. In wahrer Meisterschaft steckt immer ein Stück Geheimnis. Sicherlich war die Höhe ihrer Tarife an und für sich schon eines ihrer wirkungsvollsten Mittel, Werbung für sich zu treiben. Ähnlich wie Deauville, das ein trauriges Nest war, bis vor zwei Generationen ein Hotelier auf den Gedanken kam, dort eines der teuersten Hotels Frankreichs zu errichten, wurde Rosemarie dadurch bekannt, daß sie so teuer war.

Rosemarie faszinierte ihre Kunden durch ihre elementare Konzentration auf den materiellen Wert dessen, was sie anzubieten hatte, und durch die Art, wie sie an das Geschäft heranging, die Verkaufsgespräche führte, Einzelgeschäfte abschloß, länger andauernde Beziehungen pflegte, und wie sie überhaupt ihren ganzen Betrieb organisierte. Wie eindrucksvoll wirkte es doch auf die Männer des großen Geschäftes zu beobachten, welchen Nutzen sie aus der prinzipiellen Indiskretion der Autonummern für ihren Betrieb zu ziehen wußte, dergestalt, daß sie sich von einem Mann, den sie dafür bezahlte, die Nummern der jeweils reichsten Teilnehmer an industriellen Zusammenkünften im voraus beschaffen ließ. Für diejenigen, die unsere gesellschaftliche Pyramide von unten betrachten, mag es vielleicht unglaubwürdig klingen, daß es Rosemarie, die ja nicht über einen großen Nachrichtenapparat verfügte, möglich gewesen sein soll, in den Besitz so detaillierter Informationen zu kommen. In jener Region, in der Rosemarie sich geschäftlich bewegte, kennt jedoch jeder jeden, und der personelle Überblick ist leicht zu gewinnen.

Schmitt, der ein förmliches Verhör mit ihr anstellte, um herauszubringen, warum sie im Falle van Strikker einfach versagt hatte, wurde staunend gewahr, wie klein der Bereich ihrer Interessen war, aber auch, wie sicher sie sich darin bewegte. Sie erschien ihm ebenso verschlagen wie zuverlässig, eine Mischung, die ihm Hochachtung abnötigte. Obschon er sich sagen mußte, daß sie vermutlich nie imstande sein würde, die Informationen zu liefern, die er sich von ihr erhofft hatte, war er von ihr nichts weniger als enttäuscht, nachdem er sie näher kannte. Er sagte einmal zu Wallnitz: Dagegen sind wir alle Waisenkinder. Wenn die Struktur der Gehirnmasse vom Denken bestimmt würde, das darin vorgeht, dann sähe mein Gehirn wie ein Schutthaufen aus, ihres aber wäre wie aus Kristallen gefügt. Sie hat bestimmt niemals auch nur eine Sekunde lang etwas Überflüssiges gedacht.

Trotz so glänzender Voraussetzungen für geschäftlichen Erfolg mußte sich Rosemarie mit einem schweren beruflichen Handicap abfinden. Ihr Betrieb war so ausschließlich mit ihrer Person verknüpft, daß für sie jene Möglichkeit grenzenloser Vervielfältigung der Produktion, ohne die man heutzutage nur noch ausnahmsweise zu wirklichem Reichtum gelangen kann, nicht bestand. Wahrscheinlich hätte sie, wäre ihr Zeit dafür geblieben,
 ihren Betrieb vergrößert und ein Bordell eröff-

net, und es ist anzunehmen, daß ihr Nimbus dem Unternehmen zum Erfolg verholfen hätte. Aber die Kunden, von denen sie ihre großen Einkünfte bezog, hätten sich nicht auf die Mädchen, die Rosemarie dann hätte beschäftigen müssen, ablenken lassen; sie bezahlten ja für Rosemarie, sie bezahlten nicht für anonyme Kurzweil. Immerhin, gerade auch jene Ware, die das Aushängeschild ihres Betriebes war, so wie eine Opiumkneipe an der Straßenfront nur als gewöhnliche Kneipe in Erscheinung tritt, war mit ihr körperlich dermaßen eng verbunden, daß sie bei der Abwicklung selbst dieses konventionellen Teiles des Geschäftes dabeisein mußte. Die Redensart, die man zuweilen auf käufliche Frauen anwendet: sie verkaufen sich, mag zutreffen, wenn ein hübsches, aber armes Mädchen einen reichen, aber ungeliebten Mann heiratet. Auf Rosemarie und alle perfekten Huren trifft sie natürlich nicht zu. Diese denken gar nicht daran, sich zu verkaufen, sie verkaufen auch nicht ihren Körper, sie verkaufen einen Vorgang, bei dem sie sich langweilen, heute vielleicht weniger als früher, da sie Gelegenheit haben, währenddessen Radio zu hören. Aber dabeisein müssen sie.

Die relativ geringe Quantität des Angebotes wurde jedoch durch einen unverhältnismäßig hohen qualitativen, immateriellen Wert der Ware ausgeglichen, der ganz unabhängig davon bestand, daß ihre Leistung, unter dem Gesichtspunkt der Spannung, der Steigerung, der Intensität, der Modulation, um es nochmals zu sagen, dürftig genannt werden muß. Rosemarie profitierte davon, daß es keine auf geschäftlicher Basis beruhende

Vereinigung von Mann und Frau gibt, die, wie primitiv sie sich auch faktisch abspielen mag, den Mann als den Käufer und damit als den eigentlich Schuldigen nicht mit dem Gefühl belohnte, ein Sünde zu begehen.

Der rein animalische Bereich in der Menschenwelt ist viel kleiner, als man dem Anschein nach vermutet, und er mag sich auf leergeschlafene Ehen häufiger erstrecken als auf das Appartement einer Rosemarie. Ihre Besucher, die gemeinhin für ihr Geld nur langweilige Vergnügen einkaufen konnten, erlebten bei ihr eine Wertsteigerung ihrer Person wir ihres Geldes. Geld zu verdienen ist sinnvoll, solange man es nicht hat. Hat man es aber, so wird es eine sinnlose Beschäftigung, ihm nachzujagen, ja sogar eine äußerst zweifelhafte, um nicht sogar zu sagen anrüchige, da es die Struktur der Wirtschaft mit sich bringt, daß man als einzelner nur noch den Gewinn einstreichen kann, das Risiko aber, wenn es eintritt, automatisch von der Allgemeinheit getragen werden muß.

Der Kreis der Männer, aus dem Rosemaries Kunden stammten, macht verzweifelte Versuche, sich über die Fragwürdigkeit seiner gesellschaftlichen Leistung hinwegzutäuschen, darin dem Offiziersstand ähnlich, und behauptet, in einer Verantwortung für das Wohlergehen des Volkes zu handeln, die er doch tatsächlich nicht mehr trägt und tragen kann, wenn es hart auf hart geht. Die Suppe löffeln immer nur die Vielen aus, während die Wenigen die Dauerbesitzer des Tellers bleiben. Mit dieser inneren Lüge ihrer Existenz fertig zu werden fällt den Redlichsten am schwersten, und ehrenhafte Versuche in

 dieser Richtung bleiben überraschend ergebnislos. Die Nutznießer des interimistischen Kompromisses, den unsere Wirtschaft darstellt, scheinen zu einem zeit- und gesellschaftsüblichen, von den breiten Schichten eben noch geduldeten Mißbrauch ihrer Macht verdammt zu sein und leben in tiefer Unzufriedenheit dahin, soweit sie zu denken überhaupt fähig sind. Rosemaries Kunden trieb nicht zuletzt ihr schlechtes Gewissen zu ihr – und siehe da, die Rechnung ging auf. Das Mißverhältnis zwischen der Macht, die sie in Händen hielten, und dem Pathos, mit dem sie die Ausübung dieser Macht zu rechtfertigen suchten, einerseits; der handgreiflichen Sinnlosigkeit ihrer Beschäftigung und der strukturbedingten Verlogenheit dieses Pathos von der Verantwortung andererseits – es löste sich bei Rosemarie auf. Ihre Kunden vollzogen mit ihr, die ihrer Art war, die aber nicht intakte Bürgerlichkeit oder irgendeine Art von Verantwortung vorzutäuschen brauchte, einen soziologischen Inzest, oder in der Sprache Brusters ausgedrückt, der in der Erfindung schlagkräftiger Formulierungen eine ursprüngliche Begabung besaß: sie trieben es mit dem Wirtschaftswunder persönlich.

Sie schändeten etwas, was ihnen teurer war als Menschen, sogar teurer, als sie sich selbst waren – ihren eigenen Erfolg in Gestalt seines käuflichsten und verwerflichsten Symbols: des Engels mit dem SL. Die instinktive Raffinesse, mit der sie auf ihrer Suche nach Partnerschaft Rosemarie als eine Art Beicht- und Richterstuhl kauften, um nur ja nicht Gefahr zu laufen, einer unabhängigen Instanz zu begegnen, wendete sich gegen sie selbst: Rosemarie verschaffte ihnen die – wird man das Wort hier richtig verstehen: beseligende Empfindung, Sünder zu sein. Bei diesem Mädchen erlebten sie eine Unterbrechung ihrer trunkenen Achterbahnfahrt auf dem Erfolg und gelangten für Augenblicke zu einem Gefühl für die Wirklichkeit ihrer chimärischen Existenz. Weiß Gott, sie warfen ihr Geld nicht zum Fenster hinaus, und es ist völlig gleichgültig, ob sie wußten, wofür sie eigentlich bezahlten oder nicht. Auch Rosemarie wußte natürlich nicht, welche Rolle ihr zugeteilt worden war, und doch spielte sie sie vollkommen innerhalb des winzigen Bezirkes, in dem sie stark war, stärker als alle, die zu ihr kamen, und unverwundbar.

Was ihr dort drohte, die Möglichkeit einer Infektion, ein frühzeitiger Verbrauch ihres Körpers, eine Prägung ihres Gesichtes über jenen Grad hinaus, der es für bestimmte Wünsche durch Laszivität noch anziehender machte – dem suchte sie nach dem Umzug in ihre neue Wohnung mit allen Mitteln zu begegnen. Sie hielt sich eine Masseuse, sie verbrachte halbe Vormittage im Badezimmer, sie unterwarf neue Kunden einem medizinischen Verhör, sie begab sich freiwillig in die Kontrolle eines Arztes – und das alles, obwohl ihre Jugend sie noch widerstandsfähig gegen ihren Lebenswandel machte. Sie kam auch bald darauf, daß es verhältnismäßig leicht war, ihre Besucher mit geringem Aufwand körperlich abzufinden; sie wurde geschickt darin, die Männer rasch zu ermüden, sich zu schonen und sie zum Reden zu bringen. Wie simpel, wie eintönig waren die Fragen, mit denen sie Anteilnahme vorzutäuschen vermochte, um wieviel simpler noch und eintöniger die Bekundungen ihres Verständnisses!

So ein müder Schatz – hast viel zu tun, Liebling?, und: ah, wirklich? Das mußt du mir aber genauer erzählen. Und der Liebling erzählte.

Zuhören ermüdete sie nicht und verbrauchte sie nicht – es verbrauchte die Zeit, die kostbare. Aber sie hielt streng an den ausgemachten Fristen fest, und fast nie kam ihr Terminkalender ins Rutschen. So entfernten sich die meisten ihrer Besucher mit dem Gefühl: ich muß wiederkommen, ich habe ihr noch viel zu sagen. Sie hängte ihnen den Beichtstuhl hoch.

Es gab Kunden, die sich das nicht gefallen lassen wollten. Sie glaubten genug bezahlt zu haben, um die Nacht für sich beanspruchen zu dürfen. In solchen Fällen wurde sie eine ordinäre Furie. Ihre ruhige sachliche Freundlichkeit war dann wie weggeblasen. Unerwartet begann sie zu schreien und zu schimpfen; sie, die eigentlich furchtsam war bis zur Lächerlichkeit, bei jedem Geräusch aufschreckte, wenn sie einmal nachts allein zu Hause war, und die Angst vor Einbrechern nie los wurde, war in solchen Augenblicken von brutaler Kühnheit. Sie brüllte so lange herum und verstieg sich sogar zu der Drohung, die Polizei wegen Hausfriedensbruch zu alarmieren, bis ihrem Besucher nichts übrigblieb, als das Feld zu räumen. Schläge und Ohrfeigen, die sie dann und wann, wenn auch selten, einstecken mußte, steigerten nur ihre Wut. Sie wollte ihre Ordnung, denn ihre Ordnung war ein Teil, und nicht der unwichtigste, ihres Geschäftes.

Männer, die sie auf diese Art hinausgeworfen hatte, versuchten meistens mit besonderer Hartnäckigkeit wieder zu ihr zu kommen, aber sie ließ sie nicht wieder herauf. Nachdem sie eine Sprechanlage zwischen Wohnung und Haustür hatte anbringen lassen, arbeitete sie mit verschiedenen Kennworten; ohne telefonische Anmeldung ließ sie überhaupt niemand mehr in die Wohnung, und bevor sie die Etagentür öffnete, vergewisserte sie sich durch das Guckloch, wer draußen stand.

Sie war auf ihrer Hut, sie war stark, sie war berechnend, ja sogar mutig und hätte sicherlich noch lange so weitergelebt. Als des Wirtschaftswunders liebstes Kind geduldet, begehrt, verwöhnt und, fast könnte man sagen, geachtet, verbreitete sie weder Furcht noch Haß.

Die kuriose Romantik jener Jahre nach dem ersten Weltkrieg, in der Literatur und Filme Straßenmädchen mit Vorliebe als Repräsentanten der Freiheit, des Edelmutes und der Auflehnung gegen überholte Ordnungen erscheinen ließen, ist gottlob dahin. Wenn solche Darstellungen eine Spur der Wirklichkeit jener Jahre enthalten haben sollten, so war es jetzt jedenfalls umgekehrt: nur durch die vollkommene Einfügung in die vorgegebenen gesellschaftlichen Verhältnisse, die als Ordnung zu bezeichnen wohl niemand außer ihren Nutznießern in den Sinn kommen könnte; nur deshalb, weil sie aus Instinkt vor denselben Göttern auf den Knien lag, die ihre Kunden anbeteten; nur deshalb, weil sie ihre Kunden für Götter hielt, als die sie sich selbst vorkamen; nur deshalb, weil sie eine Stütze der Gesellschaft war, wurde sie auch deren Salz.

Rosemarie geriet erst in Gefahr, als sie sich aus Habgier zu Zwecken mißbrauchen ließ, die sie nicht überschaute, die sie nicht interessierten, die ihr wesensfremd waren. Obschon ihr völliges Versagen als Agentin im Falle van Strikker wenigstens von Schmitt, der die nötige Intelligenz besaß, als ein Hinweis darauf hätte verstanden werden können, daß man sie dafür nicht benützen dürfe, ließ er den einmal gefaßten Plan, über Rosemarie Industriespionage zu treiben, nicht fallen. Er hielt, nun im Einverständnis mit Wallnitz, um so mehr daran fest, als ihre Unzulänglichkeit es nur um so wahrscheinlicher machte, daß der Schuß nicht, wie Wallnitz befürchtet hatte, einmal nach hinten losgehen werde. Was sie an ihre Auftraggeber nicht weiterzuleiten vermochte, weil es gar nicht in sie eingedrungen war, würde sie auch keinem anderen erzählen, selbst wenn sie damit hätte Geld verdienen können. Ihr Gehirn war eine Rüstung gegen alles, was sie nicht unmittelbar interessierte; es ließ nichts durch. Ihr Gedächtnis war ein Sieb: es floß alles hinaus.

Mallenwurf & Erkelenz hätten für ihre Zwecke ein Wesen gebraucht, dessen Gehirn ein Sieb, dessen Gedächtnis eine Zisterne hätte sein sollen, und als Schmitt das Problem in dieser Verallgemeinerung mit Wallnitz besprach, fanden die beiden Herren sogleich die Lösung, die keineswegs originell, aber außerordentlich zweckmäßig war.

Zuverlässige Techniker der Firma bauten in Rosemaries großen Raum eine Abhöranlage ein. Elektromeister Arnold, der die Arbeiten mit zwei Gehilfen ausführte, hatte von Wallnitz genaue Anweisungen bekommen. Er war seit 1928 in der Firma, ihm gegenüber brauchte man kein Blatt vor den Mund zu nehmen. Suchen Sie sich zwei von Ihren Leuten aus, die absolut zuverlässig sind, hatte Wallnitz gesagt. Keine Sorge, Chef, hatte Arnold geantwortet, wir werden da was hinbauen, daß Sie die Flöhe husten hören.

Als sie in die Wohnung gekommen waren, hatte Arnold zu Rosemarie gesagt: Da gibt's jetzt Durcheinander, Fräulein, am besten Sie verreisen und kommen morgen wieder.

Ich bleibe hier, hatte Rosemarie geantwortet; der Ton, in dem sie es sagte, gefiel den Männern nicht. Sie hatte es sofort mit ihnen verdorben, und das Bier, das sie ihnen später anbot, machte die Sache nicht wieder gut. Die beiden jungen Mechaniker nahmen sie hoch. Sie brachten eines der winzigen Mikrophone probeweise unter der Couch an, und einer sagte zu Rosemarie: Nun machen Sie mal so, wie Sie machen. Mach doch selber, sagte sie. Ich kenn dich doch nicht, Puppe, sagte der Mann. Werde ja nicht frech, entgegnete sie. Die beiden anderen feixten. Na, dann muß ich wohl mal, sagte der Mann, zog seine Schuhe aus, breitete fürsorglich eine Decke über die Couch, legte sich darauf und wippte auf und ab. Meister Arnold hatte Kopfhörer übergestülpt. Nee, sagte er, das geht nicht, das Mikro muß da weg, da verstehst du ja dein eigenes Wort nicht. Vielleicht macht sie's nicht so doll, sagte der Mann auf der Couch und erhob sich.

Sie hatten ihren Spaß. Als sie spätabends fertig waren und die Treppe hinuntergingen, sagte Arnold zu seinen Leuten: Da möchte ich direkt selber noch mal. Ja, sagte der andere, wenn du so was siehst, dann kannst du nur denken, was für ein blöder Hund du bist. Freut mich direkt, daß wir ihnen das Ding da hingebaut haben. Da kommen doch nur solche, die Geld haben. Der Chef kann zufrieden sein. Das kann er, sagte Meister Arnold, das haben wir prima hingekriegt. Und nichts sieht man. Rosemaries Einverständnis mit dieser unsichtbaren Verbesserung ihrer Wohnung kostete Schmitt 10000 Mark, das war billig. Mittels eines verborgenen Knopfes, den Rosemarie, auf der Couch liegend, bedienen konnte, war die Anlage ein- und auszuschalten.

So hatte man das Sieb. Die Zisterne in Gestalt eines Tonbandgerätes mit einer Aufnahmekapazität von vier Stunden wurde in einem Fach ihrer Küche untergebracht, die einem Laboratorium sowieso ähnlicher war als einer Küche alten Stils. Das Fach wurde verschlossen, den Schlüssel bekam Wallnitz' Privatchauffeur Lorenz, der schon den Hauptmann Walter Wallnitz gefahren hatte, als sich dieser als I c einer Infanteriedivision durch den Krieg geschlagen hatte, bis er als Wehrwirtschaftsführer u. k. gestellt worden war. Lorenzens Zuverlässigkeit und Verschwiegenheit waren über jeden Zweifel erhaben und immer neu erprobt worden. Jetzt kann uns nichts mehr passieren, sagte Schmitt zu Wallnitz, im Kopf behält sie nichts, und an die Tonbänder kann sie nicht ran. Und wer hört sie ab? fragte Wallnitz. Die ersten könnten wir ja zusammen hören, meinte Schmitt.

Das erste Opfer dieser Informationsfalle war nun doch van Strikker, der nach Holland gereist war, um die Pläne von Mallenwurf & Erkelenz an Ort und Stelle mit den künftigen Leitern des Zweigbetriebes zu prüfen und mit den Vorschlägen der Konkurrenz zu vergleichen. Es war nach seiner Rückkehr natürlich noch interessanter geworden zu erfahren, was er wirklich dachte.

Die Bänder abzuhören war jedoch ein Vergnügen so eigener Art, daß die beiden Herren nach zehn Minuten das Gerät etwas betreten wieder abschalteten. Sie waren zu normal und hatten immerhin zuviel Geschmack, um dem, was sie da hörten, Geschmack abgewinnen zu können. Hörte man auch nicht das Husten von Flöhen, so doch andere Lebensregungen, denen man zuweilen in Hotelzimmern, besonders in solchen neuerbauter Hotels, als unfreiwilliger Ohrenzeuge beiwohnt, durch Türen und Mauern hindurch. Die technische Vollkommenheit der Abhöranlage machte die Vorgänge so gegenwärtig, daß nur ein geborener Voyeur daran hätte Gefallen finden können – oder wie man jemand nennen will, der an der Lust anderer seine Lust hat, seinen Ohrenschmaus.

Es fällt in einer großen Firma mit Tradition nicht schwer, zuverlässige Helfershelfer für alles zu finden. Bei Mallenwurf & Erkelenz gab es eine ganze Anzahl männlicher und weiblicher Treuebolzen, die für die Firma im allgemeinen, Schmitt, Wallnitz und andere hohe Vorgesetzte im besonderen durchs Feuer gegangen wären. Kueltz machte eine Sekretärin ausfindig, Frau Endrikat, der man die Frankfurter Tonbänder zum Abschreiben

 übergeben konnte. Sie wurde zu diesem Zweck

in einen kleinen Raum unmittelbar neben Wallnitz' Büro gesetzt, den der Generaldirektor benützte, wenn er für einen Besucher eine besonders intime geschäftliche Atmosphäre schaffen wollte; sie mußte ihm Bänder und Abschrift persönlich aushändigen. Frau Endrikat fühlte sich durch Vertrauen und Umstände gleichermaßen erhoben und fand nichts weiter dabei. Als sie Wallnitz das erste Mal ihre Arbeit übergab, kicherte sie, aber bald kicherte sie nicht mehr. Diese treue Seele erzählte nicht einmal ihrem Mann, was sie nun zuweilen zu tun hatte, so daß sich dieser nicht wenig wunderte, als er bemerken mußte, wie sie nach zehnjähriger Ehe ihr sexuelles Verhalten veränderte und ihn zu Handlungen zu verleiten begann, deren er sich nur aus seiner Junggesellenzeit erinnerte. In solchen Fällen wittert jeder Mann zunächst einen instruktiven Nebenbuhler, aber die durch eine gewisse Übererfüllung ehelicher Pflichten seitens der Frau ausgelöste Eifersucht des Mannes fand kein Objekt. Er mußte die Sache auf sich beruhen lassen und wurde nun auch seinerseits wieder etwas einfallsreicher. Da zudem Frau Endrikats Gehalt um ein volles Drittel aufgebessert wurde – der Mehrbetrag lief auf ihrem Blatt in der Lohnbuchhaltung als Leistungszulage –, konnte sie nur zufrieden sein.

Die Einnahmen Rosemaries verdoppelten sich um diese Zeit, obschon es der Rebekka-Kunden nicht gar so viele wurden. Es mußte ja mancherlei an charakterlichen, biologischen und geschäftlichen Voraussetzungen sich addieren, bis es möglich und lohnend war, einen Geschäftsfreund durch Karl Heinrich bei Rosemarie anmelden und die Tonbänder laufen zu lassen. Manche, denen man das Vergnügen, genannt Rosemarie, vorschlug, wollten es gar nicht genießen, aber das war die Minderheit, die mit Rosemaries wachsendem Ruhm immer kleiner wurde. Ein Gemurmel kam auf in den Kreisen der Kenner, Neugier wurde geweckt durch Gerede auf Industrietagungen, in den Wartehallen von Flugplätzen und auf Messen, nicht nur in der Bundesrepublik. Es wurde auch exportiert. Eine Großwetterlage Rosemarie breitete sich sozusagen in der vornehmen Männerwelt aus. Der Mord hat sie nicht berühmt gemacht, er popularisierte sie nur.

Es gab Fehlschläge: Manchmal lohnte sich die Aufnahme nicht, jedenfalls nicht im Sinne der Geschäfte von Mallenwurf & Erkelenz; der sachliche Inhalt der Tonbänder blieb gleich Null. Es gab aber auch ausgesprochene Treffer, und Wallnitz' Einblick in die Korrespondenz des Fräuleins Roemfeld fand unerhörte Bestätigung. Zu des Fürsten Ehre, auf die er Wert legte, muß gesagt werden, daß seine spätere Vernehmung durch die Polizei einwandfrei seine Ahnungslosigkeit bewies. Alter Adel schützt eben vor vielerlei Ungemach, dem Menschen mit präziserer Beobachtungsgabe ausgesetzt sind. Er wußte nicht, was gespielt worden war, er hatte sich nur ein wenig darüber gewundert, daß die Firma sich des vornehmen Etablissements in der City, wie er das Unternehmen nannte, nicht in allen vorkommenden Fällen bediente. Was Herr Kleie sonst zu vermitteln hatte, war, wie er den

 Frühstücksberichten seiner Schützlinge entnehmen durfte, auch ganz passabel – wie, drei Eier, Herr Direktor? hähä, haben Sie sich ja wohl verdient? na, was denken Sie, mein lieber Fürst, nicht zu knapp –, aber doch nicht von jener Gediegenheit. Rosemaries schwarzer SL verfehlte auch auf Durchlaucht seinen Eindruck nicht. Nebenbei gesagt, Karl Heinrich bewältigte seine Aufgabe vorzüglich. Er hatte eine Art, das Wörtchen ‹wir› auszusprechen, wenn er die Firma meinte – mit der er sich eine Woche nach Antritt seiner Stellung völlig identifizierte dank eines stark ausgebildeten, jedoch transportablen Autoritätsgefühles –, hinter der unausgesprochen, aber dennoch vernehmbar ein ‹von Gottes Gnaden› stand. In der Pracht der Generaldirektion von Mallenwurf & Erkelenz verkörperte er eine Würde, die nicht vom Geld abhing, aber für ein Gehalt von 1800 Mark zuzüglich Spesen und Aufwandvergütung, die bei ihm hoch waren, nichtsdestoweniger zu kaufen war.

Im Zuge der Entwicklung war also aus der Absicht, der Firma ein standesgemäßes Bordell individueller Prägung anzugliedern, das beste, was die Großstadt bot, etwas ganz anderes geworden: eine Röntgenkammer zur Erforschung der Absichten lieber Geschäftsfreunde. Wie nützlich sich diese Einrichtung auch erwies, während sie funktionierte, sie konnte leider nicht lange in Betrieb gehalten werden.

Eines Tages ließ Wallnitz Frau Endrikat zu sich kommen. Liebe Frau Endrikat, sagte er, ein paar Schreibmaschinenseiten in der Hand, da fehlt doch was?

Mit diesen Worten reichte er ihre Arbeit vom

vorigen Tage über den Tisch; auf dem ersten Blatt links unten deutete ein kleines grünes ‹s› darauf hin, daß Schmitt sie bereits zur Kenntnis genommen hatte. Die Sekretärin schaute die Blätter sorgsam durch, verglich die Anschlüsse und sagte: Nein, Herr Generaldirektor, da fehlt nichts. Ich habe mich auch schon gewundert, aber es kommt nichts mehr auf dem Band. Es hört mitten im Satz auf.

Vielleicht nur eine kurze Störung? fragte Wallnitz.

Nein, beharrte sie, ich habe das ganze Band durchlaufen lassen, es ist bestimmt nichts mehr drauf.

Merkwürdig, sagte Wallnitz, danke schön.

Während die adrette Frau hinausging, kam Wallnitz in den Sinn: Ob ich sie mal frage, was sie über die Tonbänder denkt? Müßte eigentlich eine ganz komische Unterhaltung werden. Aber er unterließ es. Seine Phantasie spielte ihm zuweilen Streiche, aber seine Vernunft vereitelte sie meistens rechtzeitig.

Er schaltete die Sprechverbindung mit Schmitts Sekretariat ein und fragte ins Mikrophon: Ist der Chef da? Die Sekretärin drückte auf einen Knopf und sprach in die leere Luft: Herr Wallnitz.

Was ist los, Walter? hörte Wallnitz Schmitts Stimme gleich darauf in seinem Lautsprecher.

Sind Sie allein? fragte er, ich hätte was.

Auf zehn Minuten, sagte Schmitt, dann kommt Hofmannstal.

Wallnitz raffte die Blätter der Abschrift zusammen und begab sich zu Schmitt.

 Ich wollte doch schon immer mal Ihre Rosemarie kennenlernen, sagte er, wie macht man denn das, wenn man von der Dame empfangen werden will? Unsern Fürsten möchte ich nicht gern bemühen.

Da rufen Sie an, sagte Schmitt, hier ist die Nummer – – er nahm einen Zettel aus dem Kästchen und schrieb sie darauf–, und dann sagen Sie am Telefon ‹Rebekka› und Ihren Namen. Sie kennt ihn. Wenn Sie dann dort sind, wird sie sich durch ihre Sprechanlage melden, die sie sich kürzlich hat legen lassen, nachdem sie ein Kerl bedroht hat. Da wiederholen Sie dann das Kennwort.

Ich sehe, Sie halten Kontakt, Bernhard, sagte Wallnitz; ich wünschte, ich hätte Ihre Natur, so was wird heute nicht mehr gemacht.

Komplimente über seine robuste Gesundheit fielen bei Schmitt immer auf fruchtbaren Boden. Ich halte mich eben frisch, sagte er; grüßen Sie schön. Ich will ja nicht fragen, was Sie plötzlich veranlaßt, diese Verbindung zu effektuieren.

Ich werde sie nicht effektuieren, wenn Sie damit andeuten wollen, ich hätte die Absicht, mich des Beischlafes mit dem Fräulein zu erfreuen. Nein – das ist nun das zehnte Protokoll, Sie kennen es ja schon, fiel Ihnen nichts auf?

Das mit Kroog? sagte Schmitt, nicht zu glauben, diese steifen Hamburger und immer so etepetete, und dann quatscht er das Blaue vom Himmel herunter, von allem übrigen zu schweigen, was uns die Endrikat Gott sei Dank erspart.

Ja, Kroog, sagte Wallnitz. Wir sollten da aufpassen. Ich meine die Stelle, wo er mit seiner Bekanntschaft in Stockholm angibt. Wenn die auch Mikros unter ihrem Bett hat …

Ach was, sagte Schmitt, hat sie doch nicht. Ist doch alles Angabe …

Ich muß mich wundern, Bernhard, wie können Sie das sagen. Wer würde von uns glauben, daß wir … Man soll nie annehmen, daß andere besser sind, bloß weil man selber schlecht ist.

Wie war das? lachte Schmitt. Ein echter Wallnitz, den Satz schenken Sie mir, ja? Aber ich weiß immer noch nicht, warum Sie hingehen wollen. Wenn's nicht der Grund aller Gründe ist, der mich nichts angeht.

Er ist's nicht, sagte Wallnitz, ist Ihnen wirklich nichts aufgefallen? Die Aufnahme hört doch mitten im Satz auf!

Da hat er eben aufgehört zu reden, weil er anderweitig beschäftigt war.

Nein, sagte Wallnitz, die Endrikat behauptet, das übrige Tonband sei leer. Ihre Rosemarie hat abgeschaltet, oder es ist etwas in der Anlage kaputt.

Und da wollen Sie als Elektriker tätig werden?

Die Sekretärin meldete Herrn Hofmannstal, den Steuerberater.

Gleich, sagte Schmitt.

Immerhin habe ich's gelernt, antwortete Wallnitz, drei Jahre Lehre bei Siemens – nein, im Ernst, ich habe jetzt ihre Stimme gehört und möchte wissen, wie sie aussieht. Sie hat so eine verdammt wache Stimme.

Das habe ich immer gesagt, entgegnete Schmitt.

Wallnitz war zweimal der Versuchung erlegen, Stellen in den Niederschriften der Endrikat mit dem Tonband zu vergleichen. Was er da hörte, dieser jähe Wechsel ihres Stimmklanges, hatte ihn auf Rosemarie neugierig gemacht. Die hemmungslose Unverfrorenheit, mit der sie ihre Gefühlsstimme plötzlich einschaltete und jene Worte flüsterte, die von alters her im Preis inbegriffen sind und deren Inhaltslosigkeit diejenigen nicht zu stören scheint, für die sie bestimmt sind, imponierte Wallnitz. Frau Endrikat ersetzte die unterschlagenen Koseworte durch Pünktchen, übertrug jedoch genau, was Rosemarie bei unveränderter Gesamtlage mit einer Stimme sprach, als gebe sie ihrer Garage Anweisung, den Wagen zu waschen. So fehlte dem Geschriebenen eine wichtige Dimension. Wallnitz hatte Humor, und er glaubte aus den Tonbändern schließen zu dürfen, auch Rosemarie habe Humor. Es schien ihm unmöglich, daß sie die Ironie dieses Nebeneinanders von vorgetäuschten Gefühlen und krassem Geschäftssinn nicht bemerkte und sich nicht über die Männer lustig machte, die sie ausbeutete. Er fuhr gutgelaunt und erwartungsvoll nach Frankfurt, nachdem er sich für 18 Uhr auf zwei Stunden mit ihr verabredet hatte. Das Kind in diesem Mann, das spielen wollte, war ein ausgewachsener Lausbub. Er wußte, wie gut es ihm bei seiner Stellung stand, den Lausbuben herauszukehren, und in geschäftlichen Besprechungen verwendete er diese Seite seines Wesens oft recht erfolgreich. Sein Charme war also zum Teil eine ‹Masche›. Wenn er nicht gut in Form war, spürte man das Aufgesetzte daran, aber immerhin: er hatte Charme, und auch aufgesetzt ist er immer noch erträglicher als aufgesetzte Würde. Die war ihm fremd, er haßte sie auch bei anderen, und er hatte in seiner Umgebung viel zu hassen.

Als er vor Rosemaries Haustür stand und sich die bekannte Stimme mit einem etwas heiseren ‹Hallo› meldete, überkam ihn die Komik der eigenen Situation, und was daran nicht komisch war, überspielte er, indem er seine Lippen auf Zentimeter den Aluminiumrippen näherte, mit denen die Sprechmuschel in dem falschen Marmor der Türeinfassung verkleidet war. Emphatisch und geheimnisvoll flüsterte er: Rebekka! Die Antwort war das Surren des Türöffners; der Lift trug ihn hinauf.

Seine Enttäuschung war riesengroß. Eine blonde Puppe, wahrhaftig, weiter nichts. Er sagte ‹Sie› zu ihr, um deutlich zu machen, daß er nicht als Kunde gekommen war, und das machte sie genauso unsicher, wie sie es Hartog gegenüber in den ersten Stunden gewesen war. Sie wußte, wen sie vor sich hatte; zu den wenigen Büchern, die sie besaß, gehörte Who's Who in Germany; sie hatte es sich auf Brusters Rat zugelegt. Wer da nicht drinsteht, hatte er gesagt, den laß schwimmen, und wer drinsteht, ist noch lange kein dicker Fisch; aber die dicken Fische stehen drin. Dieser Wallnitz war ein ganz dicker Fisch. Warum kam er, wenn er sich nicht auszog? Sie war voller Mißtrauen, es machte sie unbeholfen und unangenehm. Wallnitz gelang es nicht, das Gespräch mit ihr zu führen, das er sich vorgestellt hatte; Humor schien sie nicht für einen Pfennig zu besitzen. Es blieb ihm nichts übrig, als sogleich auf den Punkt zu kommen, den er geklärt haben wollte.

Da war doch vorvorige Nacht dieser Hamburger bei Ihnen, ein großer Schwarzhaariger mit einer Narbe hier in der Backe, erinnern Sie sich?

War es einer mit Rebekka? fragte sie.

Ja, sagte Wallnitz.

Rosemarie ging zu ihrem Schreibtisch, schloß ein Fach auf und holte eine Kartei heraus. Die Karten der Rebekka-Kunden hatten blaue Reiterchen. Sie brauchte nicht lange zu suchen. Meinen Sie den Kroog? fragte sie.

Genau, sagte Wallnitz. Wie lange war der ungefähr hier?

Von 23.10 Uhr bis 0.30 Uhr, las Rosemarie ab.

Ach – sagte Wallnitz, verbarg aber sein Erstaunen über die Präzision der Antwort; ziemlich lange?

Ja, sagte Rosemarie.

Und wann haben Sie das Tonband angestellt?

Gleich, sagte Rosemarie.

Und wie lange haben Sie es laufen lassen?

Die ganze Zeit doch, sagte sie.

Hm, sagte er. Könnte ich mal das Tonband sehen? Das hat doch der abgeholt, sagte Rosemarie. Ich meine den Apparat, nicht das Band.

Da darf niemand dran, sagte Rosemarie. Ich schon, sagte er, wissen Sie, wo es steht?

Nein, da darf niemand dran, sagte Rosemarie, Herr Schmitt …

Aber ich bitte Sie, ich bin doch für Schmitt hier.

Sie blickte ihn an. Er lächelte, aber er erreichte nichts damit.

Haben Sie einen Ausweis? sagte Rosemarie.

Sie fing an, ihm Spaß zu machen.

Seien Sie mal nett, Fräulein, sagte er, ich habe keinen Ausweis, jedenfalls keinen dafür, Sie wissen doch, wer ich bin, wir haben doch telefoniert miteinander –

Telefoniert ...! sagte Rosemarie.

Vielleicht wollen Sie meinen Paß sehen? sagte er.

Ja, sagte Rosemarie ernsthaft.

Er legte wirklich den Paß auf den Tisch. Sie schaute sich das Bild an und blätterte darin.

Sie fahren aber viel herum, sagte Rosemarie.

Ja, sagte er.

Der Apparat ist in der Küche, sagte Rosemarie, aber eingeschlossen. Ich hab den Schlüssel nicht.

Aber ich habe ihn, sagte er. Er hatte ihn sich von Lorenz geben lassen. Nun zeigen Sie mir mal, wo ...

Sie gingen in die Küche, er schloß das Fach auf. Lorenz hatte ein neues Band eingelegt.

Wo stellen Sie das denn an? fragte er.

Drüben, sagte Rosemarie.

Machen Sie's mal, sagte er.

Sie ging zögernd in den Raum zurück. Gleich darauf begannen sich die Spulen zu drehen.

Sprechen Sie mal was, rief er durch die offenen Türen. Er wartete eine Weile lauschend; als er nichts hörte, ging er ihr nach. Sie stand neben der Couch und rauchte.

Haben Sie etwas gesprochen? fragte er.

Was soll ich denn sprechen? fragte Rosemarie.

Herrgott, sagte er, irgend etwas.

 Was denn? sagte Rosemarie. Sie blickte ihn jetzt

wie eine Boxerhündin an, die im nächsten Augenblick einen anderen Hund angreifen will.

Da, sagte er und nahm eine Illustrierte vom Tisch, lesen Sie irgend etwas – ach, Unsinn, ist ja schon gut, wir haben ja schon ... Schalten Sie wieder aus.

So ein Spinner, dachte Rosemarie, beugte sich zur Couch hinab und drückte auf den Knopf.

Er ging in die Küche, ließ das Band zurücklaufen, schaltete auf Wiedergabe und wartete.

Es kam nichts.

Kaputt, dachte er. Aber die grünen Lichtsegmente flammten richtig auf, wenn er auf Empfang schaltete. Er konnte sich nicht vorstellen, warum der Apparat nicht funktionieren sollte. Er hatte ein Musikband mitgebracht; er legte es auf. Die Musik kam tadellos. Also lag es am Mikrophon. Aber es waren ja mehrere Mikrophone, es konnten doch nicht alle versagen? War die Leitung unterbrochen? Er hatte sich eine Skizze mitgeben lassen, die die Techniker von der Anlage hergestellt hatten.

Die Leitungen zu den Mikrophonen liefen in einer Schaltdose hinter der Rückwand des eingebauten Kleiderschrankes zusammen, und von dort führte eine einzige Leitung unter dem Putz bis in die Küche. In der Küche kam sie hinter der Anrichte aus der Wand und verschwand in dem Fach, das den Apparat verbarg. Es war unwahrscheinlich, daß die Leitung, die in den Mauern lag, unterbrochen sein sollte.

Er ging ins Zimmer zurück und fragte: Wer macht denn hier sauber?

Ich hab jemand, sagte Rosemarie.

Er vermutete jetzt, daß die Reinemachefrau beim Aufwischen die Leitung beschädigt habe und in der Nacht ein Kurzschluß durch irgendeine Erschütterung entstanden sei. Als er aber die Kücheneinrichtung näher besah, verwarf er diese Vermutung wieder. Die Kombinationsschränke aus weißer Emaille reichten bis zum Boden. Da war kein Platz für einen Besen.

Helfen Sie mir, sagte er. Er wollte der Sache auf den Grund gehen. Rücken wir das Ding hier mal ein bißchen ab.

Was wollen Sie denn? fragte Rosemarie.

Der Apparat geht nicht, sagte er, der Fehler muß in der Leitung liegen, die kommt da hinten aus der Wand.

Was Sie alles wissen, sagte sie. Dann faßte sie unwillig mit an.

Als sie die breite Anrichte mit ihren Fächern von der Wand etwas abgerückt hatten, was nicht leicht war, weil sie den Platz zwischen Herd und Besenschrank nahezu fugenlos füllte, sah er die Leitung. Aber er sah nicht nur eine Leitung. Dort, wo ein ziemlich starkes, schwarzes Kabel aus der Wand kam, führte, mit ihm verbunden, ein dünneres, graues nach links und verschwand hinter der Verkleidung des Herdes.

Er zog die Skizze zu Rate. Dieses dünnere Kabel war nicht eingezeichnet. Er konnte sich auch nicht vorstellen, wozu es dienen sollte, denn es führte nicht in Richtung Flur und Wohnraum, sondern zur Außenwand der Küche.

 Da muß alles weg, sagte er.

Sie kommen her und machen nur alles durcheinander, sagte Rosemarie.

Es muß sein, liebes Fräulein, sagte Wallnitz gewinnend.

Der Herd stand auf Rollen. Nachdem sie die Anrichte freibekommen hatten, war es nicht schwer, die übrigen Teile von der Wand abzurücken. Er konnte es allein machen. Er untersuchte die Stelle, an der das graue Kabel das schwarze verließ. Vorsichtig löste er das Isolierband ab, mit dem die Verbindungsstelle fachmännisch umwickelt war. Was er erwartete, bestätigte sich jetzt: die Abhöranlage war an dieser Stelle angezapft worden. Was das Tonbandgerät im Küchenschrank aufnahm, konnten diejenigen mithören, die ein entsprechendes Gerät am Ende des grauen Kabels angeschlossen hatten. Wohin führte es? Wie sich diese Person benimmt, dachte Wallnitz, sie steht herum, als ginge sie das alles nichts an. Keine schlechte Schauspielerin. Er verfolgte das fremde Kabel. Der Fensterrahmen war in der unteren rechten Ecke durchbohrt, das Kabel führte durch das Bohrloch. Wallnitz öffnete das Fenster. Mit winzigen Schlaufen befestigt, kletterte das Kabel außen am Fensterrahmen in der Mauerkante empor. Rosemaries Wohnung lag im obersten Stockwerk, darüber war nur das Dach. Wallnitz sah das Kabel zwischen Dachrinne und Verschalung verschwinden.

Haben Sie da oben einen Speicherraum? fragte er. Da ist nichts drin, sagte sie.

Das wollen wir mal sehen, sagte er, wo sind die Schlüssel?

Es fing an, dunkel zu werden. Wir müssen wieder alles in Ordnung bringen, sagte sie, Sie müssen ja gleich weg.

Die ist von einer bodenlosen Frechheit, dachte Wallnitz, ich habe sie unterschätzt.

Sie werden nicht aufmachen, wenn es läutet, sagte er. Für heute ist Ihr Unternehmen geschlossen. Also wo sind die Speicherschlüssel?

Nun begann sie zu toben. Sie brüllte los, plötzlich und hemmungslos. Es lag in ihrem Charakter, aber es war auch ihre Methode. Die meisten Männer zuckten zurück, wenn sie diese Platte auflegte.

Wallnitz kümmerte sich gar nicht darum. Er dachte: Ich darf sie jetzt nicht allein hier unten lassen, sonst telefoniert sie oder macht sonst einen Blödsinn. Sie muß mitkommen. Aber wenn sie auf der Treppe schreit, macht sie mir das ganze Haus verrückt.

Er brüllte sie seinerseits an. So brüllte er ein- oder zweimal im Jahr im Betrieb, es war seine Art, gordische Knoten zu zerschlagen, ein probates Mittel, wenn sonst nichts mehr half, aber man durfte es nur selten anwenden.

Rosemarie bekam Angst vor diesem rasenden Mann und machte den Mund zu. Er raste aber gar nicht, er tat nur so. Im selben Augenblick, in dem sie still war, hörte auch er auf zu schreien.

So, sagte er, nun wissen Sie, daß ich's noch besser kann. Und nun seien Sie mal vernünftig, sonst lasse ich Ihren Laden hier hochgehen, daß es nur so raucht. Er wußte genau, daß er keine Möglichkeit hatte, den Laden hochgehen zu lassen. Die Drohung wirkte.

Aber es ist doch gleich acht, sagte sie kleinlaut.

Sie machen kein Licht, sagte er, Sie tun, als wären Sie nicht zu Hause, und wenn es läutet, lassen Sie es läuten. Jetzt gehen wir mal hinauf. Haben Sie eine Taschenlampe, oder ist Licht oben?

Ich weiß es nicht, sagte sie, ich war noch nie oben.

Geschickt, dachte er.

Also los, geben Sie mir die Schlüssel. Auch die von der Wohnung.

Sie gehorchte.

Zwei halbe Treppen, dann standen sie vor der eisernen Tür, die in den Speicher führte. Die Türklinke stand senkrecht, sie konnte erst herabgedrückt werden, nachdem man den Schlüssel herumgedreht hatte. Das ist ja wie ein Tresor, sagte er.

Er ging voraus; durchs Dachfenster fiel noch ein bißchen Licht. Neben der Tür war ein Schalter. Zwei Lampen leuchteten auf.

Der Dachraum war durch Lattenverschläge unterteilt. Wo ist Ihr Abteil? fragte er.

Ich weiß es nicht, sagte sie, ich sage Ihnen doch, ich habe nichts hier oben.

Wie lange wollen Sie eigentlich das Theater noch spielen? fragte er.

An den Türen der Verschläge bemerkte er schwarze Nummern, mit Zahlenschablonen aufgemalt.

Hat Ihre Wohnung eine Nummer? fragte er.

Nummer 31, sagte sie.

Den Verschlag 31 fand er am Ende des Ganges, der sich zwischen den Lattenwänden und um einen Kamin herum längs des Giebels durch den ganzen Dachraum hinzog. Verschlag 31 war mit einem starken Vorhängeschloß versperrt, durch die Latten sah man einen altmodischen Koffer stehen, braun gestrichen, aus Rohrplatten, mit kräftigen Beschlägen aus Holz. Sonst war der Verschlag leer.

Der Koffer gehört mir nicht, sagte sie.

Den Schlüssel! sagte Wallnitz.

Hab ich nicht, sagte sie.

Den Schlüssel, schrie er. Er kam jetzt wirklich in Wut. Er war nahe daran, sie zu schlagen. Er packte eine der Latten und versuchte, sie von dem oberen Querholz abzureißen. Wenn es ihm gelungen wäre, zwei Latten zu lockern, hätte er sich in das Innere des Verschlages zwängen können. Er war schlank. Der Koffer, daran war kein Zweifel, hatte mit dem Kabel etwas zu tun. Er erwartete, ein Tonbandgerät darin zu finden.

Die Latten gaben nicht nach. Während er noch daran riß, wendete sich Rosemarie, die hinter ihm stand, blitzschnell um und rannte dem Ausgang zu. Angst würgte sie, sie wollte fort, nur fort. Er holte sie vor der Tür ein. Er war jetzt davon überzeugt, daß sie wußte, wer sich hier zu schaffen gemacht hatte. Es konnte ja ohne ihr Wissen gar nicht geschehen sein. Wozu dieses Theater? Sie durfte doch nicht hoffen, er werde darauf verzichten, der Sache auf den Grund zu gehen und herauszubringen, wer das Kabel angezapft hatte – das Kabel von Mallenwurf & Erkelenz. Was waren das für Leute? Warum

 machten sie so viele Umstände? Wäre es nicht

einfacher gewesen, sich mit Rosemarie zu verständigen und die Bänder von Fall zu Fall abzuhören, bevor Lorenz kam und sie holte? Das Schloß des Küchenschrankes war mit jedem Draht zu öffnen. Das wäre doch mit Rosemaries Hilfe leicht zu machen gewesen und nie an den Tag gekommen. Allerdings, wenn es nicht diesen Kurzschluß an der Verbindungsstelle gegeben hätte, wäre er dieser Sache ebenfalls nicht auf die Spur gekommen. Ich muß Gewißheit haben, was der Koffer enthält, dachte Wallnitz, und dazu brauche ich Hilfe und Werkzeug.

Gehen wir hinunter, sagte er.

Er löschte das Licht und verschloß wieder die Speichertür. Unten ging er ans Telefon. Er tat, als wäre Rosemarie nicht vorhanden. Als sie aus dem Zimmer gehen wollte, während er seine eigene Nummer wählte, sagte er nur: Sie bleiben hier, sonst passiert was.

Das Stubenmädchen meldete sich, wie sie es gelernt hatte: Hier ist das Zimmermädchen bei Dr. Wallnitz.

Rosina, sagte er, geben Sie mir doch mal Lorenz.

Sofort, Herr Doktor, sagte Rosina, er ist drüben beim Abendessen, ich verbinde.

Der Chauffeur bewohnte mit seiner Familie eine Küche und zwei Zimmer über den Garagen beim Parktor. Er meldete sich.

Lorenz, sagte Wallnitz, wenn Sie gegessen haben, dann nehmen Sie mal den Porsche und kommen Sie nach Frankfurt. Sie wissen ja, wo ich bin. Drücken Sie aufs Gas. Und läuten Sie unten dreimal.

Ich fahr sofort los, Herr Doktor, sagte Lorenz.

Und bringen Sie ein bißchen Werkzeug mit, Hammer und Zange und ein paar Nägel.

Wird gemacht, sagte Lorenz.

Wallnitz hängte ein. Er kann in einer guten halben Stunde hier sein, sagte er, da hätten wir doch schön Zeit, zwischen uns alles klarzumachen.

Rosemarie hatte sich in den entferntesten Sessel gesetzt. Sie blickte nicht auf, sie gab keine Antwort.

Sie sind doch ganz dumm, sagte Wallnitz, lassen Sie sich das von mir sagen. Wir kommen Ihnen doch auf die Schliche. Sehen Sie, Sie bekommen doch eine Menge Geld von uns. Wenn es Ihnen zuwenig ist, hätten Sie es ja sagen können. Aber nicht solche Geschichten.

Ich weiß nicht, von was Sie reden, sagte Rosemarie. Sie kam sich bedauernswert vor, und jetzt begann sie zu heulen. Sie brauchen nicht zu heulen, Sie brauchen nur zu reden, sagte Wallnitz. Ich möchte wissen, wer das Kabel durch die Küche gelegt hat, sonst nichts.

Da waren doch drei da, sagte sie, von früh bis abends, die waren doch von Ihnen, die haben hier rumgemacht.

Ja, sagte Wallnitz, das waren unsere Leute, die meine ich nicht. Die haben nicht das Kabel zum Fenster gezogen.

Was weiß ich, was die getan haben, sagte Rosemarie schluchzend.

Wallnitz sah, daß er so nicht weiterkam. Ein Kunde hatte die ‹Frankfurter Allgemeine› liegenlassen. Sie war zwei Tage alt, aber gerade alte Zeitungen haben zuweilen ihren Reiz. Er ging zum Fenster und zog den silbergrauen Vorhang vor. Dann schaltete er eine Stehlampe ein und begann einen Aufsatz über die Salzburger Festspiele zu lesen. Da sollte man jetzt sein, dachte er.

Rosemarie hörte nach und nach auf, zu schluchzen und zu schnüffeln. Sie erhob sich.

Wohin? fragte Wallnitz.

Ins Bad, sagte sie, Sie können ja mitkommen, wenn Sie wollen. Eine akute Gefahr schien von diesem Mann nicht mehr auszugehen, sie wurde wieder keß.

Ich will aber nicht, sagte er.

Sie verschwand, und als sie wiederkam, hatte sie sich umgezogen, oder eigentlich ausgezogen. Sie trug einen weiten langen Mantel aus dünnem, so gut wie durchsichtigem Stoff, der nicht verbarg, daß sie darunter nichts anhatte.

Sie will mich weichkriegen, dachte Wallnitz. Rosemaries Spekulation war falsch. Die Umstände waren nicht dazu angetan, ihn ihren Absichten geneigt zu machen. Er blieb hinter seiner Zeitung. Da hat Lorenz etwas zum Schauen, dachte er.

Sie blieb stehen, mitten im Zimmer, vom Schummerlicht der Stehlampe gerade noch erreicht.

Setzen Sie sich, sagte Wallnitz, das dauert noch.

Sie zog sich auf die Couch zurück.

Wallnitz hörte auf zu lesen, er konnte sich nicht auf Figaro konzentrieren, auch nicht auf den Salzburger Figaro. Blöde Situation, dachte er. Er hatte ungute Gefühle. Das hat hier keinen Zweck, dachte er, ich muß das Bernhard ausreden, hier muß Schluß sein, das ist doch zum … Haben Sie was Trinkbares im Haus? fragte er.

Da ging das Telefon.

Bleiben Sie weg, sagte er, bereit aufzuspringen, wenn sie Miene machen sollte, den Hörer abzuheben.

Der Apparat verstummte wieder.

Tut mir aufrichtig leid, daß ich so störend in Ihren Geschäftsgang eingreifen muß, sagte Wallnitz spöttisch.

Sie antwortete nicht.

So saßen sie und warteten. Noch einmal schlug das Telefon an, und auch eine elektrische Schnarre, vermutlich an der Haustür in Tätigkeit gesetzt, störte die Gemütlichkeit.

Jetzt könnte Lorenz allmählich kommen, dachte Wallnitz. Bald darauf ertönte die Schnarre wieder, dreimal forsch und kurz, und Wallnitz ließ seinen Chauffeur herein.

Tag, Chef, sagte Lorenz.

Komm rein, sagte Wallnitz. Er duzte Lorenz immer dann, wenn er ihn sich besonders willig oder besonders verschwiegen wünschte.

Lorenz trat ins Zimmer und sah Rosemarie auf der Couch. Das Licht reichte nicht weit genug, als daß er hätte erkennen können, was sie bot.

Schönen guten Abend, Fräulein, sagte er und stellte die Mappe mit Werkzeug ab. Es hätte ausgereicht, einen mittleren Panzerschrank zu knacken.

Geh mal in die Küche, sagte Wallnitz, und schau dir die Sache an. Aber mach kein Licht. Hier darf jetzt niemand zu Hause sein.

Ich hab ’ne Taschenlampe, sagte Lorenz. Als er zurückkam, sagte er: Ganz schön schon. Der Horcher an der Wand hört seine eigene Schand.

Ja, sagte Wallnitz und lachte ein bißchen; es gab hier immerhin zwei Horcher an der Wand, mindestens zwei. Waren Sie schon oben, Chef? fragte Lorenz.

Ja, sagte er. Aber wir müssen noch mal rauf.

Er war zu neugierig, zu erfahren, was der einsame Koffer in Verschlag 31 enthielt, um Lorenz die Öffnung des Verschlages allein zu überlassen. Ging er aber mit hinauf, mußte auch Rosemarie mitgehen, oder eingesperrt werden, und zwar so, daß sie weder das Telefon erreichen noch die Wohnung verlassen konnte. Ins Bad am besten. Aber dies schien ihm ein Grad von Freiheitsberaubung zu sein, den er sich nicht zuschulden kommen lassen wollte.

Kommen Sie mit, sagte er zu Rosemarie.

Sie rührte sich nicht.

Keine Müdigkeit vorschützen, sagte Lorenz und richtete das Licht seiner Taschenlampe auf sie. Ach du mein lieber Herrje, sagte er, Sie werden sich aber erkälten. Da müssen Sie doch noch was drüberziehen, was denken denn sonst die Leute.

Halt dein Maul, sagte Rosemarie.

Nu nu, sagte Lorenz und gab ihr einen Mantel, der im Flur hing. Sie zog ihn an.

Sie gingen in den Speicher hinauf. Die beiden Männer brauchten kein Werkzeug, um die Latten zu lockern. Ihrer gemeinsamen Kraft gaben die Nägel nach. Rosemarie stand mit trübsinnig leerem Gesicht dabei.

Nun mal vorsichtig, sagte Lorenz. Im Licht der Taschenlampe sahen sie das graue Kabel auf dem Boden; wie es von der Spule abgezogen worden war, schlängelte es sich über die Bretter und verschwand unter dem Koffer. Na also, sagte Wallnitz.

Der Koffer war verschlossen. Sie hoben ihn etwas an, er war ziemlich schwer, weit schwerer als ein Tonbandgerät. Die Messingfallen der Schlösser glänzten, als Lorenz sie ableuchtete.

Was 'ne ordentliche Polizei wäre, sagte er, die würde jetzt erst mal Fingerabdrücke nehmen.

Wäre Rosemarie nicht vor dem Verschlag gestanden, so hätte Wallnitz geantwortet: Wir sind aber keine, und wir werden sie auch nicht holen können. Er fragte sich, wieweit die Person das Heikle seiner Lage durchschaute, und beschränkte sich darauf, zu antworten: Ich glaube, die brauchen wir nicht. Meinst du, wir kriegen das Ding auf?

Das wäre gelacht, sagte Lorenz. Er machte sich an die Arbeit.

Darf man sehen, daß wir dran waren, Chef? fragte er.

Lieber nicht.

Lorenz brauchte zwanzig Minuten, bis er beide Schlösser geöffnet hatte. Generaldirektor Wallnitz, Dr. ing., Dr. h. c. einer technischen Hochschule, hielt ihm dabei die Lampe.

Der Engel mit dem SL lehnte im Eingang des Verschlages. Einmal sagte sie: Ich möchte runter, so wie ein Schulkind sagt: Fräulein, ich muß mal.

Gleich, meine Dame, gleich, antwortete Lorenz.

Sie fanden verschiedene Batterien in dem Koffer und einen verhältnismäßig kleinen, mit Aluminium verkleideten Kasten, aus dem eine etwa zehn Zentimeter hohe
 Metallnadel herausragte.

Ist gut, ich weiß Bescheid, sagte Wallnitz.

Interessiert Sie gar nicht, was drin ist?

Doch, sagte Wallnitz, es würde mich interessieren, wie sie es gemacht haben, daß der Sender auf Betrieb geht, wenn unten das Tonband arbeitet. Und die Wellenlänge. Aber jetzt wollen wir erst mal hier weg. Schließ wieder zu. Ein Sender – alle Achtung, die Direktion hat keine Kosten gescheut.

Sie verließen alles, wie sie es vorgefunden hatten.

Wieder in der Wohnung, sagte Wallnitz zu Rosemarie: Sie müssen uns jetzt mal fünf Minuten allein lassen. Was ziehen Sie vor, Küche oder Bad?

Die Entschiedenheit, mit der Rosemarie sich anschickte, in die Küche zu gehen, fiel Lorenz auf. Ist dort das Bad? fragte er und deutete auf die Tür in der Nähe der Couch. Wallnitz nickte. Lorenz warf einen Blick hinein. Er sah, daß es im Bad kein Fenster gab, es hatte eine Lüftungsanlage, und das obere Stück der Wand, die es von der Küche trennte, bestand aus Glasziegeln.

Lorenz holte Rosemarie noch im Flur ein. Gehen Sie mal lieber ins Bad, sagte er. Als sie dennoch in die Küche ausweichen wollte, ergriff er sie am Arm und zog sie zurück. Er packte ordentlich zu. Küche ist nicht so gut, sagte er, Sie werden nicht aus dem Fenster springen, aber vielleicht Geschrei machen.

Du Dreckschwein, zischte Rosemarie.

Wollen Sie was zu lesen mitnehmen? sagte Lorenz, es dauert vielleicht länger. Stuhl brauchen Sie ja wohl nicht, ist ja das Klo da.

Er steckte den Schlüssel von innen nach

außen, schloß ab, nahm den Schlüssel an sich, griff sich ein Kissen von der Couch und klemmte es derart in die Türklinke, daß es das Schlüsselloch verdeckte.

Wallnitz hatte sich auf den Sessel beim Fenster zurückgezogen, auf dem Rosemarie vorher gesessen hatte.

Das Telefon läutete, ein beharrlicher Mensch ließ es lange klingeln. Das Geräusch wurde nicht angenehmer dadurch, daß Rosemarie begann, mit den Fäusten gegen die Tür zu trommeln. Das kann der ja nicht hören, sagte Lorenz; er meinte den Mann, der das Telefon klingeln ließ.

Hätte Wallnitz sich gemeldet, so würde er die Stimme Brusters vernommen haben, der an diesem Tage von Kairo nach Hause geflogen war.

Mit dem Klingeln des Apparates hörte auch das Trommeln gegen die Tür auf.

Wallnitz hing mehr im Sessel, als er saß. Es war eine unbewußte Gewohnheit von ihm, es sich um so bequemer zu machen, je unbequemer die Umstände waren, mit denen sich sein Kopf beschäftigen mußte. Es war jetzt ganz still im Raum, tief von unten, durch Entfernung, Glas und Vorhang gedämpft, drang der Autolärm herauf. Die Frankfurter waren auf dem Weg zu den letzten Kinovorstellungen.

Setz dich doch, sagte Wallnitz.

Phhu, dicke Luft, dachte Lorenz und holte sich Rosemaries Schreibtischstuhl, das einzige leichtere Sitzmöbel im Zimmer. Kann mir ungefähr denken, was anliegt, sagte er. Wir wollten hören und werden gehört.

Jaja, sagte Wallnitz, aber was machen wir mit der Person? Es ist ihre Wohnung, sie kann tun und lassen, was sie will. Wenn sie morgen zur Polizei geht und sagt, daß wir sie eingesperrt haben, hängen wir drin.

Sie hat keinen Zeugen, sagte Lorenz, wir sind zwei gegen eine, und sie geht auch nicht. Wir müssen sie nur aufklären, daß die Polizei Mikros unterm Bett nicht gern hat.

Es sind unsere.

Aber ihr Bett und ihre Stimme. Was sagt sie denn?

Nichts. Sie ist ganz hart.

Und ob, sagte Lorenz.

Ach, dachte Wallnitz, das hat er gesehen? Schneller als ich. Ich hielt sie zuerst für eine Puppe.

Sie möchten also wissen, wer den Koffer da raufgezaubert hat? fragte Lorenz.

Wallnitz nickte. Das vor allem, sagte er.

Mal nachdenken, sagte Lorenz. Die haben sich doch auch was dabei gedacht. Wollen was hören. Und wenn nun nichts mehr kommt über die Zwitscherkiste, dann werden sie nachschauen. Wir brauchen also nur zu warten, bis sie hier antanzen. Will ich gern machen. Das kann lange dauern, sagte Wallnitz, das Band lief nicht jeden Abend. Bis ihnen das auffällt ... So lange können Sie nicht hierbleiben. Das kann Tage und Tage dauern. Er sagte wieder ‹Sie›, er suchte Distanz, Distanz zu allem. Ich habe einen Fehler gemacht, sagte er, wir hätten gar nichts tun sollen, sondern die ganze Sache stikum aufgeben; jetzt geht's nicht mehr. Wir haben sie nicht in der Hand.

Er deutete auf die Badezimmertür.

Und was denken Sie, wer das gemacht hat? fragte Lorenz.

Weiß nicht, sagte Wallnitz, sie hat viel Kundschaft, das meiste Industrie.

Vielleicht wissen die anderen von uns genauso viel und so wenig wie wir von ihnen, sagte Lorenz.

Ach –, sagte Wallnitz erstaunt, ... halten Sie das für möglich?

Bei der schon, entgegnete Lorenz. Ihr ist es doch ganz gleich, wer zahlt, Hauptsache, die Mäuse kommen rein, die ist vorsichtig.

Kann sein, sagte Wallnitz. Aber die Bänder ... wer ein bißchen Bescheid weiß ... die Richtung ist klar ... Zehn Aufnahmen waren es bis jetzt ... alles Kunden oder Leute von uns ...

Vielleicht arbeitet das Ding noch nicht lange. Wie sind Sie denn überhaupt drauf gekommen, daß hier was nicht stimmt?

Auf dem Band, das Sie vorgestern ausgewechselt haben, war fast nichts drauf. Es brach plötzlich ab. Ich dachte, sie hat aus Versehen abgeschaltet, aber sie sagte nein. Dann habe ich den Fehler gesucht. Wo das Kabel angezapft ist, hat es Kurzschluß. Vielleicht durch Erschütterung.

Und warum erst seit gestern nacht? fragte Lorenz und gab sich selber Antwort: kann doch sein, daß sie erst vorgestern hier waren. Dann haben sie nur eine Aufnahme. Eine kurze. Wüßten sie dann auch Bescheid?

Wallnitz überlegte sich, was das letzte Band enthielt.

 Nicht unbedingt, sagte er.

Er erhob sich.

Lorenz hatte in bezug auf seinen Herrn einen sechsten Sinn. Nicht telefonieren, Chef, sagte er, wir wissen noch gar nichts. Die Brüder, denen der Sender gehört, haben vielleicht auch das Telefon angezapft. Er wußte nicht, wie nahe er der Wahrheit kam. Eben an diesem Tage war Rosemaries Anschluß unter Kontrolle gelegt worden. Hätte der Geheimdienst nicht schon längst ein Auge auf Bruster geworfen gehabt, wäre er nicht über ihn orientiert gewesen, so hätte er sogar aus der Zeitung erfahren können, daß der Industrieboß gerade aus Rußland und Ägypten zurückgekehrt war. Was A. B. mit Rosemarie verband, brauchte nicht in der Zeitung zu stehen und stand auch nicht darin. Das hatten die geheimen Hüter der staatlichen Ordnung bereits auf andere Art herausgebracht. Sie waren darin doch findiger als Ehefrauen. Aber über das Telefon machten sie sich nicht. Das überließen sie ihren Kollegen von den verbündeten Mächten.

Wallnitz ging zu seinem Sessel zurück, aber er setzte sich nicht. Die Hände auf die Polsterwülste gestützt, sagte er: Wir müssen mit der Person zurechtkommen, aber sie ist jetzt ganz verbiestert.

Die Puppe muß reden, das ist klar, entgegnete Lorenz; überlassen Sie das mir, Chef. Am besten, Sie fahren nach Hause. Das ist hier nichts für Sie. Wann darf ich anrufen, wenn ich etwas weiß?

Die ganze Nacht, sagte Wallnitz, aber nicht von hier.

Wem sagen Sie das! erwiderte Lorenz.

Wallnitz räumte das Feld gern. Fast jedermann ißt Fleisch, aber wer will das Kalb selbst schlachten? Der Besuch bei Rosemarie war anders verlaufen, als er ihn sich vorgestellt hatte.

Als er aus der Wohnung war, baute der Chauffeur an der Fensterwand eine gemütliche Sitzecke auf. Er schleppte noch einen Stuhl hin und stellte den Nierentisch dazwischen. Dann ging er in die Küche, behob bedächtig den Kurzschluß, isolierte die Verbindungsstelle mit dem Stück Band, das Wallnitz abgelöst hatte, und rückte die Kücheneinrichtung wieder an ihren Ort. Rosemarie, als sie das Gemurmel der Stimmen nicht mehr hörte, glaubte, die Männer seien fortgegangen; im Bad eingeschlossen, bekam sie einen hysterischen Anfall. Die bringt ja das ganze Haus in Aufruhr, dachte Lorenz, verließ die Küche, klopfte gegen die Badezimmertür und wartete, bis es innen wieder ruhig wurde. Dann sagte er: Ich bin gleich soweit, Augenblick noch. Mach dich mal hübsch.

In die Küche zurückgekehrt, unterzog er den Kühlschrank einer Musterung. Auf einem Tablett richtete er einen Imbiß mit zwei Tellern und stellte Sekt dazu, eine angebrochene Flasche, die er gefunden hatte. Er trug alles in den Wohnraum und deckte den Tisch. Darauf verstand er sich, bei Gesellschaften im Hause Wallnitz hatte er die Aufsicht über die Lohndiener. Er überschaute sein Werk, dachte: ziemlich bescheiden, die schmeißt das Geld nicht raus, entfernte dann das Kissen von der Tür, steckte den Schlüssel leise ins Loch und schloß auf, ohne jedoch zu öffnen.

Sie mußte es gehört haben. Würde sie jetzt herausstürzen? Lorenz vermutete: nein; sie ist überrascht, daß ich nicht aufmache; sie überlegt erst mal, was nun wieder los ist. Wenn sie von selber kommt, wird sie zahmer sein.

Er fand es etwas zu dunkel im Zimmer für die Unterhaltung, die er führen wollte. Als sie vom Speicher zurückgekommen waren, hatte er nur die Leselampe angezündet, oder wie man in diesem Falle die Beleuchtung an der Couch nennen soll. Er öffnete den großen Vorhang, draußen war eine klare Spätsommernacht, ein halber Mond stand über Frankfurt, sein Licht füllte durch die Glaswand auch das Zimmer. Die gläsernen Wabenburgen, angefüllt mit Büromöbeln, Schreibmaschinen und Akten in eisernen Schränken, die darin an Stäben herabhingen wie Wäsche von der Leine; und auch die unteren Stockwerke, in denen sich die Geschäfte befanden, waren verlassen und dunkel. Der ganze Warentand hatte Pause und erholte sich, um wieder verlockend glänzen zu können, wenn am nächsten Morgen die Tempelpforten sich aufs neue öffnen und das Volk zu seinen Shopping-Ritualen einlassen würden. Nur ein Kaufhaus bildete einen lichtspeienden Würfel, Putzfrauen geisterten gleich Fledermäusen darin herum.

Er hatte noch Zeit, sich eine Zigarette anzuzünden und die ersten Züge zu tun, bis sich die Klinke bewegte.

Komm nur, sagte er, es passiert dir nichts.

Sie kam heraus und blickte sich um. Sie hatte erwartet, noch beide Männer vorzufinden; daß sie nur einen sah, jagte ihr von neuem Furcht ein. Sie wußte nicht, was es bedeuten sollte. Der eine war der, der die

Bänder abgeholt hatte. Nur ein Chauffeur. Aber wenn sie sich auch beruflich seit Monaten ausschließlich mit reichen Leuten einließ, ihr Hureninstinkt kannte keine sozialen Unterschiede, sie unterschätzte Lorenz nicht, weil er nur ein Chauffeur war: im Gegenteil, sie fühlte, daß er noch weniger Umstände mit ihr machen würde als sein Herr. Sie hatte sich wieder angezogen. Du wirst Hunger haben, sagte Lorenz, ich hab uns etwas zu essen gemacht.

Statt sich dem Tisch zu nähern, bewegte sie sich langsam der Tür zu, die in den Flur führte. Gleich geht sie los, dachte Lorenz. Und richtig, mit einem Sprung war sie plötzlich an der Tür, riß sie auf, stürzte in den Flur und wollte aus der Wohnung entweichen. Aber Lorenz hatte sie hinter Wallnitz versperrt und den Schlüssel abgezogen. Dabei hatte er die beiden Riegel und das Schloß an der Wohnungstür bewundert, das eines Geldschranks würdig gewesen wäre. Als die Tür nicht nachgab, wollte Rosemarie in die Küche, aber auch deren Tür war verschlossen. Es gab keinen Ausweg, sie war gefangen.

Sie lehnte im Flur an der Wand, und die Knie wurden ihr weich. Da hörte sie Lorenz, der sich nicht von seinem Platz gerührt hatte, sagen: Was fürchtest du eigentlich? Ist doch alles Blödsinn. Dir will kein Mensch was. Wenn du dem Chef gesagt hättest, was er wissen will, wäre alles in schönster Ordnung. Nun komm schon – zu zweit ißt sich's viel gemütlicher.

Sie gab ihren Widerstand auf. Sie setzte sich stumm ihm gegenüber, er goß ihr Glas voll, sie trank es auf einen
 Zug aus. Sie hatte sich nicht hübsch gemacht.

Ohne Schminke, ungekämmt, tiefe Schatten unter den Augen, sah sie häßlich aus. Das Beste an ihr, fand Lorenz, war der Einblick, den ihr Ausschnitt gewährte, aber was Besonderes war es auch nicht, jeder Film zeigte mehr.

Du mußt auch was essen, sagte er, oder soll ich Sie zu Ihnen sagen? Mir ist es gleich. Ich heiße Hubert.

Er bediente sie, als wäre sie eine Dame; der einzige Mann, der das bisher getan hatte, war Hartog gewesen. Sie hatte wirklich Hunger, sie aß.

Nun geht's schon besser, sagte Lorenz; er konnte sich nie verkneifen auszusprechen, was der andere gerade dachte oder empfand; es war seine Stärke, damit schlug er Breschen. Ich glaube gar nicht, daß Sie so dumm sind, wie Sie sich vorhin angestellt haben. Was war eigentlich los? Wir sind Ihnen auf die Schliche gekommen – und?

Ich kann machen, was ich will, sagte Rosemarie.

Klar kannst du, meinte Lorenz, ich nehm auch Geld, wo ich's kriege. Aber du hast doch 'ne Menge Geld von uns bekommen, ich hab so was läuten hören. Haben denn die andern noch mehr bezahlt?

Nein, sagte Rosemarie.

Siehst du, sagte er, nun kommen wir schon weiter. Wer sind denn die anderen?

Ich weiß nicht, sagte Rosemarie.

Du läßt doch nicht jeden rein, sagte er; wenn ich mir deine Tür ansehe, zwei Riegel und dieses Schloß, einen Spion, und noch ein Telefon extra an der Haustür – da kannst du mir nicht sagen, du wüßtest nicht, wer die Strippen in der Küche gezogen hat. Wann waren sie denn da?

Am Montag, sagte Rosemarie.

Letzten Montag – vor vier Tagen? Er zeigte nicht, welchen Wert er dieser Nachricht beilegte. Da war ihr Vergnügen kurz, sagte er nur. Und wer war's?

Sie verstummte wieder.

Es hilft nichts, sagte er, ich gehe hier nicht raus, bevor ich's weiß. Egal, wie lang es dauert.

In diesem Augenblick klingelte das Telefon wieder. Bruster rief zum zweitenmal an.

Er hatte sich im Sheppeard schon um 5 Uhr wecken lassen müssen, seine Maschine war um 6.20 Uhr gestartet. Das Mittelmeer, Italien, die Alpen waren unter ihm weggeglitten, ohne daß er Schlaf hätte finden können. In den Stunden des Spätnachmittags waren dann die wochenlang aufgestauten ABRUDA-Wogen über ihm zusammengeschlagen, und seine schon in Moskau gefaßte Absicht, Rosemarie für eine bestimmte Aufgabe zu verwenden, hatte sich durch eine Aktennotiz, die er vorfand, verstärkt.

Er war rechtschaffen müde gewesen, als er zum Abendessen nach Hause gekommen war, begrüßt von seiner Frau Charlotte, geborene Hartmann, auf der Universität Jo genannt. Diesen Namen hatte sie mit in die Ehe gebracht, aber Bruster benützte ihn ostentativ nicht. Sie hatte zur Zeit seiner Ankunft eine Sitzung der von Frau Generalkonsul Speahy organisierten Nachbarschaftshilfe besucht und ihn deshalb nicht abgeholt. Und nun ging es auf elf Uhr, er zog seinen Arm unter ihrem Kopf weg und sagte: Na, Mutti, dann machen wir mal Schluß. Ich bin müde wie ein Hund.

Geh nur, sagte Jo. Die Anrede Mutti, die sie ihm vergeblich abzugewöhnen versucht hatte, war ihr so verhaßt, daß sie keine Lust mehr auf die Fortsetzung des ehelichen Wiedersehens verspürte. Außerdem hatte sie sich in den Wochen, in denen er verreist gewesen war, auf einen Tennisplatz-Flirt eingelassen, der sie beschäftigte. Alfons weit weg zu wissen war angenehm gewesen. Sie liebte es neuerdings, allein zu sein. Im Liegestuhl unter dem großen Nußbaum ausgestreckt, träumte sie sich in platonische Ehebrüche hinein.

Der Ton, in dem sie ‹Geh nur› sagte, mißfiel Bruster aufs äußerste. Es war eben mit ihr nichts anzufangen. Jetzt war er fünf Wochen weg gewesen, in Moskau und Umgebung, Moskau war zwar in Rosemaries Kreisen nicht mehr der letzte Schrei, Rotchina hatte es verdrängt, eine Reise dorthin war jetzt beinahe so gut wie das Große Bundesverdienstkreuz oder sogar besser – aber immerhin: er war 15000 Kilometer über der Sowjetunion geflogen, und auch er hatte irgendwo die Bekanntschaft weißgekleideter Mädchen gemacht, die ihn begrüßten – vielleicht waren es sogar dieselben gewesen wie bei Wallnitz. Wenn schon, darauf kam es nicht an. Aber das Land!

Er war ganz berauscht von soviel Land. Da war Platz für mehr Draht, als hundert ABRUDA-Werke herstellen konnten, aber auch das war es nicht, nicht das Geschäft, obwohl sich die Beziehungen gut angelassen hatten. Es war das Land selbst, es hatte ihn gepackt. Er hatte es gerne weit um sich herum, und da war es weit gewesen, viel weiter noch als in Amerika, das ihm unermeßlich groß vorgekommen war bei seinem ersten Besuch.

Was er hinter dem Ural gesehen hatte, war unvergleichlich und unbeschreiblich gewesen: Land, Land, Land wie am Tage der Schöpfung, nur da und dort, eingebettet in das unendliche Ungestaltete, ein Ort, ein Dorf, eine Fabrik, eine Kolchose. Er hatte, vom Flugzeug aus 2000 Meter Höhe hinabblickend, gedacht: wie ein riesiger See mit ein paar kleinen Inseln. Er hatte die Weite eingeatmet, er hatte sich mit ihr vollgesogen, sie war jetzt in ihm, ganz Rußland trug er in sich, und er hatte versucht, ihr etwas davon zu erzählen, beim Abendessen und nachher, aber diese eingebildete Gans verstand ihn nicht, wollte ihn nicht verstehen, und jetzt sagte sie: Geh nur!

Er durchquerte Ankleide- und Badezimmer, trank im Vorbeigehen ein Zahnputzglas voll Wasser, spuckte den letzten Schluck in die Wanne zurück und legte sich in sein prächtiges Bett. Als er lag, wählte er Rosemaries Nummer. Er wollte sie bald sehen, er wollte sich bald loswerden, sich und das ganze Rußland in ihm.

Lorenz sagte: Geh dran. Aber mach keinen Unsinn.

Sie war weit davon entfernt, Unsinn zu machen. Sie hatte innerlich umgeschaltet, nichts anderes wollte sie jetzt als möglichst gut aus der Sache herauskommen. Der Anruf schien sie ebenso zu überraschen wie zu erfreuen. Du bist's, Dicker? rief sie ins Telefon – ja, doch, die hab ich bekommen – nein, das hast du nicht geschrieben – ich war nicht zu Hause – morgen? Moment mal –

Lorenz sah sie zum Schreibtisch gehen; sie holte ein grünes Notizbuch aus einer Schublade und kehrte damit zum Telefon zurück. Ja, sagte sie, aber erst am Nachmittag – nein, wirklich nicht – ja, ist gut.

Sie hängte ein und machte eine Eintragung in ihren Kalender.

Die Rückkehr Brusters kam ihr sehr gelegen. Als sie seine Stimme hörte, war es ihr, als wäre sie nicht mehr ganz so schutzlos wie in den vergangenen Stunden. Die Sache, in die sie sich hatte verwickeln lassen, schien ihr zwar bereits nicht mehr so schlimm zu sein, aber ausgestanden war sie noch nicht, das fühlte sie. Sie hätte weder sagen können, worauf sie sich eigentlich eingelassen hatte, noch, worin die Gefahr wirklich bestand, von der sie sich bedroht fühlte. Aber da oben auf dem Speicher und hinter der verschlossenen Tür des Badezimmers hatte sie gespürt, daß der Wall von Sicherheit, den sie um sich errichtet hatte, an dem sie baute, jeden Augenblick wieder brechen konnte. Das Ungeheuer Lebensangst war mit ihr eingeschlossen gewesen und hatte sie fast erwürgt. Noch streifte sie keine Ahnung, es könnte der Tod sein, in den sie verstoßen werden sollte; was sie fürchtete, war der Rücksturz in ihr früheres Leben, in die Not, in die Unbequemlichkeit, in die Tiefe. Sie war oben, und sie wollte oben bleiben, um jeden Preis,

um jeden Preis –

und sie beschloß, noch mehr zu verdienen als bisher. Sie kniete auf der Couch, dem Telefon zugekehrt, steckte den Stift langsam in seine Öse am grünen Kalender, und als sie aufstand und sich Lorenz wieder zukehrte, erfüllte sie eine neue, noch wildere Entschlossenheit, auf die oberste Sprosse der Leiter zu gelangen, auf die sie bereits zwei Füße gesetzt hatte. Aber es dauerte eine Woche, bis sie ihr Badezimmer wieder ohne Beklemmung betreten konnte. Die Erfahrung, eingeschlossen zu sein, hatte sie erschüttert, und bis zu ihrem Tod verlor sie nicht das peinigende Erinnerungsvermögen an den Geruch des Speichers, gemischt aus dem Geruch von Staub, ausgedörrtem Tannenholz und altem, bedrucktem Zeitungspapier, das in Gestalt der gesammelten Jahrgänge einer Zeitung da oben lagerte.

Das Geschäft blüht ja, sagte Lorenz, als sie sich aus ihrer knienden Stellung von der Couch erhob. In einschlägigen Chauffeurkreisen war Rosemarie bereits keine Unbekannte mehr. Chauffeure fahren nicht nur, sie haben Ohren, zu hören, Augen, zu sehen, sie hören und sehen überall. Nur wenn sie sprechen, ist die Herrschaft meistens nicht dabei.

Wenn ich so ein Geschäft hätte wie Sie, sagte Lorenz, dann würde ich alles tun, daß es läuft. Sand im Getriebe ist immer schlecht.

Was wollen Sie denn? sagte Rosemarie, jetzt bereit zu allem.

Immer dasselbe, entgegnete Lorenz. Wer hat die Strippe gezogen? Wem haben Sie den Speicherschlüssel gegeben?

Ich soll's nicht sagen, sagte Rosemarie, die waren von der Polizei.

Nee, wirklich? sagte Lorenz. Was war denn das für eine Polizei?

Polizei eben, antwortete Rosemarie.

 Unsere Polizei? meinte Lorenz; mit der Montur

wie von der Wach- und Schließgesellschaft, dein Freund, dein Helfer ...?

Sie waren nicht in Uniform, sagte Rosemarie.

Woher wissen Sie dann, daß sie von der Polizei waren?

Sie haben einen Ausweis gehabt. Der eine. Es waren zwei.

Was stand da drauf?

Ich hab's nicht gelesen.

Warum nicht?

Ach, eben so, sagte Rosemarie.

Verstehe, sagte Lorenz, sie haben gesagt, sie kämen von der Polizei.

Nicht direkt, sagte Rosemarie.

Also indirekt?

Ich weiß doch nicht, sagte Rosemarie, sie waren nicht von hier, sie sagten überhaupt nichts, bloß daß ich niemand etwas von ihnen sagen dürfte und daß es meine Pflicht wäre, ihnen zu sagen, wer zu mir kommt und ob Herr Schmitt oft hier ist.

Welcher Schmitt? Lorenz stellte sich dümmer, als er war.

Das wissen Sie doch, sagte Rosemarie, er ist doch der Chef von Ihrem Chef, er ist doch an allem schuld, er hat doch ...

Schon gut, sagte Lorenz. Und was will sie von ihm, die Polizei?

Ich soll ihn fragen, was er mit den Russen hat, aber so, daß er's nicht merkt. Und sie wollen wiederkommen.

Haben sie eine Telefonnummer dagelassen?

Nein, sagte Rosemarie.

Und dann haben sie die Leitung gezogen?

Nein, sagte Rosemarie, das war erst am Montag.

Wieso, ich denke, sie kamen überhaupt erst am Montag.

Sie waren zweimal da. Das erste Mal am Sonnabend. Ganz früh. Sie hatten einen Apparat mit, und den wollten sie aufstellen.

Was für einen Apparat?

So einen wie der – wie der in der Küche. Sie haben herumgesucht, und da haben sie den Knopf gefunden, und dann haben sie weitergesucht und haben die Leitungen gefunden, und dann wollten sie mich verhaften, aber ich habe gesagt, ich weiß von nichts, ich bin hier erst eingezogen. Dann haben sie alles durch und durch gesucht und gelesen und alles aufgeschrieben.

Was gelesen?

Was ich aufschreibe und so.

Ist ja fein, sagte Lorenz, dann wissen sie also auch die Namen?

Ich muß doch aufschreiben, sagte Rosemarie, aber von dem, was ihr hier gemacht habt, wissen sie nichts.

Aber sie haben den Apparat in der Küche gesehen? Gesehen nicht, aber …

Du hast ihnen erzählt, was drin ist?

Rosemarie antwortete nicht.

Na ja, sagte Lorenz, was hättest du schon tun sollen.

Aber sie wissen nicht, von wem er ist, beteuerte Rosemarie aufs neue, ich habe gesagt, ich weiß nichts, und daß der Dicke mir das Geld für die Wohnung gegeben hat, das haben sie sowieso schon gewußt.

Welcher Dicke?

Der die große Fabrik hat, sagte Rosemarie. Bruster. Er war jetzt auch …

In Rußland, wollte sie sagen, aber dann fing sie sich im Wort und schwieg.

Lorenz fragte nichts. Für Bruster hatte er kein Interesse. Er hatte den Namen seines Chefs gehört, mehr wußte er nicht – nichts von Brusters Beziehung zu Rosemarie.

Und was wollten sie dann am Montag? forschte Lorenz weiter.

Da haben sie das doch gemacht, sagte Rosemarie, die Leitung in der Küche und dann oben. Sie waren nur eine Stunde da.

Erst am Montag? Ach so, ja. Und wo ist das Tonbandgerät?

Das haben sie wieder mitgenommen. Aber Sie dürfen niemand sagen, was ich Ihnen erzählt habe, verstehen Sie?

Dem Chef aber doch, sagte Lorenz. Das muß ich ja. Er muß doch Bescheid wissen. Die anderen wissen also bestimmt nicht, wer die Mikros hier reingebracht hat?

Nein, sagte Rosemarie, ich glaube, sie meinen, das hätte Bruster gemacht, bevor ich eingezogen bin. Weil er doch die Wohnung bezahlt hat. Er hat mir das Geld aber nur geliehen, und auch nicht alles, aber ich habe gesagt, er hat sie bezahlt. Von euch wissen sie bestimmt nichts.

Nun begann sich Lorenz doch für diesen Bruster zu interessieren. Bruster? sagte er, der kommt wohl oft?

Jetzt war er länger weg, sagte Rosemarie.

Versteh ich nicht, meinte Lorenz, warum wollten Sie denn, daß die Polizei glaubte, die Mikros wären von dem?

Weil er doch so ist, sagte Rosemarie, und da ist doch gar nichts dabei, aber er zahlt nicht besonders dafür, und von euch bekomm ich jedesmal Geld, wenn Sie das Tonband holen …

Langsam, langsam, sagte Lorenz, ich versteh immer Bahnhof. Weil er doch so ist? Wer? Bruster? Und wie ist er?

Er will's doch nachher hören, sagte Rosemarie.

Sie müssen entschuldigen, Fräulein, sagte er, ich bin dumm geboren. Was will er hören?

So halt, nachher. Das Ganze. Ihre rechte Hand wollte gerade die Gabel zum Munde führen. Sie legte sie weg und machte eine Bewegung, durch die Lorenz nun allerdings in unmißverständlicher Art darüber belehrt wurde, welche akustischen Darbietungen der Herr der ABRUDA-Werke abzuhören beliebte.

Was es alles gibt, sagte Lorenz ungerührt. Und dafür verwendet er unsere Mikros? Aber das kann er doch gar nicht, das Tonband ist doch …

Nein nein, sagte Rosemarie, er hat hier selber so was, war schon in der vorigen Wohnung dabei. Aber das haben die von der Polizei nicht gefunden.

Wo? fragte Lorenz.

Sie ging zum Kleiderschrank, öffnete ihn; an der Rückwand, hinter den Kleidern verborgen, stand ein ziemlich großer Kasten, *Star Reporter* las Lorenz in Goldbuchstaben, als er ihn näher betrachtete.

Sie können hier bald einen Rundfunk aufmachen, sagte Lorenz, haben Sie da was drauf?

Ja, sagte Rosemarie.

Spielen Sie doch mal, sagte er.

Sie dürfen aber nichts sagen, erwiderte sie.

Fräulein, sagte er, Sie können sich auf uns voll und ganz verlassen. Von uns erfährt niemand etwas. Sie haben uns ja auch nicht hereingehängt. Ich rate Ihnen, spielen Sie weiter Hase. Ich war sechs Jahre beim Barras, ich weiß, was ich sage. Hase ist immer das beste. Aber uns können Sie vertrauen, Herrn Schmitt, Herrn Dr. Wallnitz und mir. Wir sind nicht die Polizei.

Rosemarie fiel ein Stein vom Herzen. Was war eigentlich, dachte sie, wenn der Opa gekommen wäre und nicht dieser Wallnitz, das wäre besser gewesen. Den Wallnitz kenn ich ja gar nicht.

Sie zerrte das schwere Gerät aus dem Schrank, und es zeigte sich, daß sie damit umzugehen wußte.

Was Lorenz hörte, waren die akustischen Phänomene von Brusters faire l'amour, vermischt mit Rosemaries professionellen Einlagen und verlängert durch aufschlußreiche Enthüllungen aus dem Tageslauf eines Industrie-Elefanten. Die seltsame Zwitterstellung, die ein Herrschaftschauffeur von Berufs wegen zwischen Oben und Unten einnimmt, vermochte selbst einen Mann wie Lorenz zu korrumpieren. Weder amüsiert noch entrüstet, weder angeekelt noch angezogen, dachte er nur wieder: Was es nicht alles gibt. Und da er dank seines zur Hälfte aus Warten bestehenden Lebens nicht nur ein eifriger, sondern auch ein sorgfältiger Leser von Tatsachenberichten war, kannte er sich in der Welt seiner

Brötchengeber aus, und es kam ihm sofort in den Sinn, was für einen Marktwert diese Aufnahmen besäßen, wenn man sie den richtigen Interessenten anbieten würde. Aber er war ein anständiger Mann, und nichts lag ihm ferner als der Gedanke an ein Kompaniegeschäft solcher Art mit diesem Mädchen. Er hatte auch nicht im mindesten die Absicht, Rosemarie zu einem derartigen Geschäft anzustacheln; es ging ihm nur so durch den Kopf, und er sagte es nur so hin: Dafür würden aber viele eine Stange Geld ausgeben, wenn sie das hätten.

Wer denn? fragte Rosemarie.

Sie haben ja keine Ahnung, wie es so zugeht, antwortete er nur. Ich könnte Ihnen was erzählen. Es blieb unklar, ob er von seiner Lektüre oder von seinen Chauffeur-Erfahrungen erzählen wollte.

Nun stell schon ab, sagte er.

Während sie das Gerät wieder verschloß und in den Kleiderschrank zurückstellte, wobei er ihr behilflich war, kehrten seine Gedanken zu den Dingen zurück, um derentwillen er hier war.

Haben die eigentlich etwas bezahlt? fragte er.

Sie verstand sogleich, wen er meinte: die beiden von der Polizei.

Ja, sagte sie.

Wieviel?

Wieviel? Sie hatten lumpige fünfhundert bezahlt und gesagt, sie bekäme in Kürze noch einen Auftrag, und wenn es mit Schmitt klappen würde, würde sie auf jeden Fall noch mal soviel bekommen. Kein Vergleich zu dem,

 was Mallenwurf & Erkelenz bezahlte.

Na, nun sagen Sie schon, ist ja nur, weil's mich interessiert, sagte Lorenz.

Sechstausend, sagte Rosemarie rasch, und dann soll ich noch mal sechstausend kriegen, wenn's klappt.

Aha, sagte Lorenz, das wird aber nicht mehr klappen, das müssen Sie einsehen. Jetzt, wo wir Bescheid wissen. Und was hätten die schon überhaupt erfahren können? Ist ja lächerlich.

Aber ich verlier das Geld, sagte Rosemarie.

Will mal sehen, was sich da machen läßt, sagte Lorenz, als verfüge er über die Konten der Firma.

Mensch, sagte er plötzlich, wo ist denn auf einmal die ganze Wurst hin?

Rosemarie hatte sie aufgegessen. Sie fühlte sich wieder wohl. Vielleicht schlug sie jetzt doch noch mehr Geld aus dieser Sache, als sie erwartet hatte.

Du kannst hierbleiben, sagte sie zu Lorenz.

Nee, sagte er, das kann ich mir nicht leisten.

Du brauchst nichts zu zahlen, sagte Rosemarie.

Es war ein einzigartiges Angebot, aber er wußte es nicht zu würdigen. Er war nicht der Ansicht, daß alles wieder in Ordnung sei. Was er hatte erreichen wollen, hatte er erreicht, damit genug und Hände weg! Außerdem lebte er schon seit Jahren so für sich hin. Ein Stubenmädchen hatte ihn einmal eine Zeitlang im Garagenhaus besucht; als sie kündigte, um ins Gaststättengewerbe zu gehen, hatte er ihr nicht nachgetrauert. Er war dreiundfünfzig, und die Vernunft, die er in diesem Augenblick bewies, hatte ihre Ursache bis zu einem gewissen Grad auch in mangelhaften Motiven für Unvernunft.

Der Bericht, den Lorenz seinem Herrn noch in der Nacht erstattete, hatte eine längere Unterhaltung zwischen diesem und Schmitt am nächsten Vormittag zur Folge.

Wieviel Steuern bezahlen wir jetzt im Jahr? fragte Schmitt.

Unmittelbar 140 Millionen, antwortete Wallnitz, von der Frage überrascht; rechnet man die Lohnsteuern dazu, dann ...

Wenn man wüßte, wie groß der Etat unserer verschiedenen Geheimdienste ist, dann könnten wir ausrechnen, wieviel wir selber dazu beigetragen haben, daß die Herren einen Sender aufbauen können, um etwas über mich durch mich zu erfahren.

Na ja, sagte Wallnitz, das ist eben so.

Finden Sie das in Ordnung?

Wallnitz zuckte mit den Achseln. Ordnung, sagte er, das sind doch nur verschiedene Unordnungen, die sich gegenseitig ausbalancieren. Nehmen Sie den gegebenen Fall, Bernhard, da sind wir nun doch ganz schön am Zug. Übrigens sind die Herren schlecht informiert.

Wieso?

Sie waren doch gar nicht in Rußland.

Im Gegenteil, sagte Schmitt, glänzend informiert. Die wissen sogar, daß Sie nicht zu Rosemarie kommen, es sei denn, Sie hätten es künftig vor –?

– Wallnitz machte eine abwehrende Bewegung –

... aber ich, fuhr Schmitt fort. Die wollen doch nichts über Ihre Reise erfahren, sondern etwas über deren Folgen für unsere Geschäfte. Sind doch komische

Zeiten, finden Sie nicht, Walter? Alles so absolut. Der alte Krupp verkaufte noch seine Kanonen an Gott weiß wen, da fand niemand etwas dabei, nicht einmal, wenn sie gegeneinander losgingen. Und wir?

Nun ja, sagte Wallnitz, was wir machen, schießt nicht direkt, aber die Rüstung ist eben auch absolut.

Soldaten trinken auch Milch, das wollen Sie doch sagen? Steht kondensierte Milch auf den Embargolisten?

Ich glaube nicht, sagte Wallnitz.

Es macht keinen Spaß mehr, sagte Schmitt.

Ich wüßte was, das Spaß macht.

Schmitt blickte ihn fragend an.

Der Mensch ist nicht gut, sagte Wallnitz. Gestern abend, in dem stinkfeinen Laden von der Dame, sie lag auf der Couch, ein kaum mehr verschleiertes Bild von Saïs, ich saß mit einer Zeitung da, mindestens fünf Meter entfernt, und wartete auf Lorenz, da dachte ich, ich müßte Ihnen sagen, wir sollten das lassen.

Sie hatten einen Moralischen?

So ungefähr, sagte Wallnitz. Es kotzte mich alles an. Aber jetzt denke ich wieder ganz anders. Mich ärgern diese Burschen mit den Ohren auf dem Speicher genauso wie Sie, Bernhard. Die sollen uns verdammt noch mal in Ruhe lassen. Wer verdient denn das Geld? Wir doch! Und weil sie mich ärgern, möchte ich sie wieder ärgern. Hereinlegen. Wie wär's, Sie gingen manchmal zu Rosemarie und machten dort Märchenstunde, Märchenstunde für den Geheimdienst. Die könnten wir doch ganz schön auf Trab bringen. Erzählen Sie, wir hätten eine Fabrik bei Tula gekauft …

Warum gerade Tula? sagte Schmitt.

Schulerinnerung, erwiderte Wallnitz. Wir haben gelernt, die einzigen Fabriken, die Rußland unter dem Zaren gehabt hat, waren in Tula. Bißchen überholt.

Hm, sagte Schmitt, nicht schlecht.

Dann hat jeder, was er will, und wir brauchen die Ausfallgarantie an Rosemarie nicht zu bezahlen. Aber da will ich Ihnen natürlich nicht dreinreden, Bernhard.

Ich habe ihr für nichts garantiert.

Soso, sagte Wallnitz.

Die Herren hatten schon jetzt ihren Spaß.

Bisher hatten wir unsern Draht nach Bonn, aber jetzt sind wir drahtlos verbunden, scherzte Schmitt. Wie weit, glauben Sie übrigens, daß so ein Ding sendet?

Ich habe es mir nicht genauer angesehen, aber ich glaube: nicht über Frankfurt hinaus. Die Gegenstelle muß irgendwo in der Stadt sein.

Ziemlich viel Aufwand, sagte Schmitt.

Deshalb sollten wir sie auch nicht enttäuschen. Je länger ich's mir überlege, desto besser gefällt mir's. Wallnitz stand auf und ging im Zimmer auf und ab. Es muß glaubhaft sein, die sind ja auch nicht dumm, sagte er.

Machen Sie's doch selber, schlug Schmitt vor.

Nein, sagte Wallnitz, mein Bedarf an Rosemarie ist gedeckt. Ich hatte sie mir anders vorgestellt, als ich zu ihr kam. Menschlicher. Ich bin nun mal so, Bernhard, nehmen Sie's nicht als Kritik, aber so was finde ich langweilig. Ich brauche Widerstand. Und nur so hingehen und mit ihr quatschen – das erst recht nicht. Ich gebe zu, die Person hat etwas. Stahlfedern. Sieht aber aus wie eine Seifenpuppe; als wir Kinder waren, schenkte uns eine Tante zum Geburtstag kleine Puppen aus Seife, es war scheußliche Seife. So sieht sie aus, und zuerst dachte ich, so sei sie auch.

Das stimmt nicht, sagte Schmitt.

Das weiß ich jetzt, antwortete Wallnitz, aber trotzdem … ihr interessanter Punkt interessiert mich nicht. Mit solchen Typen haben wir doch immer zu tun, aber dann haben sie Hosen an und wollen uns geschäftlich fertigmachen, und wir wollen sie geschäftlich fertigmachen – das reizt mich, aber sozusagen Studien am Phantom … nein, ohne mich.

Gar nicht Phantom, sagte Schmitt, die Burschen, die Sie meinen, sind für mich viel mehr Phantom als Rosemarie. Die ist so wirklich wie … wie …

Darf ich Ihnen helfen, Bernhard, aber nehmen Sie mir's nicht krumm? sagte Wallnitz lächelnd.

Na?

Wie Sie!

Schmitt war weit davon entfernt, seinem Generaldirektor diese Bemerkung übelzunehmen.

Ja, sagte Wallnitz, und deshalb müssen Sie jetzt auch am Ball bleiben. Oder wir lassen es wirklich ganz. Der Rebekka-Traum ist sowieso ausgeträumt.

Weiß Gott, sagte Schmitt, Ölsen muß man sagen, daß Rosemarie nicht mehr in Frage kommt. Ohne Begründung. Graudenz sag ich's selber. Eigentlich schade, es lief sich gerade ein.

Aber immer noch besser so. Es lebe der Kurzschluß, sagte Wallnitz. Stellen Sie sich vor, wir hätten nichts gemerkt ... wir wären in des Teufels Küche gekommen ...!

Ich weiß zwar nicht, was für eine Küche Sie da meinen, entgegnete Schmitt, aber ich vermute, es war eine respektlose Bemerkung. Wissen Sie, warum es besonders schade ist, daß wir das Ding nicht mehr verwenden können?

Ich ahne es, sagte Wallnitz.

Da bin ich aber jetzt gespannt, meinte Schmitt.

Bruster! sagte Wallnitz. Er ist zurück, es steht heute früh in der Zeitung.

Richtig!

Und er geht bei der Dame ein und aus. Und wenn das stimmt, was Lorenz erzählt hat, aber ich will's eigentlich lieber nicht glauben –

Glauben Sie's ruhig!

– dann muß er ausgesprochen ergiebig sein.

Ja, sagte Schmitt, und er hat die ganze Pracht bezahlt. Es wäre fast so etwas wie höhere Gerechtigkeit, wenn da zwei Apparate liefen und er in die Grube fiele, die er für sich selbst gegraben hat.

Was die Pracht angeht, so haben wir sie noch mal bezahlt, wenn ich Sie recht verstanden habe ...?

Haben wir, gab Schmitt zu, und man könnte sagen, sie hat mich hereingelegt, sie behauptete, sie sei die Einrichtung noch schuldig, aber sie hat gar keine Schulden, sie ist grundsolid ...

Wenn ich eine Frau wäre, dachte Wallnitz, ich würde mich in ihn verlieben. Der reine Tor, und dabei so gerissen.

Sie kostet eine Stange Geld, fuhr Schmitt fort, aber sie amüsiert mich.

Mich nicht. Mir ist sie eher unheimlich.

Sie haben sie in den falschen Hals bekommen, sagte Schmitt, verstummte, kehrte zu einem früheren Gedanken zurück: Bruster – ja. Er wird zu üppig. Der baut auch eine Fabrik in Tula, glauben Sie nicht?

Rußland ist groß, sagte Wallnitz.

Ja und nein, erwiderte Schmitt. Er kommt uns in die Quere. Er ist ganz der Typ, der den Russen gefällt. He, Bruder, und immer noch einen Wodka. Es wäre ganz schön, wir wüßten genau, was er da drüben ausgerichtet hat ... was freut Sie denn schon wieder, Walter?

Wallnitz, der nicht mehr auf und ab ging, sondern sich an den großen Tisch lehnte, auf dem Professor Prosky bei Chefbesprechungen seine Konstruktionszeichnungen auszurollen pflegte, näherte sich jetzt wieder dem Schreibtisch und ließ sich auf dem hellen, makellosen Leder des Besucherstuhles nieder.

Ich hatte gerade 'ne Vision, sagte er, ich sah da ein paar mächtige Herren in Bonn zusammensitzen und einer sagte: Es wäre schön, wir wüßten ein bißchen, was für Geschäfte der Schmitt jetzt mit Rußland anzettelt, und dann sagt ein anderer, der jeden Tag seine vertraulichen Informationen vom Geheimdienst bezieht: Da wüßte ich etwas, da ist doch so eine Edelnutte in Frankfurt, mit der schläft die ganze Industrie ...

Sie übertreiben, sagte Schmitt und fühlte sich nun doch ein bißchen gegen den Strich gebürstet.

Kann sein, sagte Wallnitz, aber die Übertreibung ist auch ein Mittel zur Klärung.

Könnten wir nicht einen Schalter einbauen? gab Schmitt zu überlegen. Es kam für Wallnitz unerwartet.

Einen was – ? fragte er. Dann verstand er. Sie meinen einen Schalter, mit dem wir den Sender nach Belieben ein- und ausschalten können?

Wäre das nicht gut? Dann könnten wir die Anlage weiterhin benützen, so lange es eben dauert. Eines Tages kommen die Herren ja doch drauf und werden sich ganz still wieder empfehlen.

Wird zu kompliziert, sagte Wallnitz.

Das hat die Technik so an sich, erwiderte Schmitt, aber ich sehe da eigentlich kein unlösbares Problem. Zu ihren Interessen gesellte sich ihr Spieltrieb. Ein gut Teil der Welt, wie sie sich uns heute darbietet, verdanken wir dem Spieltrieb der Männer, der sie zum Mißbrauch der Ergebnisse ihres Forschungstriebes anstachelt.

Und wer soll den Schalter bedienen? fragte Wallnitz.

Ganz einfach, sagte Schmitt noch im Eifer seines Einfalles, wenn ich hingehe, um den Türken für den Geheimdienst zu bauen, schalte ich ein, und wenn ich wieder weggehe, schalte ich ab – nein, unterbrach er sich plötzlich, das geht doch nicht. Wenn ich mir das im Detail vorstelle … wenn das natürlich und überzeugend kommen soll … sie ist ja keine Schauspielerin …

Es war nur ein Vorschlag, sagte Wallnitz.

… ausgezeichnet nach wie vor, Walter, aber wissen Sie … nein, es gibt doch Grenzen … lassen wir's schießen! Schneiden wir die Leitung zum Sender einfach durch, was wollen die andern denn machen, sie können doch nicht Krach schlagen … ich sage Ihnen, sie werden einfach den Schwanz einziehen, wenn sie merken, daß sie entdeckt sind.

Und wenn sie es nicht tun?

Dann wollen wir sie mal kommen lassen. Mal sehen, was sie tun. Ich bin überzeugt, daß Rosemarie Lorenz nichts vorgemacht hat, die wissen nichts von uns. Wir sind klar im Vorteil. Sie hat dichtgehalten – und ich finde es allerhand von ihr. Sie weiß nicht, worauf es uns eigentlich ankommt, aber sie hat genau gefühlt, sie hält sich am besten heraus, wenn sie nichts von uns sagt und sozusagen in ihrem Beruf bleibt. Wenn ein Kunde solche Wünsche hat wie Bruster, … was ist dabei? Jedenfalls nichts, was eine Dame von diesem Couleur politisch verdächtig machen könnte …

Ach, Bernhard, sagte Wallnitz, wenn Sie einmal zu jemand ja gesagt haben, bringt Sie nichts mehr davon ab. Es ist Ihre Stärke.

Mag sein. Aber es trifft nicht ganz. Sie werden doch nicht glauben, sie sei mir sympathisch. Ich habe ein ästhetisches Vergnügen an ihr …

Wetten, sagte Wallnitz, noch ein Satz, und dann kommt ihr Lieblingswort: Wirklichkeit.

Ja, sagte Schmitt, sehen Sie das denn nicht? Ich finde die Welt schäbig. Alles halb, und nicht mal halb, keiner riskiert sich selber. Aber sie tut es. Sollte mich wundern, wenn sie alt würde. Nun ja – Schluß damit, das Thema hat keinen Reiz für Sie.

Doch, sagte Wallnitz mit einem Blick auf die Uhr, aber mir läuft der Vormittag davon. Bei mir drüben werden sie schon kopfstehen.

Lassen Sie sie stehen, sagte Schmitt, es soll sogar gesund sein und klug machen. Wir werden uns wohl erlauben dürfen, mal eine Stunde zu vertun, und sie ist nicht mal vertan ...

Sie ja, Bernhard, sagte Wallnitz lachend, Sie sind ja der Owner. Ich bin mal bloß ein kleiner Angestellter.

Dann sagen Sie, der Chef hat's erlaubt, sagte Schmitt. Aber wenn Sie unbedingt von Geschäften reden wollen, dann sollten wir uns doch noch mal den Fall Bruster überlegen. Haben Sie das Telegramm von Klüver aus Kairo heute früh gesehen? Da steckt doch auch ABRUDA dahinter. Der will uns ausbooten bei dem Objekt in Heluan.

Ich habe schon ein Gespräch laufen, sagte Wallnitz, wir werden bis nachmittags mehr wissen. Aber ich bin Ihrer Meinung, er kommt uns da ins Gehege.

Eben. Und dann Moskau ...

Sie meinen also, wir sollten die Dame auf Bruster ansetzen?

Was heißt ansetzen? Immer vorausgesetzt, Lorenz hat wirklich Bruster aus dem Kasten gehört ...

Ohne Zweifel, es paßt ja auch zu ihm ...

Das tut's. Dann braucht sie doch nichts weiter, als auf den Knopf zu drücken. Den Sender schalten wir ganz aus. Und Lorenz holt wieder die Bänder ab, wenn sie uns Bescheid sagt.

Und Sie glauben, das wird sie tun – geht doch gegen Bruster!?

Warum nicht? fragte Schmitt erstaunt.

Ich denke, die zwei sind ein Herz und eine Seele.

 Ach, sagte Schmitt, Sie kennen Rosemarie eben

nicht. Wie ein Motor mit Benzin läuft und auch nicht fragt, was er treibt, so läuft sie mit Geld.

Sie müssen es wissen, sagte Wallnitz.

In diesem Augenblick leuchtete die grüne Lampe der Sprechanlage auf.

Ja? sagte Schmitt.

Es ist dringend, Herr Schmitt, sagte die Sekretärin, Herr Bruster möchte Sie unbedingt sprechen. Ich habe gesagt, Sie sind in einer wichtigen Besprechung, aber …

Schon gut, sagte Schmitt, verbinden Sie.

Er ließ den Sprechkontakt los. Hören Sie mit, Walter, sagte er und schaltete den Lautsprecher des Telefons ein.

Es ist immer merkwürdig, einem Telefongespräch zuzuhören, bei dem der eine Partner in der Vorstellung spricht, nur von dem gehört zu werden, mit dem er sich verbunden weiß. Aus der Intimität des Zwiegespräches herausgerissen, aus dem elektrischen Flüstern der Hörmuschel frei in den Raum übertragen und ihn füllend, wirkt die Stimme des Ahnungslosen stets übertrieben; Abneigung, Anbiederung, Eifer oder Desinteressement, was immer sie zum Ausdruck bringen will, erscheint ins Komische verzerrt; sie vermittelt aber dennoch ein plastisches Bild dessen, der auf der anderen Seite der Leitung spricht.

Augenblick, ich verbinde, hörten die beiden Herren eine fremde Sekretärin sagen. Und dann:

Hier Bruster – hallo!

Ja, hier Schmitt. Freue mich, Sie zu hören, sind Sie gut zurück?

Benissimo. Aber fahren Sie nie im August nach Kairo, ich habe dort zehn Pfund abgenommen in einer Woche, macht bei mir ja vielleicht nichts, haha. Wie geht's denn so immer?

Danke. Soweit geht's. Urlaub ist fällig, aber ich fahre auch bald.

Der Lautsprecher machte überdeutlich, daß die Mühle noch leer lief. Aber jetzt begann sie zu mahlen.

Hören Sie mal, Herr Schmitt, ich hätte das ja auch vielleicht mit Dr. Wallnitz besprechen können, er weiß ja Bescheid, aber ich dachte, es ist vielleicht doch besser, ich spreche mit Ihnen darüber.

– – –

Hallo?

Ja, ich höre, sagte Schmitt.

Die Sache ist nämlich die, ich habe heute früh bei unseren Baby-Doll-Freunden herumtelefoniert, nicht bei allen, aber mit Killenschiff und mit Gernstorff und mit Härwandter, der ist ja auch ganz vernünftig, und ich glaube, wir sollten mal schleunigst zusammenkommen.

Wer? fragte Schmitt.

Der ganze Verein, mit Ausnahme von Hartog.

Schmitt blickte Wallnitz an; dieser ließ erkennen, daß er Brusters Ansicht teilte.

Ja, sagte Schmitt, wir haben uns das auch anders vorgestellt.

Der hat uns da ganz schön eingewickelt, das kann man wohl flüstern. Wir hatten doch ausgemacht, daß wir Kontakt halten, schließlich haben wir ein volles Jahr daran gearbeitet, jeder von uns, und nun will er das

Stück solo allein spielen mit der Regierung. Oder haben Sie jemand bei Hartog?

Niemand, sagte Schmitt, wir haben ihm das ganze Zeug übergeben, Prosky hat drei Tage lang die DERLAG-Leute eingearbeitet, an die hat doch Hartog die Ausführung übertragen, das war ja wohl richtig, sie sollen dort einen großen Laden aufgezogen haben, aber das weiß ich auch nur vom Hörensagen. Hartog spielt toten Mann.

Genau, rief Bruster so laut, daß sich die Wiedergabe im Lautsprecher überschlug.

Was ist denn da für ein Lärm im Telefon? kam sogleich Brusters Stimme.

Nichts, sagte Schmitt, das muß in der Leitung sein.

Was meinen Sie, sollen wir uns das bieten lassen? fragte Bruster.

Fragt sich, was wir noch machen können, sagte Schmitt.

Darüber müßten wir eben reden. Wenn wir uns einig sind, ist bestimmt noch was zu machen. Mir paßt das nicht, er geht immer so auf die vornehme Tour, Hartog hinten, Hartog vorne, aber er hat uns ganz schön reingelegt.

So weit würde ich nicht gehen, sagte Schmitt, wir hatten keine rechte Lust, und da hat er es übernommen. Jeder von uns hätte es auch tun können.

Aus dem Lautsprecher kam Brusters dröhnendes Lachen. Das glauben Sie ja selber nicht, rief er, das war doch eine abgekartete Sache mit Hoff, die haben sich nur die Karten zugespielt, die sie vorher zusammen gemischt haben.

Wissen Sie das sicher?

Was heißt wissen? Beweisen kann ich's nicht. Aber wir haben auch unseren Draht nach Bonn …

– Wallnitz grinste –

– die Sache ist nicht koscher und war's nie, und jedenfalls müssen wir wissen, was bei Baby Doll herauskommt. Die Rakete sollen sie ruhig hochschießen und Hartog draufschreiben, das ist mir scheißegal, aber alles, was dazugehört, Treibstoff, Steuerung, Zündung, Motor, das ist nicht DRP Hartog oder gar DRP Hoff, da ist unser Köpfchen mit drin. Wir haben versäumt, einen Auswertungsvertrag zu machen …

– Wallnitz schüttelte den Kopf –

… sind Sie nächste Woche im Lande?

Ich denke schon, sagte Schmitt.

Und würden Sie kommen?

Doch ja, sagte Schmitt.

Gut, dann lassen wir die Lemuren den Termin auskochen. Auf bald!

Die Leitung knackte, Bruster war weg. Er wußte, wie man Lemuren ausspricht, aber er sagte: Lehm-Uhren. Der ist ganz schön in Fahrt, sagte Wallnitz, und er hat recht, aber wir haben ja schon darüber gesprochen, ich glaube nach wie vor, da wird nichts mehr zu machen sein, Bernhard.

Fürchte ich auch, sagte Schmitt, aber man kann ja mal sehen.

Es war auch nichts mehr zu machen. In der Sitzung, in der das Isoliermattenkartell noch einmal zusammenkam, ohne Hartog, übernahm es Gernstorff, an Hartog heranzutreten, nachdem sich Schmitt geweigert hatte.

Hartog empfing Gernstorff sofort, es schien beinahe, als hätte er einen solchen Schritt erwartet, und er bedauerte die Entwicklung unendlich. Aber er konnte eine schriftlich formulierte Auflage des Ministeriums vorweisen, die es ihm verbot, irgendwelche Informationen über Baby Doll an Dritte zu geben. Das ganze Projekt war sekretiert, und Hartog sagte: Wir sind bei der DERLAG selbst nicht mehr Herr im Haus. Wir müssen dort jetzt Los Alamos spielen. Mit roten und blauen Marken im Knopfloch und verschiedenen Graden der Geheimhaltungspflicht, oder besser gesagt der Vertrauenswürdigkeit. Wenn ich hinfahre, steht eine Wache in unserem eigenen Betrieb und fragt mich, wohin ich will. Vielleicht sollten die Herren beim Ministerium vorstellig werden. Immerhin …

Das habe ich gewußt, sagte Wallnitz, als er von diesem Ergebnis durch Schmitt verständigt wurde.

Und es war doch richtig, daß wir da raus sind, meinte Schmitt. Oder?

Ich bin davon überzeugt, antwortete Wallnitz, aber Sie wissen ja, ich bin in diesem Punkt befangen. Wenn Sie mal in die Rüstung gehen, Bernhard, dann müssen Sie sich einen neuen Generaldirektor suchen.

Ich gehe nicht, sagte Schmitt. Später ging er doch. Aber das ist eine andere Sache.

Bruster schäumte, als ihm Gernstorff eröffnete, was er bei Hartog erlebt hatte. Ha, rief er, erinnern Sie sich noch, was Hoff gesagt hat? Hier, warten Sie, ich habe mir damals ein Memo gemacht … wo steht's denn … ja, hier: ‹Ich bin ermächtigt, Ihnen zu sagen, daß unser Projekt nicht unter dem Gesichtspunkt der Rüstung betrachtet werden soll› – und nun …

Gernstorff, der über ein ausgezeichnetes Gedächtnis verfügte, sagte: Ganz so hat er es nicht gesagt. Es war irgendwie anders, weniger bestimmt.

Ach was, rief Bruster, die mit ihrem lächerlichen Getue, im Ernstfall wären wir ausradiert, weggepustet, wie nie gewesen, und da machen sie jetzt Kokolores mit ihrer Rüstung, aber ich will Ihnen was sagen, Gernstorff, das ist ja bloß ein Dreh von Hartog, der verschanzt sich hinter dem Ministerium, und wenn's mal zum Klappen kommt, dann hat er die Patente und alles …

Das glaube ich auch, sagte Gernstorff, aber da ist eben nichts mehr drin.

Abwarten, erwiderte Bruster, dem helf ich auf die Sprünge, die Hose hängt noch nicht am Bett. Es war eine der Redensarten, die er sich angewöhnt hatte, um Charlotte zu ärgern.

Brusters Erfahrungen mit Rosemarie seit seiner Rückkehr waren wenig erfreulich. Sie hatte ihm gewaltig imponiert, als sie ihm sein Geld bei der ersten Begegnung zurückgegeben hatte. Das eilt doch nicht, Kindchen, hatte er gesagt und die zwanzigtausend

 eingesteckt. Er hätte sie ihr beinahe geschenkt

dafür, daß sie so zuverlässig und so tüchtig war. Und auch, weil es ihn im stillen immer noch wurmte, daß Hartog ihr den SL geschenkt hatte. Er hätte sie gerne als seinen Privatbesitz betrachtet, aber davon konnte keine Rede sein. Sie war es weniger als vor seinen Reisen. Die Nächte im Dornbusch wiederholten sich nicht. Sie geizte mit ihrer Zeit und hielt ihn im Zaum ihres Terminkalenders, der ihr ein Leben aufzunötigen begann, das dem ihrer Kunden immer ähnlicher wurde. Soweit sie nicht damit beschäftigt war, Geld zu verdienen, mußte sie sich mit ihrer körperlichen Instandhaltung beschäftigen, um Geld verdienen zu können. Sie trieb Gymnastik und ließ sich massieren, sie legte Rohkosttage ein und lebte nach einem Diätplan. Sie kam in Mode, und die Folge war, daß sie ein modisches Leben führte, das modische Leben einer Frau, die im Beruf stand und nicht müde sein durfte.

Nicht nur Bruster kam nicht mehr zur vollen Entfaltung seiner Persönlichkeit in und an ihrem Bett, aber er hatte im Gegensatz zu ihren neueren Bekanntschaften Vergleichsmöglichkeiten; er hatte sie noch erlebt, als sie Zeit verschwendete. Er wurde mit ihr unzufrieden und hielt damit nicht zurück. Aber ihre Habgier, ihr Wille zeigte sich seiner Dynamik überlegen. Das war ihm noch nicht zugestoßen. Der Apparat im Kleiderschrank blieb beinahe unbenützt, denn es war ihm doch wichtiger, die ihm zugebilligten Stunden mit Tun und Reden mehr auszufüllen als mit Hören; aber ganz verzichtete er nicht darauf. Er war Narziß, der sich über sein akustisches Spiegelbild neigte. Der Apparat in der Küche hörte auch die Wiederholungen mit.

Schmitts Vorschläge hatte Rosemarie ohne Zögern angenommen. Er bezahlte ihr die sechstausend, die sie zu verlieren behauptete, wenn sie über den Sender nichts lieferte. Schmitt bezahlte, ohne zu feilschen und ohne zu glauben, daß ihr tatsächlich so viel geboten worden sei – nur, um sich ihrer zu versichern. Der Sender wurde stillgelegt, Lorenz trennte das Kabel durch, das von der Küche in den Speicher führte. Außerdem blieb das ‹Rebekka-Agreement› in Kraft, zugespitzt auf Bruster. Sie hatte nur auf den Knopf zu drücken, wenn er bei ihr war, und jedesmal verdiente sie damit tausend Mark. Ferner hatte sie versucht, Bruster zu steigern, aber er hatte es rundweg abgelehnt, mehr zu bezahlen. Da sie ihm kaum noch mehr als zwei Stunden bei seinen Besuchen schenkte, das heißt also: verkaufte, lief es doch auf eine erhebliche Preiserhöhung hinaus.

Das Tonband von Mallenwurf & Erkelenz lief hurtig in seinem Küchenschrank, wenn Bruster da war, und Frau Endrikat machte eine sie zunächst über alle Maßen in Erstaunen setzende Erfahrung – denn das Band fing plötzlich seinen Text wieder von vorne an! Das hab ich doch schon geschrieben, dachte sie und verglich. Tatsächlich, es stimmte Wort für Wort überein – oder nein, da war ja noch etwas dazugekommen! Das war doch auch Brusters Stimme? Bruster sprach mit Bruster? ... ich kann dir sagen, nicht zu knapp, sprach Brusters Stimme Nr. 1, der war wohl platt, wie ich da plötzlich den Vertrag heraushole und ihm nachweise, daß er die Zinsen vom ersten Zwoten an zu bezahlen hat, das machte ja im-
 merhin für die ganze Lizenz über hundert Mille

aus … Und zugleich sagte Brusters Stimme Nr. 2 lachend: … das Gesicht hättest du sehen sollen, zum Kugeln …

Es war geisterhaft. Frau Endrikat konnte sich nicht vorstellen, was da geschehen war. Sollte sie das jetzt alles noch mal schreiben? Da sie eine intelligente Frau war, tat sie es nicht. ‹Ab hier nur Wiederholung›, schrieb sie ans Ende ihrer Abschrift und setzte ein Fragezeichen in Klammern dahinter: (?). Es war ihr ganz persönlicher Beitrag zu ihrer Arbeit, es war ein ebenso taktvolles wie gescheites Fragezeichen, es wies Wallnitz und Schmitt darauf hin, daß hier etwas vorlag, was vielleicht beachtet werden mußte; die Klammern aber deuteten an, daß es sich beileibe nicht um eine direkte Frage handelte, auf die sie, Bertha Endrikat, eine der höchstbezahlten Sekretärinnen der Firma, Antwort erwartete. Sie bekam auch keine.

Es fand sich natürlich auch niemand – es konnte sich niemand finden, denn sie arbeitete in Klausur –, der ihr gesagt hätte, daß es ihr dergestalt vergönnt war, die doppelten, dreifachen und x-fachen Böden der Existenz der Männer, die sie in ihrem fleißigen und tüchtigen Leben als Chefs kennengelernt hatte, auf ungemein symbolische Art wenn nicht zu Gesicht, so doch zu Gehör zu bekommen. Mit ein paar weiteren Tonmaschinen hätte man noch ein paar Stockwerke mühelos hinzufügen können, mit fünf Brusters hätte sich ein sechster unterhalten können, an fünf Brusters ein sechster sich emporranken, aber vielleicht wäre schon vorher das Gewirr der Bruster-Stimmen in eine unverständliche Kakophonie übergegangen und damit das Gleichnishafte des Vorganges, das er neben seiner trivialen Perversion besaß, bis zum Lächerlichen gesteigert worden: Narziß, der sein Bild nicht in der Quelle entdeckt, sondern zwischen parallelen Spiegelwänden, in endloser Perspektive.

Mit Rosemarie ging etwas Merkwürdiges vor: sie fing an, sich nun für das Gerede ihrer Kunden zu interessieren. Ohne es zu wollen, brachte es gerade Bruster dahin, daß sie die Basis ihres Geschäftes bewußt und planvoll erweiterte. Sie befreite sich von der manischen Vorstellung, daß sie nur mit sich selbst verdienen konnte, und begriff endlich, welche finanziellen Möglichkeiten ihr die Tatsache erschloß, daß die meisten Männer, die zu ihr kamen, ihr mehr Vertrauen entgegenbrachten als den Menschen, mit denen sie ihr berufliches und familiäres Leben führten. Vielleicht steht das Wort Vertrauen hier aber doch falsch, obwohl sie sich ganz so benahmen, als ob sie ihr vertrauten. Wenn es wirklich Vertrauen gewesen wäre, was sie dazu brachte, sich ihr zu eröffnen, so wäre es ja geradezu, da sie ohne Beweise für Rosemaries Vertrauenswürdigkeit waren, jenes blinde Vertrauen gewesen, das eine Begleiterscheinung der Liebe zu sein pflegt – und davon konnte keine Rede sein. Nein, Vertrauen war es nicht, was ihnen die Lippen öffnete; sie glaubten ganz einfach, sich in einer anderen Welt zu befinden, wenn sie bei ihr waren, in einer Welt, von der aus keine Verbindungen zu jener führten, in der sie vorsichtig, mißtrauisch, listig und brutal ihrem Vorteil nachgingen.
 Obwohl sie von Rosemaries Fenster aus eben

diese Welt geradezu exemplarisch zu ihren Füßen liegen sehen konnten, dieses Frankfurt, fühlten sie sich bei ihr wie ins Niemandsland ausgewandert – und daran wäre ja viel Wahres gewesen, wenn Rosemarie nicht entdeckt hätte, daß dieses Männergeschwätz nicht durchaus nur Geschwätz war, sondern zum guten Teil Information – glasklare, ungeschminkte, allenfalls von Geltungssucht etwas gefärbte, aber dennoch zuverlässige Information, die einen hohen Wert besaß. Durch diese Entdeckung wurde sozusagen der Sprengkopf einer Rakete, wenn wir Rosemarie damit vergleichen wollen, der bis dahin mit Pulver gefüllt war, mit Atom-Munition geladen. Jetzt wurde sie wirklich gefährlich.

Zum ersten Mal hatte sie aufgehorcht, als Lorenz beim Anhören des Bruster-Bandes gesagt hatte: Da würden aber viele eine Stange Geld dafür ausgeben. Sie hätte die Bemerkung wieder vergessen, sie wäre untergegangen, wenn ihr nicht kurz darauf Schmitt den Vorschlag gemacht hätte, Bruster zu bespitzeln. Nach der Erfahrung im Falle van Strikker war Schmitt überzeugt, daß Rosemarie eine ideale Agentin sei – nämlich eine, die nicht verstand, was sie hörte. Er kannte sie doch nicht so gut, wie er glaubte. Sie war nicht unbelehrbar, man mußte ihr nur richtig beibringen, was sie lernen sollte, und ihr klarmachen, welchen Nutzen sie davon hatte. Es bedurfte nur des Einbaues eines kleinen Rädchens in den Mechanismus Rosemarie, damit sie fähig wurde, komplizierte geschäftliche Sachverhalte zu verstehen und im Gedächtnis aufzubewahren, sofern sie ihr in einfachen Worten mitgeteilt wurden. Das offensichtlich Unverwertbare und Verwertete vergaß sie auch künftig wieder, wie denn überhaupt ein Element ihrer virtuosen geschäftlichen Begabung in der Ökonomie lag, die sie in jeder Hinsicht walten ließ.

An der notwendigen sprachlichen Einfachheit fehlte es bei den meisten ihrer Kunden nicht. Mit welchem Reichtum an Bedeutungsgehalten muß jedes Wort angefüllt sein, wenn es möglich ist, mit einem derart kleinen Vorrat gestanzter Formeln, wie er von Rosemaries Partnern benützt wurde, die zwar mechanisierte und geistverlassene, aber auf ihre Art doch komplizierte Welt der Produktion und des Verkaufes in sinnvoller Bewegung zu halten! Welch minderen Ranges die Leistung ist, die da hervorgebracht wird, läßt sich daran ermessen, daß sie nur von Tausenden und Tausenden, nur von Millionen in sinnvoller Arbeitsteilung hervorgebracht werden kann, daß aber die Weisungen an die Millionen und ihre Verständigung untereinander mit Wortkombinationen vor sich gehen, in denen nicht mehr Geist und Ausdruckskraft stecken, als in der Sprache eines zehnjährigen Kindes oder – einer Rosemarie. Wie sehr hätten die Männer ihr mißtraut, wie unbehaglich hätten sie sich bei ihr gefühlt, wenn sie ihre Muttersprache in höherem Grade beherrscht hätte, als sie selbst sie beherrschten.

Es steht hierzu nicht im Widerspruch, daß der eigentliche Anstoß für Rosemarie, sich die Bedeutung dessen, was in ihrer Wohnung geredet wurde, zu überlegen, gerade deshalb von Bruster kam, weil er mit seinem sprachlichen Pfund zu wuchern verstand. Angefüllt mit Erlebnis-
 sen, angefüllt mit neuer Welterfahrung, kam er

von seinen Reisen zu ihr und breitete sie vor ihr aus. Es war ausgesprochen dumm von seiner Frau Charlotte, genannt Jo, ihn nicht zum Erzählen zu ermuntern. Er war ein Schwamm von Mann, der die Welt in sich aufzusaugen und in eine Bruster-Welt zu verwandeln vermochte, und wenn sie dadurch auch nicht schöner wurde, als sie ist, so wurde sie doch auf eine originelle Art griffig. Es lohnte sich, ihm zuzuhören; das Ungeschlachte seiner Durchschlagskraft bescherte ihm Erlebnisse, die feiner gewebten Naturen nicht zuteil werden. Das Umgekehrte freilich gilt auch.

Aber Charlotte, in ihrer Gier nach Reichtum, hatte den falschen Mann geheiratet. Mit Bruster, dem sie aus der Ferne hätte zuschauen müssen, um ihren Spaß zu finden, wußte sie nichts anzufangen, und selbst der elementare Spaß, den man mit ihm aus jener Nähe haben konnte, die das Bett mit sich bringt, war nichts für sie; sie war dafür verdorben, sie hatte sich auf fein dressiert, und sie hätte den ABRUDA-Reichtum gerne in Gestalt eines Hündchens geheiratet, das man an einer eleganten Leine spazierenführen konnte. Aber der Mensch kann eben nicht alles haben.

Man muß Rosemarie zugute halten, daß sie zunächst nicht um finanzieller Vorteile willen Bruster zuzuhören begann, sondern weil die Unmittelbarkeit seiner Schilderungen auf sie Eindruck machte. Die Pünktchen in Frau Endrikats Niederschriften der Bruster-Bänder ersetzten durchaus nicht nur die intimen Verlautbarungen; sie ließ auch alles aus, was er von Rußland und Ägypten erzählte, soweit es sich nicht auf geschäftliche Dinge bezog, denn so wollte es ihr Auftrag. Doch mit diesen Erzählungen gewann Bruster Rosemaries Interesse zuerst, das dann, einmal geweckt, nur desto mehr wuchs, wenn er auf Geschäft und Geld, auf Beziehungen und Namen, auf Fabrik und Konkurrenz zu sprechen kam. Es ging ihr auf, daß die Welt ihrer Kunden ein Gewebe war, das man aufziehen konnte, wenn man einmal den Faden in die Hand bekommen hatte.

Er kam jetzt fast jeden zweiten oder dritten Tag. Vielleicht wollte er die Begrenztheit der einzelnen Besuche bis zu einem gewissen Grad durch Häufung ausgleichen; vielleicht lockte ihn auch die lebhaftere Teilnahme, die sie neuerdings an ihm nahm, ihr wachsendes Verständnis für seine Probleme – wie dem auch sei, Schmitt konnte mit der Ausbeute zufrieden sein, und Rosemarie mit ihren Einnahmen nicht minder. Sie machte auf allen Gebieten Fortschritte, mit jener Sprunghaftigkeit, die ihre letzte Lebenszeit, die kurze geschichtliche, wie wir sagten, nach einer langen prähistorischen, kennzeichnete.

Eine Woche nach Brusters Rückkehr hätte sie Schmitt bereits unmittelbar jene Auskünfte geben können, die er noch über das Tonband bezog, aber sie hatte keinen Anlaß, ihn darauf aufmerksam zu machen. Es war nicht Bruster, es war Hartog, der das erste Opfer der perfekten Agentin Rosemarie wurde, und es war Bruster, der sie dazu anstiftete.

Denn eines Tages – es war der Tag nach der ergebnis-

 losen Intervention Gernstorffs in Essen – lenkte

er das Gespräch auf Hartog; zu diesem Zweck bediente er sich einer Wochenzeitung, die gerade erschienen war und Hartogs Bild groß gebracht hatte. Er legte sie mit Illustrierten, die er gewöhnlich in einem Kiosk am Parkplatz für Rosemarie kaufte, auf den Tisch, und es blieb nicht aus, daß sie das Bild entdeckte. Er sah den Blick, aber sie sagte nichts dazu.

So blieb ihm nichts übrig, als zu fragen: Kennst du ihn?

Sie lachte nur ein bißchen. Es war eigentlich kein Lachen, sondern nur ein Ausstoßen des Atems durch die Nase bei geschlossenem Mund.

Du hast ihn nie wieder gesehen? fragte er.

Nein, sagte sie, wo soll ich denn?

Du gehst doch manchmal ins Palasthotel.

Ist er dort? fragte sie.

Hin und wieder, sagte er.

Habt ihr denn die Sitzungen noch? fragte sie. Das menschliche Gedächtnis ist ein merkwürdiger Korb, es sammelt sogar Dinge, die man gar nicht hineinwirft. Vom Ende des Isoliermattenkartells hatte Bruster vor seiner Reise nach Moskau einmal gesprochen, zu einem Zeitpunkt also, in dem Rosemarie für dergleichen Mitteilungen noch kein Ohr hatte. Dennoch lieferte ihr das Gedächtnis jetzt dieses Detail.

Er hat aber doch hier zu tun, sagte er.

Oft? fragte sie.

Möchtest du ihn sehen? fragte er.

Wozu? sagte sie.

Warum ist er eigentlich damals weg, fragte er, war er wirklich eifersüchtig?

Ich weiß nicht, sagte sie.

Er muß doch einen Grund gehabt haben? sagte er.

Sie zuckte mit den Schultern. Dann sprachen sie von etwas anderem.

Am nächsten Morgen ließ er sich mit Hartog verbinden. Er war nicht da, rief aber eine Stunde später zurück.

Na, wie war's denn in Moskau? fragte er.

Großartig, sagte Bruster, du müßtest unbedingt mal hinfahren, da geht dir mancher Knopf auf.

Es war also interessant?

Und ob. Ich erzähl dir davon, wenn du willst. Kommst du mal rüber?

Ich glaube, ich muß die Woche nach Frankfurt.

Wann fängt er von Baby Doll an? dachte Hartog, deshalb ruft er doch an. Aber Bruster fing nicht davon an. Als das Gespräch zu Ende war, war von Baby Doll nicht die Rede gewesen. Aber sie hatten sich auf einen Drink in der Bar des Palasthotels für einen der nächsten Tage verabredet.

Er will mich direkt vor der Flinte haben, dachte Hartog.

Bruster fing jedoch auch in der Bar nicht von Baby Doll an. Sie sprachen über dieses und jenes, Bruster erzählte, aber es war nicht mit dem zu vergleichen, was er Rosemarie geboten hatte und was Frau Endrikat leider durch Pünktchen ersetzt hatte. Leider, denn sowohl Schmitt wie Wallnitz wären interessierte Zuhörer gewesen.

 Nein, was Hartog von Bruster zu hören bekam,

war Touristenschnickschnack, und es war dermaßen zu spüren, daß der Zweck der Verabredung sich darin unmöglich erschöpfen konnte, daß Hartog schließlich von sich aus sagte: Du wirst wissen, der Gernstorff war bei mir. Hartog erwartete, daß das Stichwort gefallen war, auf das Bruster wartete, aber das Wort stach nicht.

Ja, sagte Bruster, die haben sich wohl vorgestellt, daß die Sache mit Baby Doll etwas anders laufen würde. Aber wenn man sich überlegt, was sie eigentlich wollen, dann kann man nur sagen: sie wollen sich den Pelz waschen, ohne sich naß zu machen. Das geht eben nicht.

Es überrascht mich, das von dir zu hören, sagte Hartog, ich hatte den Eindruck, Gernstorff sei vor allem auf deine Initiative hin gekommen. Um so mehr habe ich bedauert, daß uns die Hände gebunden sind.

Das war doch klar, sagte Bruster, darauf hat Hoff doch gespielt. Er wollte nur eine Firma statt sieben, damit er seine Käseglocke leichter darüberstülpen konnte. Das hat sich das Ministerium zu spät überlegt, sonst hätte es unsern Verein gar nicht zusammengeholt. Gernstorff hat mir angedeutet, was sie bei der DERLAG für ein Theater aufgezogen haben. Wenn du in Moskau warst, wenn du Rußland gesehen hast, dann kommt dir die Rüstungsspielerei bei uns noch viel lächerlicher vor als sowieso schon.

Das hat alles seine zwei Seiten, sagte Hartog.

Da sah er Rosemarie die Bar betreten. Sie trug ein graues, einfaches, teures Kostüm, ein frühherbstliches, eine noch verbesserte Ausgabe dessen, das er ihr gekauft hatte. Sie steuerte auf die Bartheke zu, erblickte dann wie zufällig Bruster und rief ihn an.

Hallo, sagte sie, wie geht's?

Hartog erhob sich von seinem Stuhl.

Ach, sagte Bruster und blieb sitzen, du bist's? Lange nicht gesehen. Was treibst du denn?

Guten Tag, sagte Rosemarie zu Hartog.

Er sagte: Guten Tag.

Ihr kennt euch? sagte Bruster. Um so besser, dann brauche ich ja nicht vorzustellen. Setz dich zu uns, oder suchst du einen anderen Herrn?

Ich suche niemand, sagte Rosemarie. Ich komme nur so, ich will was trinken.

Das sollst du haben, sagte Bruster. Was soll's denn sein? Ein Whisky?

Brr, sagte sie, bloß nicht. Ich habe wirklich Durst. Ich hätte Lust auf schwarzen Johannisbeersaft mit einem Schuß Sekt drin.

Bruster blickte sie erstaunt an. Na so was, sagte er, das ist aber apart.

Er bestellte ihr Getränk und zugleich für Hartog und sich noch einen Whisky, Vat 69.

Der Kellner ging.

Soixante-neuf, sagte Bruster, haha.

Für mich nichts mehr, sagte Hartog, ich muß weg. Wie geht es Ihnen?

Ich kann nicht klagen, sagte Rosemarie.

Den trinkst du noch, sagte Bruster, als der Kellner den Whisky auf den Tisch stellte, so was kann man doch nicht verkommen lassen.

Hartog trank in einem Zug das bißchen weizenfarbene Flüssigkeit, das ein Eiswürfel an den Glaswänden hochstaute, ohne Soda dazuzugeben, erhob sich, gab beiden die Hand und ging.

Wetten, daß der dich anrufen wird, sagte Bruster, als er fort war.

Der nicht, sagte Rosemarie, und er hat auch meine Nummer gar nicht. Aber sie dachte: Ob er anruft?

Es verging eine Woche, es verging ein Wochenende, am Montag rief er nicht an, sondern stand vor ihrer Tür. Die Adresse hatte er sich von Kleie geben lassen. Wer ist da? hörte er ihre Stimme aus dem falschen Marmor und aus dem echten Aluminium kommen. Ich, sagte er. Wer ich? fragte sie. Hartog, sagte er so leise, als traue er sich nicht, seinen Namen auszusprechen. Er hörte einen Ausruf, dann schlug der Türöffner an. Er hatte Glück, wenn das ein Glück war, sie war allein.

Die drei Schritte vom Lift zu ihrer Wohnungstür legte er wie ein Nachtwandler zurück. Er ging durch die Tür, die sie halb geöffnet hatte, ohne etwas zu sagen und ohne sie anzuschauen. Sie schloß hinter ihm und legte einen Riegel vor. Die Zeit, die sie brauchten, um sich ihrer Kleider zu entledigen, nachdem er, kaum hatte er das Zimmer betreten, bereits angefangen hatte, sich auszuziehen, kam ihm unerträglich lang vor; nicht aus Gier, nicht weil er den Augenblick der Vereinigung nicht erwarten konnte, sondern weil er an nichts denken wollte, vor allem nicht daran, wo er war. Aber er war da. Wo sie standen, der eine da, der andere dort, häuften sich ihre Kleider auf dem silbergrauen Plüsch. Sie ging zum Bett. Er umschlang sie, stumm, hart, voll Feindschaft, er tat ihr weh, und es nahm ihr den Atem, so preßte er sie an sich. Aber sie fand es schön, zum ersten Mal in ihrem Leben schön, und sie jammerte und schrie gellend.

Dann lagen sie still beieinander, er schaute sie nicht an, er hatte seinen Kopf neben ihrem, sein Kinn lag über ihrer linken Schulter, und ihre Haare waren zwischen seinem Gesicht und dem Kissen. Er streichelte sie nicht, aber immer noch preßte er sie wie in einem Krampf an sich, und sie wagte nicht zu sagen, daß er ihr weh tat, und sie wagte nicht, ein Wort zu sprechen. Aber schließlich glitt sie mit der Rechten seinen Rücken hinab und stellte dabei die spitzen Nägel auf, er fühlte die fünf Linien auf seiner Haut, als zöge sie sie mit Feuer, obwohl die Nägel keine Spur hinterließen.

Mit einmal machte er sich los, sprang auf, raffte seine Kleider zusammen und fragte mit beherrschter Stimme: Ist das das Bad?, ging hinein, und als sie ihm nachgehen wollte, hatte er den Riegel umgedreht. Da ging sie in die Küche und manipulierte an sich herum und schimpfte mit sich selbst über ihren Leichtsinn, und als sie die Wohnungstür schlagen hörte, machte sie einen Sprung, einen sinnlosen Sprung, denn er war ja schon fort, aber sie hatte ein großes Gepantsche gemacht, das Wasser stand auf dem Küchenboden, er war glatt, sie rutschte aus und schlug hin. Verfluchter Scheißdreck, schrie sie und zog sich an der Türklinke hoch. Sie hatte sich den Fuß verstaucht; auf einem Bein hüpfend, erreichte sie das Zimmer und sah ihre Kleider auf dem Teppich liegen.

Sie setzte sich daneben und begann ihre Strümpfe an-
 zuziehen, wobei sie sich auf den Rücken legte

und die Beine in die Luft streckte. Nachdem sie den linken Strumpf hochgerollt hatte, blieb sie eine Weile so liegen und fühlte sich an allen Gliedern zerschlagen. Ach was, dachte sie, zog den Strumpf wieder aus, breitete die Laken über die Couch, stellte die Wohnungsklingel ab, hing das Telefon aus und drehte einmal die Scheibe, um das Tu-tu zum Schweigen zu bringen, legte sich dann hin und schlief. Es war acht Uhr abends; sie versäumte zwei Kunden, den Geschäftsführer einer lokalen Industriellen-Vereinigung aus Köln und den Personalchef der Firma Max & Halbe, Spezialunternehmen für Straßenbau.

Hartog blieb zehn Tage aus. Bevor er das nächste Mal kam, rief er an. Sie mußte ihm sagen, sie habe keine Zeit, und schlug ihm den Vormittag des nächsten Tages vor. Da kann ich nicht, sagte er, und damit war das Gespräch zu Ende. Er rief später noch einmal an, seine Termine hätten sich geändert, er käme gegen zehn Uhr. Diesmal benahm er sich normal. Auf die Vergangenheit spielte er mit keinem Wort an. Er fragte nichts, auch nicht, woher sie die neue Wohnung hatte. Sie sah ihn nie wieder in einer anderen Umgebung als in ihrer Wohnung. Er fragte nicht, wie ihr Leben sei. Er glaubte, es sich vorstellen zu können.

Er blieb jedoch nicht so stumm und versteinert wie das erste Mal. Er wurde im Gegenteil freundlich, ja beinahe heiter. Er war mit sich ins reine gekommen und entschlossen, die Verbindung fortzusetzen. Aber gerade das begriff sie nicht. Weniger als je hätte sie sagen können, warum er zu ihr kam.

Sie glaubte, das Ihre dazutun zu müssen, damit er immer wiederkäme. Sie hätte vom Dornbusch her wissen können, wie er darauf reagierte, wenn sie zutunlich wurde, aber sie konnte nicht anders, die Sentimentalität ging wieder mit ihr durch. Da sagte er ihr klipp und klar, er hasse es, wenn sie zärtlich werde, und verbot ihr, bestimmte Worte in seiner Gegenwart auszusprechen, weder im Bett noch sonst. Er erzählte ihr, und sah sie dabei lächelnd an, eine Geschichte von irgend jemand, dessen Namen sie nie gehört hatte, einem Dichter oder dergleichen, er sei zum Friseur gegangen, um sich rasieren zu lassen, und der Friseur habe gefragt: Wie wünschen der Herr rasiert zu werden?, und da habe der Herr geantwortet: Schweigend.

Sie hielt sich dran. Sie wurde, wie er sie sich wünschte. Bedenkt man, daß er eine unpersönliche Beziehung im Persönlichsten suchte, so war sie eine ideale Partnerin. Zum ersten Mal gab sie sich Mühe, einen Mann zu erraten. Er war viel raffinierter als die anderen alle, die zu ihr kamen, nämlich raffinierter und waghalsiger im Bösen. Er wußte, was er tat.

Gleichwohl war er blind gegen sie und sah nur sich; er bezahlte, und das war alles. Je öfter er kam, desto unsicherer wurde sie, ob er wiederkommen würde. Es gab von ihm kein Wort, keine Geste, denen sie hätte entnehmen können, daß er sich an sie gebunden fühlte. Er ließ nicht zu, daß sich Gewohnheiten bildeten, wie sie in solchen Beziehungen sich zu bilden pflegen. Jedes Mal hätte das letzte Mal sein können. In ihrer ganzen

Praxis hatte sie keine Gelegenheit, einen Mann kennenzulernen, für den es Überwindung gekostet hätte, sein übriges Leben und seine Selbstachtung hinter sich zu werfen, bevor er sich mit ihr einließ. Wie nennt man doch in der Welt dieser Männer alte Leute, die nicht mehr richtig arbeiten können, mehr Schaden als Nutzen stiften und von Renten leben? Sozial-Gepäck. Könnte man nicht die Bedeutung dieses Wortes auch auf die Familien überhaupt, auf Stellung und Beruf übertragen? Sind das nicht Lasten? Und dazu sich noch ein Vernunft-Gepäck vorstellen, weil Vernunft ja auch recht hinderlich sein kann, ein Gewissens-Gepäck, ein Staatsbürger-Gepäck, ein Geschmacks-Gepäck, ein Furcht-vor-dem-Tode-Gepäck, ein Anstands-Gepäck und so fort? Vielerlei Sorten solchen Gepäcks gibt es, es ist des Menschen, es macht ihn aus, aber Rosemaries Kunden ließen es, bevor sie zu ihr kamen, immer irgendwo stehen, weil sie endlich einmal Mensch sein wollten. Man weiß nicht, wo sie es abgestellt haben, denn wüßte man es, man sähe unsere Landschaft von Gebirgszügen abgeworfenen Gepäcks dieser Art durchzogen.

Rosemaries Bild von diesen reichen und mächtigen Männern, mit denen sie ihr Geschäft machte, war ein gänzlich anderes als das Bild, das sie öffentlich boten. Es war ihr wahres Bild, und es unterschied sich in keiner Linie von dem, das sie selbst darstellte, und wenn es einen Unterschied gab, so allenfalls den, daß sie den Typus des Menschen ohne Gepäck noch vollkommener verkörperte als ihre Kunden. In ihrem Appartement, in ihrem Bett verwirklichte sich, was sie eigentlich unter Freiheit verstanden: die Freiheit des Chaos, während sie öffentlich als die Hüter einer Scheinordnung auftraten, in der sie freilich Sehnsucht nach der Rosemarie-Freiheit empfinden durften, denn diese Scheinordnung ihrer mechanisierten Welt verlangte die Anerkennung von Konventionen und Reglements, so starr, so diktatorisch, so unmenschlich, so unnatürlich, daß gerade diejenigen, die sich ihr am willfährigsten unterwarfen, um das äußerste an ‹Nutzen› herauszuholen, nicht nur geistig verrotteten, sondern sogar körperlich Schaden litten und vorzeitig zugrunde gehen mußten. Sie befanden sich in einem unter der Oberfläche sich vollziehenden Prozeß innerer Aushöhlung, der nicht notwendigerweise immer als offene Gesetzlosigkeit und totale Korruption zutage treten mußte, es aber häufig tat. Woran hätte Rosemarie in ihrem engen egozentrischen Lebensbereich bemerken sollen, daß sie eine korrupte Existenz führte?

Welche Erfahrungen hatte sie, um Hartog zu verstehen, um bemerken zu können, daß er sein Gepäck mitbrachte? Es blieb ihr versagt, zu ermessen, wieviel Überwindung es ihn gekostet haben mußte, sich wieder mit ihr einzulassen, und demzufolge vermochte sie auch lange nicht zu beurteilen, wie stark die Kräfte waren, die ihn zu ihr trieben, und wie sicher sie seiner sein durfte.

Sie wußten beide nicht, wie ernst es ihnen war. Rosemarie wußte nichts von der möglichen Kraft sexueller Bindungen; der homme à femme Hartog, ein Provokateur der Damenliebe, wußte nichts von der Kraft sentimentaler Gefühle, die nur männliche Einfaltspinsel, zu

denen er nicht gehörte, für Liebe hätten halten

können. Wenn er eine Rangordnung der Menschen hätte aufstellen müssen, so würde er die sentimentalen den dummen noch untergeordnet haben, und Rosemaries Wirkung auf ihn kam ja gerade daher, daß sie, ihrer sentimentalen Seite unerachtet, jene eisern-eisige Person war, die auch Schmitt Eindruck gemacht hatte und allen Eindruck machte.

Seine feinere seelische Organisation, seine Menschenkenntnis, seine Weltläufigkeit, sein Geschmack – all das half Hartog gar nichts bei Rosemarie. Oder richtiger gesagt: gegen Rosemarie. Margas Blitzdiagnose: die ist dir über, bestätigte sich. Nur von der allerplumpsten Illusion, derzufolge er einmal an eine käufliche Treue bei ihr geglaubt hatte, war er geheilt. Er bezahlte sie fürstlich, aber nicht, um sie zu bewegen, für ihn allein da zu sein, sondern weil sie ihn einmal erpreßt hatte und weil er glaubte, sich vor der Wiederholung eines solchen Versuches durch Geld sichern zu können. Er hatte eine Illusion gegen eine andere vertauscht. Wovor er sich sichern wollte, waren nicht in erster Linie die Folgen, die eine Verwirklichung irgendwelcher Drohungen unter Umständen für ihn hätte haben können; was er mehr fürchtete, war, daß ihn sogar ein neuer Erpressungsversuch nicht davon abhalten würde, sie weiter zu besuchen. Er gab sein Geld also dafür aus, einer noch tieferen Erniedrigung vorzubeugen.

Aber dieser Wall von Geld erwies sich zuletzt als ebenso unwirksam wie jener, den Rosemarie gegen ihre Existenzangst erbaute.

An ihm arbeitete sie unablässig und festigte ihn sozusagen auf beiden Seiten. Die eine Seite: die Erhaltung und Steigerung ihrer Einnahmen, kostete sie nur noch wenig Mühe. Ihr Geschäft wuchs und wuchs. Mit untrüglichem Blick erkannte sie unter den Anwärtern auf den Rosemarie-Orden ihre lukrativsten Opfer. Ihre Kunden selbst waren ihre besten Propagandisten, weil sie untereinander sich rühmten, mit ihr umzugehen. Der Teil ihres Geschäftes, der sich auf Laufkundschaft stützte, lief von selbst. Aber auch der andere Teil entwickelte sich gut, und sogar Hartog verschaffte ihr doppelte Einnahmen: er lieferte ahnungslos die Informationen, für die Bruster bezahlte. Es entbehrt nicht der Ironie, daß Hartog, der Rosemaries Sentimentalität so sehr verabscheute, erst in ihren letzten Lebenstagen den für ihn wohl überzeugendsten Beweis dafür bekam, wie unsentimental sie tatsächlich war; so spät erst erfuhr er, daß sie ihn aushorchte und an Bruster verkaufte, was daran verkäuflich war.

Zunächst hatte es den Anschein gehabt, als wäre bei ihm nichts zu wollen; Hartog war natürlich alles andere als ein Schwätzer aus Geltungsbedürfnis, und auch das Motiv: Vereinsamung, galt für ihn nicht. Da war Marga, und selbst Adelheid dürfen wir in diesem Zusammenhang erwähnen. Erst nachdem Rosemarie ganz so geworden war, wie er sie sich wünschte, entstand eine seltsame Art von kalter Intimität zwischen ihnen. Er ließ sich auf Gespräche ein, und er fragte sich bald, weshalb er im Dornbusch nicht bemerkt hatte, daß sie eine helle Intelligenz besaß. Diese Entdeckung war geeignet, ihn ein wenig vor sich selbst zu rehabilitieren, und er legte es hinfort geradezu darauf an, einen Teil der zugemessenen Zeit auch im Gespräch zu verbringen. Zuvor hatte er sich in der Vorstellung gefallen, sich mit einem Wesen eingelassen zu haben, das er nicht mehr zu den Menschen rechnen wollte, und da er eine Neigung zu intellektuellem Sadismus besaß, wie sie bei ausgesprochen intelligenten Menschen nicht selten ist, so hatte er ihr einmal von jenem Soldaten Friedrichs des Großen erzählt, einem Kavalleristen, von dem dem König gemeldet worden war, er treibe es mit seiner Stute. Weißt du, sagte Hartog, was der König an den Rand des Rapports geschrieben hat? Wie hat er denn das gemacht? hatte Rosemarie gesagt, Hartogs Frage überhörend. Der König schrieb, fuhr Hartog lächelnd fort und blickte Rosemarie dabei an, man versetze das Schwein zur Infanterie. Rosemarie begriff nicht, was daran komisch sein sollte. Hartog aber, als ihm aufdämmerte, daß sie doch wohl auch ein Mensch sei, ein Mensch, mit dem zu unterhalten ihn nicht langweilte, fühlte sich zur Infanterie versetzt. Er war normaler, als er in seinem Snobismus zuweilen glaubte.

Sie interessierte sich allerdings für nichts als für Geld, Geldgeschäfte und Geschäfte überhaupt; nun gut, er war ja ein Geschäftsmann, so sprachen sie eben darüber; und weil Baby Doll in Hartogs Gedanken eine große Rolle spielte und er dieses Projekt keineswegs nur unter kommerziellen Gesichtspunkten sah, sondern unter technischen, denn es stellte etwas Neues dar, und seine Bewältigung war äußerst schwierig, so brauchte Rosemarie nicht viel zu tun, um zu den Informationen zu gelangen, die Bruster teuer bezahlte. Dessen Prinzipien widersprach es allerdings, Katzen im Sack zu kaufen, und er lehnte es ab, ihr für ihre Spitzeltätigkeit feste Summen zuzusagen; er bezahlte von Fall zu Fall und je nach der Bedeutung dessen, was sie ihm zu berichten hatte. Dabei erwies er sich aber durchaus nicht als kleinlich.

Von Schmitt wurde sie ebenfalls ziemlich regelmäßig besucht und außerdem als Spitzel gegen Bruster zum Nutzen der Geschäfte von Mallenwurf & Erkelenz benützt und bezahlt – so hatte sie feste Einnahmen aus verschiedenen Quellen.

Die ‹Polizei› trat ungefähr vierzehn Tage nachdem Lorenz das Kabel durchgetrennt hatte, wieder in Erscheinung. Es kam nur einer der Agenten. Er fragte, ob sich Schmitt nicht wieder bei ihr habe sehen lassen.

Schmitt hatte diesen Besuch vorausgesehen und sie instruiert, wie sie sich zu verhalten habe. Laß die Brüder ruhig kommen, hatte er gesagt, die können dir gar nichts, und notfalls bin ich auch noch da. Du willst sie doch los sein?

Das wollte Rosemarie allerdings, das war kein Geschäft, und als der Mann sie jetzt nach Schmitt fragte, sagte sie, er sei nicht mehr bei ihr gewesen.

Darauf zog der Mann einen Zettel aus der Tasche und las ihr die Tage vor, an denen Schmitt sie besucht hatte. Warum lügen Sie? fragte er.

Ich kann machen, was ich will, sagte sie, und ich will das nicht.

Aber du hast 500 Mark genommen, sagte der Mann.

 Phh, sagte sie, die können Sie wiederhaben.

Du kommst dir so hoch oben vor, sagte er, aber so hoch bist du gar nicht. Wir können dich runterholen und deinen Laden dichtmachen.

Sie antwortete nichts und bekam jenen leeren und zugleich tückischen Ausdruck, den schon viele Männer an ihr gesehen hatten. Sie werden dir drohen, hatte Schmitt gesagt, aber mach dir nichts daraus, bellende Hunde beißen nicht.

Jetzt, der Drohung unmittelbar ausgesetzt, deren Stichhaltigkeit sie nicht beurteilen konnte, hatte sie einen Einfall, eine Eingebung, die sie nicht Schmitt verdankte, sondern ihrer eigenen Schlauheit.

Herr Bruster hat gesagt, wenn Sie kommen, möchte er Sie sprechen. Er hat gemerkt, was Sie gemacht haben.

Was? rief der Mann.

Er hat auch was gemacht in der Küche, sagte sie.

Bist du so dumm, oder tust du so? sagte er, du solltest doch nichts sagen.

Ich hab nichts gesagt, antwortete sie, er hat es selber gemerkt.

Der Mann ging in die Küche, Rosemarie folgte ihm, wie man einem Handwerker folgt, von dem man nicht genau weiß, ob er nicht vielleicht etwas mitgehen läßt, und sah zu, wie er sich mühte, die Anrichte von der Wand zu rücken. Er fand das abgeschnittene Kabel.

Der Herr von der ‹Polizei› benahm sich wie ein Schauspieler auf der Bühne, dem der Text fehlt. Er machte ein paar sinnlose Bewegungen, rückte die Anrichte zurück, ging zum Fenster, schaute hinaus, kam zurück und sagte: Was hast du gesagt, wer hier dran war?

Herr Bruster, sagte Rosemarie.

Nein, schrie der Mann, was hast du ihm gesagt?

Die Polizei, habe ich gesagt, sagte Rosemarie.

Und er hat gesagt, er will uns sprechen?

Ja, sagte Rosemarie, Sie möchten anrufen.

Es war alles erfunden, aus dem Augenblick. Was dachte sie sich dabei? Nichts eigentlich. Sie hatte nur die Überzeugung, daß Bruster mit dieser ‹Polizei› am ehesten fertig werden würde.

Gehen wir wieder rein, sagte der Mann.

Zwischen Rosemarie in diesem Appartement, zwischen Rosemarie im Glanz und einer Rosemarie in neuem Elend stand in diesem Augenblick nichts als die Kartei, die ein Fach ihres Schreibtisches beherbergte und die von den Agenten bei ihrem ersten Besuch entdeckt und abgeschrieben worden war. Der Mann wußte nicht, was er tun sollte, und als er seinen Vorgesetzten Bericht erstattet hatte, kam es genauso, wie es Schmitt vorausgesehen hatte: der Geheimdienst traute sich nicht an Rosemarie heran, deren Kundenkreis der Gesellschaft angehörte, die vor inneren und äußeren Gefahren zu schützen eben dieser ‹Polizei› besondere Aufgabe war.

Der Mann ging fort und sagte: Ich komme wieder. Halt den Mund!

Sie hielt den Mund, aber der Mann kam nicht wieder. Ohne daß Rosemarie etwas davon erfuhr, wurde der Sender auf dem Speicher abgebaut. Das Stück des Kabels, das vom Dachrand in die Wohnung führte, ließen die Leute liegen. Es gab der Polizei später Rätsel auf. Rosemarie betrat den Speicher nie mehr.

Dergestalt konsolidierte sich ihr Geschäft. Dem Gewerbe, das sie ausübte, haftet der Charakter des Institutionellen an. Es ist ein ewiges Gewerbe, nahezu geschichtslos in seinem Kern. Die Prostitution hat eine Geschichte, die Prostituierten haben keine. Die großen Hetären, von denen wir wissen, zeichneten sich durch Geist aus, und nur deshalb wissen wir von ihnen. Sie gesellten sich großen Männern, einzelnen. Diese Art Ruhm blieb Rosemarie versagt. Sie vollbrachte etwas anderes, was sie der Erinnerung wert macht: in ihr verdichtete sich eine Epoche, eine vielleicht kurze Epoche derart, daß sie selbst zu einer Institution wurde, und zwar keineswegs in dem Sinn, wie ihn das ganze Gewerbe besitzt. Sie wurde die Nerz-Stola bestimmter Männer, und auch diese hat ja heute institutionellen Charakter.

Als nach ihrem Tode die Kontur ihrer Existenz sichtbar wurde und der Nimbus, der sie schon zu Lebzeiten in den höchsten Schichten unserer Gesellschaft umgeben hatte, die Öffentlichkeit in Erstaunen versetzte, konnte man zuweilen auf Herren treffen, die so ehrsame, aber arme Berufe wie die von Oberfinanzräten oder Universitätsprofessoren ausübten und auf ihren Dienstreisen versehentlich von Rosemarie im SL angesprochen worden waren. Es war aus diesen Begegnungen nie etwas geworden, denn Rosemarie hatte ihren Irrtum immer noch rechtzeitig bemerkt und sich wieder davongemacht, und überdies soll nicht behauptet werden, sie alle hätten Rosemarie frequentiert, wenn sie es sich hätten leisten können. Nachträglich aber, nachdem Rosemaries Stern so strahlend über unserem Volke aufgegangen ist – wozu die Organe der Meinungsbildung nichts beigetragen haben, als daß sie dem Drängen der Öffentlichkeit nach Informationen nachgaben –, nachträglich, wie gesagt, fühlten sich diese irrtümlich Angesprochenen wie mit einem Orden dekoriert.

Ei potz, sagten sie zu sich und anderen, als Witz natürlich, aber solche Witze haben auch ihren doppelten Boden, wir sahen so aus, daß sie glaubte, wir kämen in Frage – jedenfalls auf den ersten Blick.

Eben dieses Gefühl, dekoriert zu sein, erfüllte diejenigen, die tatsächlich ihre Kunden waren, bereits zu einer Zeit, als sie sich noch beliebig oft dekorieren lassen konnten. Sie kamen sich als rechte Teufelskerle vor, und sie hätten nicht alles gehabt, was sie für ihr Geld haben wollten, wenn sie nicht auch von Rosemarie geredet hätten untereinander, augenzwinkernd und angeberisch. Von einer Nerz-Stola im Schrank hat eine Frau eben nichts, sie muß ausgeführt werden. Daß die Männer von Rosemarie gar nichts gehabt hätten, wenn sie nicht mit ihr angegeben hätten, wollen wir nicht behaupten. Aber den letzten gesellschaftlichen Pfiff, der aus Rosemarie eine Institution machte, bekam die Sache doch erst, indem man sich ihrer rühmte – natürlich nur innerhalb gewisser ehrenwerter Kreise.

Undenkbar, daß Bruster etwa zu einem seiner Abteilungsleiter gesagt hätte: Wollen Sie sich mal einen flotten Abend machen, Herr Dritzelberg, ich wüßte was, so wie er Rosemarie an Schmitt empfohlen hatte, weil er ihm

Eindruck machen wollte. Aber innerhalb seines

Direktoriums, über der 100 000-DM-Einkommensgrenze war es schon anders; diese Herren waren legitime Anwärter auf den Rosemarie-Orden, und man geht nicht fehl, hier das Wort Orden sowohl im Sinne von Dekoration wie auch im Sinne eines exklusiven Bundes aufzufassen.

Die Vorstellungen, wie groß dieser Orden bei ihrem Tod gewesen ist, schießen ebenso über die Wirklichkeit hinaus wie die Vorstellungen über ihre Einkünfte. Die berufliche Leistung der Rosemarie-Kunden, das, was sie in ihrem bürgerlichen Leben vollbringen und sie so vorbildlich erscheinen läßt, gesellschaftlich gesehen, besteht aus primitiver Addition und Kombination gleichfalls primitiver Einheiten, und was daran mehr ist, ist Instinkt, derselbe, dem Rosemarie ihren Aufstieg verdankte. Diese Leistung blendet durch Quantität und verschiebt die Proportion zwischen Ursache und Wirkung ins Maßlose.

In der Zeit, in der sie die Gesellschaft abrahmte, dürfte Rosemarie kaum über 200 000 Mark verdient haben, und ihre Kartei enthielt nicht mehr als 280 Namen, die Laufkundschaft nicht gerechnet. Imposant wurden diese Ziffern, die in der Welt ihrer Kunden nichts bedeuteten und auch für das allgemeine Bewußtsein absolut genommen unbedeutend geblieben wären, nur dadurch, daß dahinter keine kollektive Produktionsanlage stand, keine Maschinen, keine Fabriken, keine Belegschaft. Nicht im geringsten geneigt, den Produktionsanlagen Rosemaries auch nur eine Spur von Aufmerksamkeit zu schenken, müssen wir doch gewisse Allgemeinkenntnisse vom Menschen voraussetzen, und sie sind es, welche

Rosemarie und alle Rosemaries selbst dann bemerkenswert machen würden, wenn sie nicht die Rolle spielen würden, die sie nun einmal derzeit spielen.

Um den Kreis der Kunden schloß sich ein um das Vielfache größerer, der darauf ausging, sich auch jenes gesellschaftliche Prestige zu verschaffen, auf das der innere Kreis schon pochen durfte, und sicherlich machte sich Rosemarie in ihrem letzten Lebensjahr nur noch deshalb mit ihrem SL auf, um Männer in den Straßen Frankfurts zu keilen, weil sie es amüsanter fand, als ihren Terminkalender nur telefonisch zu füllen. Sie hätte es noch lange, lange treiben können, und ihre Bäume wären gewiß in den Wirtschaftswunderhimmel gewachsen, wenn sie ein Schuster gewesen wäre, der bei seinen Leisten bleibt. Sie wurde zu vielseitig.

Dergestalt der Sorge um die Festigung des Geld-Dammes auf der einen Seite weitgehend enthoben, wurde es für sie zu einem immer größeren Problem, wie sie Festigung auf der anderen Seite erreichen sollte, das heißt, wie sie ihr wachsendes Vermögen anlegen sollte. Sie versteckte Bargeld an den kuriosesten Plätzen in ihrer Wohnung. Sie wechselte die Verstecke häufig. Wenn sie allein war, ging sie mit Geldpäckchen herum und spielte Osterhase. Sie verwünschte die Übersichtlichkeit und Durchsichtigkeit ihrer Einrichtung und trennte eigenhändig an einer Stelle den Bodenbelag auf, um Hundertmarkscheine darunterzuschieben. Sie legte sich auf den Boden, um zu sehen, ob sich vielleicht eine verräteri-
 sche Welle in dem grauen Textilmeer zeige. Alle

Nester ihres wachsenden Reichtums erschienen ihr unsicher. Was sollte sie tun?

Das Nächstliegende wäre gewesen, den Rat ihrer besten Kunden einzuholen und danach zu handeln. Wieviel Geschäftsleute kleineren Formats wären glücklich gewesen, einen Bruster, einen Schmitt, einen Hartog, ja sogar noch einen Nakonski, Killenschiff oder Härwandter, die durch Kleie den Weg zu ihr gefunden hatten, zu Freunden zählen zu dürfen, und zweifellos hätten sie alle Rosemarie selbstlos beraten.

Es kam ihr aber nicht in den Sinn, sich an sie zu wenden. Sie glaubte, diese Männer gingen darauf aus, aus ihr möglichst viel herauszuholen und sie zu betrügen; sie sah sie geschäftlich, als Partner mit entgegengesetzten Interessen, und nur in jener allgemeinen Form, in der sie sich von Bruster hatte beraten lassen, nahm sie Rat von ihnen an. Nie hätte sie ihnen ihr Geld anvertraut oder ihnen Einblick in den Stand ihres Vermögens gegeben.

Sie war mißtrauisch wie ein Bauer. Alles, was die Welt ihrer Kunden, in die sie zunehmend Einblick gewann, an üblichen Einrichtungen, Verfahren und Möglichkeiten bereithielt, Geld nutzbringend und relativ sicher anzulegen, schienen ihr Fallen der Reichen zu sein, aufgestellt, sie um ihr Geld zu bringen. Dazu gehörten auch die Banken bis zu dem Augenblick, in dem sie erfuhr, daß man dort Gold in Münzen und Barren kaufen konnte. Das war es! Gold, Sicherheit. Sie erschien eines Tages in einem der größten Bankgeschäfte Frankfurts und kaufte für 600 Mark Goldmünzen. Sie hielt den Mann am Schalter fast eine Stunde mit Fragen auf, dann wußte sie Bescheid. Ihr Geld würde sich als Gold nicht vermehren, aber es war sicher.

Sie ging mit den Münzen nach Hause, nur um zu bemerken, daß die Schwierigkeiten mit der Aufbewahrung größer geworden waren. Die Münzen beanspruchten viel mehr Platz als die Banknoten.

Hier fragte sie nun doch um Rat, und zwar wendete sie sich an Schmitt, der ihr der Zuverlässigste zu sein schien. Von Hartog als Geschäftsmann hielt sie nicht so viel, weil er so gleichgültig und wegwerfend vom Geld sprach. Sie sagte Schmitt, jemand habe sie mit Goldstücken bezahlt und was sie damit tun sollte.

Was war denn das für einer? sagte Schmitt, mit Goldstücken? Er schien es nicht glauben zu wollen. Sie nahm ein paar aus ihrem Schreibtisch, die anderen befanden sich in einer halbleeren Kleenex-Packung im Badezimmer.

Ist ja komisch, sagte Schmitt.

Es war nicht nur komisch – dachte sie ein paar Jahre zurück. Es hatte sich in einer Kaserne abgespielt, in die man sie eingeschmuggelt hatte, dort hatten ihr Soldaten, wenn sie ausgezogen war, Münzen auf der flachen Hand hingestreckt, die sie hatte wegnehmen müssen, ohne die Hände dazu zu benutzen. Dann gehörten sie ihr.

Und jetzt Gold! Auf der Bank gekauft, zwischen Marmor und Messing; in der Mitte der Schalterhalle war ein Aufbau aus Tuffsteinen, über den Wasser aus einem kleinen Springbrunnen in ein flaches, kreisrundes Becken rieselte, darin Goldfische schwammen, vielleicht die Wappentiere des Unternehmens. Was für einen ungeheuren Aufstieg hatte sie genommen!

Wie soll ich die denn aufheben? fragte Rosemarie.

Überhaupt nicht, sagte Schmitt, trag sie auf die Bank und verkauf sie.

Wieso? fragte Rosemarie.

Was willst du damit, die liegen dir nur herum und bringen keine Zinsen.

Ihr Instinkt beriet sie anders; sie ging noch manchmal zur Bank und kaufte Gold, zuweilen sogar in Stücken, keine Münze, mit Stempel darauf, sie sahen aus wie vergoldete Lebkuchen.

Einmal fragte sie doch Hartog, was er tun würde, wenn er 20000 Mark hätte. Er fand die Frage rührend, das war eine Summe, die man sich allenfalls zu überlegen hatte, wenn man sie ausgab; die Frage der Anlage kam in anderen Größenordnungen auf ihn zu. Er wußte nicht recht, was er antworten sollte.

Ich würde vielleicht Aktien kaufen, sagte er unbestimmt.

Was für Aktien? fragte sie.

Das kommt darauf an, sagte er. Sie müssen zu haben sein, und sie müssen trotzdem gut sein.

Gut?

Nun ja, sie müssen Dividende geben, aber das ist noch nicht einmal das Wichtigste, es muß auch was dahinterstecken.

Wie weiß man das?

Ja, lachte er, wie weiß man das? Man glaubt, man macht es geschickt, aber plötzlich fällt man auf die Nase. Mich darfst du nicht fragen, ich bin kein Börsenmensch.

Ist auch nicht so wichtig, sagte sie.
Ich kann mich natürlich erkundigen.
Ach laß nur, sagte sie.

Eines Tages entdeckte sie im Inseratenteil einer Zeitung, die ein Kunde liegengelassen hatte, die Überschrift: Geldmarkt. Sie vertiefte sich in die Lektüre dieser Seite. Privatgeld laufend gesucht, höchste Verzinsung und Sicherheit, las sie; Beteiligung an äußerst gewinnbringendem Unternehmen der Textilbranche bis zu 50000 möglich; Weltpatent, absolut sichere Sache, wissenschaftlich geprüft – zur Finanzierung werden gegen entsprechende Gewinnbeteiligung 40000 gesucht; erstklassige Kapitalanlagen in der Schweiz, erste Hypotheken, absolute Sicherheit.

Und so weiter.

Sicherheit, Sicherheit, Sicherheit – und Gewinn!

Von ihren Besorgungsgängen brachte sie künftig Zeitungen mit. Nach einer Weile fing sie an, auf einige dieser Inserate zu schreiben. Sie schrieb mit der Hand, gab als Absender ein Postamt in der Nähe an, postlagernd unter ‹Rebekka›. Der Name hatte es ihr nun einmal angetan. Die Briefe in ihrer Schulmädchenschrift waren weder orthographisch noch grammatikalisch richtig. Sie bekam keine Antworten. Sie gab es jedoch nicht auf. Sie konnte nicht einsehen, warum sich niemand um ihr Geld bewarb. Sie glaubte, Briefe seien verlorengegangen, einige hatte sie der Aufwartefrau mitgegeben, sie beschimpfte sie und trug die nächsten Briefe selber zum Kasten.

 Mit ihrer Post stand es auch sonst schlecht. Sie

machte nicht die Erfahrungen der Tochter von Alex Roemfeld, welche die Beichten ihrer Kavaliere in Leitz-Ordnern abheftete. Die Männer schrieben ihr keine vertrauensseligen Briefe, und es scheint, daß das Klima, in dem Vertrauensseligkeit gedieh, in ihrem Falle nur unmittelbar entstand. Sie mußte anwesend sein, damit die Männer quatschten. Ansichtspostkarten von Geschäftsreisen bekam sie aus aller Herren Länder. Sie hätte gerne einen Platz gehabt, eine Schrankwand, auf der sie sie mit Reißnägeln fächerförmig hätte anheften können, aber sie wohnte zu modern, dafür war nichts vorgesehen.

Die Post, die sie dennoch täglich unter dem Türschlitz fand, bestand so gut wie ausschließlich aus Reklame. Die Wege, auf denen Werbefirmen und Werbeabteilungen von Firmen zu Adressenmaterial gelangen, sind oft geheimnisvoll. Postwurfsendungen, mit denen Hausfrauen Düsenjäger oder Aphrodisiaka angeboten werden, haben zweifellos etwas Phantastisches.

Das Ansehen, dessen sich Rosemarie als mögliche Konsumentin erfreute, hatte gar nichts Geheimnisvolles, und was daran phantastisch war, wird wohl kaum bemerkt. Diese Lage, diese Wohnung, dieser Wagen, und dazu eines Tages noch: dieser Hund – viele, viele fleißige Bienen wollten aus dieser Blüte ihren Honig saugen.

Niemand wäre es zu ihren Lebzeiten in den Sinn gekommen, Rosemarie geschäftlich zu boykottieren. Auch jenen nicht, die genau wußten, welchen Beruf sie ausübte. Sie wohnte in einer feinen Stadt, in einem feinen Haus, mit feinen Leuten zusammen und betrieb ihr Gewerbe in schöner Offenheit, ohne daß jemand etwas dabei gefunden hätte. Honorable Firmen und Geschäfte rissen sich darum, Rosemarie zu bedienen und zu beliefern. Ihr Geld stank zu ihren Lebzeiten nicht im mindesten, und wie hätte es auch, stammte es nicht aus ungemein honorablen Brieftaschen? Das Parfüm, das sich von ihr auf die Hundertmarkscheine übertrug, war von Dior, soweit es nicht von den Herren stammte, die es ihr als Geschenk mitbrachten.

Als Konsumentin, kurz gesagt, war sie ein hochgeachtetes Mitglied der Gesellschaft; gnädige Frau vorne, gnädige Frau hinten, und das nicht nur von kleinen Angestellten, die es nicht besser wissen konnten. Ihr Prestige in der Geschäftswelt war insbesondere deshalb hoch, weil sie bar bezahlte. Die Barzahlung, in ihrem Gewerbe ein elementares Prinzip, bestimmte ihre Geschäftsmoral, auch wenn sie Geld ausgab, und es ist in der Tat höchst unwahrscheinlich, daß sich für Rosemaries Gewerbezweig eines Tages auch Kundenkreditinstitute bilden werden, angesichts der Ware, die so schwer greifbar ist und im Verzugsfalle kaum gepfändet werden könnte.

Behandelten sie diejenigen, in deren Taschen der Gewinn floß, den sie der Kundin Rosemarie verdankten, durchaus als Dame, so nicht die Chauffeure und Ausfahrer, jene Leute, die früher ein Schild: Eingang für Lieferanten und Dienstboten, an die Hintertür verwies. Sie besaßen ein viel untrüglicheres Gefühl für das, was der Gesellschaft eigentlich angestanden hätte, als ihre zur
 Gesellschaft sich zählenden Brotgeber, und

waren schnell bereit, die Allüren, die Rosemarie ihnen gegenüber an den Tag zu legen beliebte, mit einem spöttischen Lächeln zu quittieren. Sonst aber wurde sie gehätschelt und getätschelt, von der Geschäftswelt nicht weniger als von den Organen der öffentlichen Ordnung. Und die ganze Entrüstung kam erst hinterher.

Die solchermaßen sozial verwöhnte Rosemarie konnte also nicht einsehen, warum sie auf ihre Inseraten-Briefe nichts hörte, und eines Tages bekam sie denn auch eine Antwort. Sie hatte auf eine Anzeige folgenden Wortlauts geschrieben:

Gewiegter Fachmann für Kfz-Reparaturen und Zweithandgeschäfte sucht stillen Teilhaber gegen 500 %ige Gewinnbeteil. Erforderl. Kapital 30000. – Zuschriften erbeten unter MND 16872.

Unter den Geld-Inseraten, die sie besonders angezogen hatten, befanden sich stets auch solche, die mit dem Automarkt in irgendeiner Weise zu tun hatten. Wie modern auch ihre Reaktion auf die Welt war, in der sie nun einmal leben mußte – die ganze technisch-organisatorische Seite dieser Welt, darin man vorwiegend ihre Modernität ausgedrückt findet, war für Rosemarie belanglos. Einzig das Auto stellte eine Beziehung dazu her. In Gestalt des Autos begriff sie, was eine Maschine ist; mit ihm vermochte sie umzugehen, nicht einmal ungeschickt; es verlieh ihr Ansehen, und so hatte sie das Gefühl, hier sei ein Gebiet, auf dem sie sich fast so gut auskannte wie auf ihrem eigenen und eigentlichen. Derartige Anzeigen kamen ihr also entgegen, und die angebotenen 50 % taten das Ihre.

Die Antwort, die sie bekam, war auf einem Briefbogen mit schlechter Schreibmaschine geschrieben, dessen Firmenkopf ein Drittel der Fläche bedeckte:

Walter Kartberg
Reparaturwerkstatt / Autohandel
Finanzierungsvermittlung

Als Adresse war eine Straße und Hausnummer in Sachsenhausen angegeben, eine bescheidene Gegend von Frankfurt, auf dem linken Mainufer gelegen. Rosemarie fuhr hin. Ein Schild wies auf eine Einfahrt, die rechts von einer fensterlosen Hauswand, links von einer Mauer gebildet wurde. Sie kam in einen Hof, in dem ein Auto auf dem Zement stand. Unter dem Auto, dessen Hinterachse von einem Wagenheber angehoben war, lag ein Mann, von dem sie nur die Beine im Overall sehen konnte.

Rosemarie stellte den Motor ab und schaute sich um. Es war ein kleiner Betrieb, sehr klein, aber er machte ihr keinen schlechten Eindruck. Zwei eiserne Tore, in der oberen Hälfte verglast, standen offen und gaben den Blick in die eigentliche Werkstatt frei, in der es ordentlich aussah. Eine Hebebühne war vorhanden, eine Waschkaue, eine Preßluftanlage, und eine Grube, in die eine eiserne Stiege hinabführte, bildete den zweiten Arbeitsplatz.

Der Mann unter dem Auto, der einzige Mensch, den sie
 sah, schien sie nicht gehört zu haben. Sie hupte

kurz. Nun bewegten sich die Beine. Der Mann, der auf einem Stück Pappe lag, rollte sich unter dem Wagen hervor.

Walter, rief Rosemarie erstaunt; aber nichts brachte zum Ausdruck, daß sie das Wiedersehen besonders erfreute.

Es gibt viele Männer, die Walter heißen; daß jener Garagist aus dem Palasthotel außer Walter auch Kartberg hieß, war ihr seinerzeit unbekannt geblieben, als sie mit ihm schlief. Wie lange war es her?

Was willst denn du? sagte er und erhob sich.

Als er stand, sah er den Wagen in seiner ganzen Schönheit, und sie darin.

Was ist denn das für ein Wagen?

Meiner, sagte sie.

Er glaubte, sie mache einen Witz. Sie ließ das Handschuhfach aufschnappen, nicht um Handschuhe herauszuholen, die hatte sie an, sondern um ihm die Wagenpapiere zu zeigen. Er pfiff durch die Zähne.

Arbeitest du allein hier? fragte die Märchenprinzessin.

Nein, sagte er, ich habe noch einen Gehilfen.

Der Gehilfe war eigentlich ein Lehrling, er war krank, oder er gab es vor.

Ja, sagte er, ich habe mich selbständig gemacht – und das schien ihm bis zu diesem Augenblick eine große Sache zu sein. Der Anblick Rosemaries in ihrer Pracht verdarb ihm etwas die Freude daran. Wie kommst du eigentlich hier rein? Was fehlt denn?

Nichts, sagte sie, mir fehlt nichts. Aber dir.

Kann schon sein, sagte er, mir fehlt noch allerhand.

Ja, sagte sie, dreißigtausend Mark.

Was denn? sagte er.

Steht doch in der Zeitung, sagte sie.

Nun schlägt's aber dreizehn, sagte er, du bist doch nicht – du hast mir geschrieben?

Ja, sagte sie, Rebekka.

Mit diesem Walter Kartberg tat sich Rosemarie geschäftlich, und nur geschäftlich, zusammen. Damit ist in diesem Fall freilich keine genaue Trennung der Sphären bezeichnet. Immerhin, man wird verstehen, was gemeint ist. Sie dachte nicht daran, die alte Beziehung wieder aufleben zu lassen. Sie vertraute ihm dreißigtausend Mark an, die sie der Deutschen Bank beispielsweise nicht anvertraut hätte, und der Vertrag, den sie schlossen, wurde auf demselben Papier mit derselben alten Schreibmaschine geschrieben, die sie aus seinem Antwortbrief kannte. Ohne Rechtsanwalt, ohne Notar, ohne Zeugen, in zwei Ausfertigungen. Er schrieb: … und übereigne ich hiermit als Sicherheit die Reparaturwerkstatt mit gesamter Einrichtung …

Er hätte dazuschreiben müssen: einschließlich der darauf liegenden Hypothek von 8000 DM.

Diese dreißigtausend waren nicht ihr ganzes Geld, aber sie waren doch ein ansehnlicher Betrag, zumal für jemand, den der Verlust von hundert Mark um seine Selbstbeherrschung bringen konnte. Kartberg kaufte davon einige Maschinen und eine Abschmier-Druckanlage und brachte zwanzigtausend als Eigenkapital in einen Vertrag mit einer großen Benzinfirma ein, die ihm dafür

 eine Tankstelle an den Straßenrand vor der Hofeinfahrt baute. Er mußte einen zweiten Jungen als Tankwart haben, obwohl sich das Benzingeschäft in dieser Vorstadtstraße erst einmal bescheiden anließ. Das Reparaturgeschäft wäre besser gegangen, weil er billig sein konnte, wenn die Einfahrt in den Hof nicht so eng und beschwerlich gewesen wäre. Er sah ein, daß er nicht in die Höhe kommen würde, wenn er hier keine Änderung träfe.

Der Nachbar, dessen Grundstück durch die Mauer abgegrenzt war, zeigte sich bereit, ihm zwei Meter abzutreten. Wenn er diese zwei Meter in der ganzen Tiefe des Hofes erwarb, gewann er vor der Werkstatt viel Platz, die zur Reparatur anstehenden Wagen brauchten dann nicht auf der Straße zu stehen, und die ganze Anlage bekam ein besseres Gesicht. Der Nachbar verlangte zwölftausend für den Streifen.

Kartberg rief Rosemarie an, drei Wochen nachdem sie den Vertrag gemacht hatten, und sagte ihr, so und so, und es sei wichtig, und er brauche noch 12000 Mark.

Es wäre vernünftig gewesen, sie ihm zu geben, nachdem sie sich einmal mit ihm eingelassen hatte. Er war kein Betrüger und verstand sich auf seine Arbeit. Er hatte nur das Risiko unterschätzt und seine eigenen Mittel überschätzt, als er den Sprung in die Selbständigkeit getan hatte, aber die Märchenprinzessin hätte ihn von seinen Schwierigkeiten befreien können, und mit Vernunft und Geduld wäre die Garage in Sachsenhausen in Schwung zu bringen gewesen.

Aber ihre Vernunft versagte, nun, da ihr eigenes Geld im Spiel war, und Geduld besaß sie nicht. Sie hatte keine Zeit. Sie weigerte sich, Kartberg noch mehr zu geben. Über Termine für die Amortisation enthielt der dilettantische Vertrag kein Wort, und über die Beteiligung stand nur darin, sie würden sich zur Hälfte den Gewinn teilen. Wie sie es mit einem möglichen Verlust halten sollten, war ebenfalls nicht gesagt.

Kartberg, von der späten Einsicht bewegt, daß die Verbreiterung der Einfahrt unbedingt notwendig sei, suchte Rosemarie in ihrer Wohnung auf, bald nachdem er das Verlangen nach den weiteren 12000 Mark telefonisch gestellt und nachdem sie bei ihm gewesen und es ihm rundheraus abgeschlagen hatte – wobei sie nicht aus dem Wagen gestiegen war. Er fand sie unter den Händen der Masseuse, aber sie war ganz Dame und hüllte sich erst in ihren Hausmantel, allerdings vor seinen Augen, bevor sie mit ihm sprach. Er wurde angesichts ihrer Bockigkeit und Verständnislosigkeit für die Situation ausfallend, sie schrien sich an, und von da an betrachtete sie ihn als ihren Feind. Sie warf ihn hinaus, und als er draußen war, verriegelte sie die Tür und legte sich wieder auf die Couch, und Frau Gram, die Masseuse, sagte mitfühlend: Sie haben auch immer Ärger, Fräulein Rosi.

Ja, sagte sie, aber mit dem werde ich fertig.

Hat er schon viel? fragte die Masseuse. Sie war eine ältere Person, die wie ein Eskimo aussah. In ihren Fingern hatte sie so viel Kraft, daß sie damit wie japanische Zahnärzte hätte Zähne ziehen können. Sie verstand sich auf ihr Handwerk und arbeitete nur in den feinsten Familien.

Der Rücken ist heute wieder ganz schlecht, sagte sie und fuhr an beiden Seiten der Wirbelsäule entlang; Rosemarie bäumte sich auf und biß die Zähne zusammen.

Dann sagte Rosemarie: Dreißigtausend, aber es ist alles sicher.

Als Hypothek? fragte die weltkundige Frau.

Jaja, sagte Rosemarie, es steht alles im Vertrag.

Bei welchem Notar waren Sie denn, fragte Frau Gram, ich bin doch jede Woche zweimal bei Herrn Dr. Pritzow, der ist ja sehr bekannt.

Notar? sagte Rosemarie.

Als Frau Gram darauf kam, daß weder ein Notar mitgewirkt hatte noch eine Sicherung im Grundbuch erfolgt war, sagte sie: Sie sind aber leichtsinnig, Fräulein Rosi. Sie haben ein zu gutes Herz.

Der betrügt mich nicht, sagte Rosemarie, der nicht. Ich kenn ihn.

Ja, wenn Sie ihn kennen, sagte Frau Gram, aber ich würde doch einen Rechtsanwalt nehmen. Wissen Sie, die Laura, was meine Schwiegertochter war, mit ihrer Scheidung, die hat zweihundert Mark monatlich haben wollen von meinem Sohn, zweihundert, aber da haben wir den Herrn Kochrind genommen als Anwalt, der hat's ihr gezeigt. Siebzig kriegt sie jetzt …

Rosemarie suchte Rechtsschutz bei Herrn Kochrind. Dieser Mann hatte eine Kundin vom Rang Rosemaries noch nicht in seiner Praxis gehabt. Er war, kaum hatte sie ihn bei sich empfangen, geneigt vorauszusetzen, alles Recht sei auf ihrer Seite; so fehlte ihm neben vielem anderem, was ihm als Rechtsanwalt fehlte – zum Beispiel eine gutgehende Praxis –, eine elementare Voraussetzung, gute Arbeit zu leisten: eine objektive Einschätzung des gegebenen Falles.

Bis zu Rosemaries Tod schwelte diese Geschichte, nahm immer groteskere Formen an und brachte Walter Kartberg an den Rand des Ruins. Während der letzten Monate ihres Lebens mußte er auf richterlichen Spruch hin jede Woche 50 Mark an Rosemarie bezahlen, und sie hatte darauf bestanden, daß er sie selbst brachte, jeden Montag um 10 Uhr vormittags, nachdem einmal die Zahlung ausgeblieben war und er behauptet hatte, er habe den Schein am Sonntag, um pünktlich zu sein, in einen Umschlag gesteckt und als gewöhnlichen Brief abgeschickt. Das war eine Lüge gewesen. Als er nun selber kommen mußte, kam er zuweilen nur, um zu sagen, diese Woche sei es unmöglich. Für 50 Mark hätte Rosemarie zu dieser Zeit in ihren ureigenen Geschäften nicht einmal mehr den Hörer vom Telefon abgehoben.

Ihr Sachsenhausener Finanzabenteuer bewahrte sie nicht vor ähnlichen. Ihre großindustriellen Freunde hatten keine Ahnung davon, was sie selbst als Unternehmerin trieb. Sie stellten nur eine zunehmende Reizbarkeit an ihr fest, und ihre vordem schon bemerkbare Anfälligkeit für schlechte Laune, ihre Neigung, über den kleinsten Anlaß in Schimpfereien auszubrechen, traten immer deutlicher hervor. Bruster insbesondere mißfiel die Art, in der sie sich neuerdings gab, so sehr, daß er nicht mehr

 so häufig kam wie zuvor, und vielleicht wäre er

ganz weggeblieben, wenn nicht die Hartog-Quelle stetig und ergiebig geflossen wäre.

Hartog geriet immer mehr in ein Verhältnis zu Rosemarie, über dessen Natur er sich nicht Rechenschaft zu geben wagte. Nach Monaten traf er seine Schwester wieder einmal im Palasthotel. Sie hatten einen ruhigen Vormittag zusammen. Zuvor hatte es zwischen ihnen nur ein paar Telefongespräche und ein paar gemeinsam bestandene Festlichkeiten in Essen, Köln und Frankfurt gegeben.

Es gefiel ihr schon lange nicht, daß er so stumm geworden war und ihr auswich. Er sah überanstrengt und verschlossen aus. Jetzt hatte sie ihn in ihrem Zimmer; sie fühlte sich gedrängt, von ihrem wohlerworbenen, von ihm nie bestrittenen Recht Gebrauch zu machen, seine Vertraute, seine nächste Vertraute zu sein – trotz Adelheid.

Sie stellte ihn.

Er sagte, nein, die Arbeit sei es nicht, er habe zwar viel zu tun, aber wer habe das nicht, eigentliche Sorgen bereiteten die Betriebe jedoch nicht, im Gegenteil, es stehe eigentlich alles zum besten, und die Sache bei der DERLAG …

… du weißt, Baby Doll, da sind wir kurz vor dem Erfolg. Wenn nicht alles täuscht, werden wir in sechs Wochen, ja, vielleicht noch im April so weit sein, daß wir Startversuche machen können. Es wird ein ungeheures Aufsehen geben, wir haben da einen Treibstoff entwickelt, durch den wir mit einem Schlag aufholen werden, was wir in fünfzehn Jahren verloren haben. Ich wage gar nicht daran zu denken, daß ...

Was ist es dann? fragte Marga trocken.

Was meinst du? sagte er.

Nun wurde sie ärgerlich. Was soll denn das, sagte sie, es sieht doch ein blindes Pferd, daß du unglücklich bist. Klappt es bei euch nicht? Du weißt, ich traf Adelheid neulich in Lech, sie sagte auch, sie machte sich Sorgen, aber sie schob es auf die Arbeit, und ich hatte den Eindruck, zwischen euch sei alles in Ordnung.

Er blickte auf.

Also nein? sagte sie.

Ach, sagte er, in Ordnung ...! Ob es zwischen zwei Menschen in Ordnung ist, das ist doch nur eine Frage, ob diese Menschen in Ordnung sind.

Das allein doch wohl nicht, sagte sie.

Doch, sagte er, wenn sie sich mögen.

Mögen ...?

Also – lieben.

Du liebst sie doch?

Wen?

Gibt es außer Adelheid noch jemand, den du lieben könntest?

Ich meinte Adelheid, sagte er.

Du bist wie Stella, sagte sie, bis 1.40 geht sie über die Mauer, da brauche ich gar nichts zu tun, fünf Zentimeter mehr, und sie versucht zu verweigern. Wie hoch ist die Mauer?

1.80, sagte er.

 Und was für Hilfen brauchst du?

Hast du Stella schon einmal über 1.80 gebracht? fragte er, aber nun hatte sie schon gewonnenes Spiel, er verzog das Gesicht zu einem Lächeln und sagte: Vielleicht wäre es ganz gut, du wüßtest Bescheid.

Sie sagte nichts. Sie wartete.

Es ist diese Person, weißt du …

Er hatte ihr seinerzeit einmal gesagt, es sei aus mit dem Mädchen, das sie in Wiesbaden gesehen hatte. Aber nun wußte sie sofort, von wem er sprach.

Ach, sagte sie, wie hieß sie doch?

Rosemarie.

Ja, die. Du siehst sie noch? Ich dachte …

Ich hatte Schluß gemacht. Eigentlich gleich nachdem ich sie kennengelernt hatte.

Das hast du mir gesagt.

Aber dann sah ich sie wieder, sie kam hier ins Hotel in die Bar, zufällig, dachte ich, aber ich glaube, so zufällig war es gar nicht, sie kennt auch Bruster, er war dabei …

Na ja, sagte sie, sie wird viele Brusters kennen.

Ja, sagte er, und mich auch.

Das ist es, sagte sie. Du siehst sie häufig?

Sooft es geht, sagte er.

In Frankfurt?

Er nickte.

Sie wohnt doch irgendwo da draußen …

Nein, sagte er, sie wohnt jetzt in der Stadt. Sehr elegant. Sie ist sehr bekannt …

Aber es ist nicht bekannt, daß du …?

Er zuckte die Achseln.

Was soll das heißen? fragte sie, glaubst du,

sie redet herum? Das glaube ich nicht, sagte er. Dazu ist sie zu intelligent. Sie ist es, das weiß ich erst jetzt.

Das lockt dich?

Nicht primär.

Sie schwiegen eine Weile. Sie zündete sich eine Zigarette an.

Schön ist das nicht, sagte sie, aber eine Moralpauke wirst du von mir nicht erwarten. Mit Adelheid, das ist deine Sache, wenn ich sie wäre, mir wäre diese Rosemarie noch lieber als Alice. Du weißt ja, ich halte nichts von euch, ihr seid ein komisches Volk, ihr Männer, aber weil ihr nun einmal so komisch seid, zöge ich, wie gesagt, eine Rosemarie noch vor. Die ist doch wenigstens keine Konkurrenz. Ich sehe nicht, was dich nun eigentlich so herumtreibt. Macht sie dir Schwierigkeiten, erpreßt sie dich?

Das hat sie einmal getan, da bekam sie, was sie wollte, und dann ging ich weg. Seither hat sie es nicht wieder versucht, und sie hat auch keinen Grund dazu.

Kann ich mir denken, sagte Marga.

Das ist es nicht, sagte er.

Komm, sagte Marga, nun laß dir nicht jedes Wort abzwingen.

Konkurrenz, sagte er, keine Konkurrenz? Natürlich nicht, in gewisser Hinsicht. Aber weißt du, ich lerne allerhand, über mich selber und überhaupt. Die Menschen sind nicht gar so verschieden, und die Frauen …

Zitiere nicht Goethe, ich flehe dich an, unterbrach ihn Marga.

 Er verstand nicht. Ich hatte es nicht vor, sagte

er. Doch, sagte sie, was du eben sagen wolltest, gibt's bei ihm, und was gibt's nicht bei ihm – ihr Weh und Ach aus einem Punkte …

Nein, sagte er, so ist es eben nicht. Dann hättest du ja recht, keine Konkurrenz, denn dieser Punkt ist nicht der Punkt, in dem sie Adelheid in die Quere kommt …

Na hör mal, sagte sie, ihr werdet ja nicht miteinander Schach spielen.

Mmmm, machte er abwehrend; ach, man sollte nicht über diese Dinge reden.

Vielleicht doch, sagte sie. Ich habe mit dem Baron auch nie geredet, aber das hatte ja auch keinen Zweck. Mit mir kannst du's, und ich kann's mit dir. Du könntest ein richtiges Männergespräch mit mir haben, ich bin durch, mein Lieber …

Wie lebst du eigentlich selber? fragte er.

Dank der Nachfrage, sagte sie heiter, ich nehme mir, was ich brauche, und bezahle dafür Tagespreise.

Wie? rief er aus.

Nicht Geld, du Trottel, sagte sie; diese Freiheit ist teuer, man ist allein, aber ich bin nun mal für diese Freiheit. Was ich bei euch so sehe, das ermuntert mich nicht, mein Heil in der großen Liebe zu suchen. Ich werde gern verwöhnt.

Und ich verwöhne gern. Und vielleicht bin ich gar nicht für diese Freiheit, die du meinst. Es sieht so aus, ich weiß es. Aber es stimmt nicht.

Wem sagst du das?

Ja, sagte er, aber das Gegenteil, den Käfig, den will ich ja wohl auch nicht. Adelheid würde die Tür gern zumachen, aber da dulde ich's nicht. Und jetzt – jetzt bin ich drin, aber nicht mit Adelheid, mit dieser Person. Der Fuchs in der Falle …

Das kann nicht dein Ernst sein? sagte sie.

Doch, sagte er, ich bin in der Falle, so was soll es doch geben …

O gewiß, spottete sie, aber es war ihr gar nicht nach Spott zumute; man liest davon …

Er verhehlte ihr nichts, und während er sprach, begriff er erst den ganzen Umfang seines Unglücks.

Was könnte ich tun, daß du da wieder herauskommst? fragte sie schließlich.

Du? sagte er. Gar nichts. Und ich will ja gar nicht heraus, das ist doch die Sache. Sie ist doch nicht die Falle, ich bin's doch selber, weil ich gar nicht wegwill, und nicht nur nicht weg, sondern noch mehr hin …

Die Türschnarre schlug an, es war der darauffolgende Tag, vierundzwanzig Stunden hatte sich Marga überlegt, was sie tun sollte. Bruster war bei Rosemarie, aber seine Zeit war um, er zog sich eben im Bad an. Mach mal ein bißchen schnell, Dicker, sagte Rosemarie.

Da surrte es wieder, nachhaltig, zweimal. Sie ging in den Flur und meldete sich.

Hartog, sagte eine Stimme im Lautsprecher. Die Stimme kam ihr fremd vor, aber es gab nur einen Hartog.

Du? sagte sie, warum hast du nicht angerufen?

Es kam keine Antwort.

 Da drückte sie auf und lief zurück ins Zimmer.

Eben kam Bruster fertig angezogen aus dem Bad. Los, geh in die Küche, sagte sie, und wenn du nichts mehr hörst, dann verschwinde. Aber leise.

Sie schloß hinter ihm die Küchentür. Da stand er, Alfons Bruster, und wartete, bis der nächste Herr sich eingefunden hatte.

Rosemarie klinkte die Tür auf und ging rasch wieder in die Wohnung, um Ordnung zu machen. Ein voller Aschenbecher, ein leeres Glas – sie versteckte beides rasch im Kleiderschrank. Sie hörte einen Schritt im Flur. Komm rein, sagte sie.

In der Tür stand Marga.

Rosemarie fuhr herum. Einen Augenblick stand sie erstarrt. Dann ging sie an Marga vorbei und machte die Tür hinter ihr zu. Sie hatte sie sofort erkannt.

Laß mich nichts falsch machen, hatte Marga sich vorgesagt, als sie der Lift nach oben getragen hatte, lieber Gott, laß mich nichts falsch machen! Aber was war nun falsch, was richtig? Vielleicht war es schon grundfalsch, daß sie hier stand? Sie hatte es sich so lange überlegt, und zum Schluß war sie zu der Überzeugung gekommen, sie müsse es tun, aber nun, wie sie in diesem Zimmer stand, diesem Geschöpf gegenüber – wie sah es eigentlich aus? –, dachte sie: Vielleicht hätte ich es doch nicht tun sollen.

Sie hob den Blick und sagte: Ich bin die Schwester von Konrad Hartog.

Das war Rosemarie nichts Neues.

Was wollen Sie? sagte sie und hatte ihr leeres und tückisches Gesicht.

Ich hätte gerne mit Ihnen gesprochen, sagte Marga. Bot sie ihr keinen Stuhl an?

Da draußen war doch noch jemand? Eine Tür klappte.

Sind wir allein? fragte sie.

Sehen Sie sonst jemand? fragte Rosemarie.

Sie brauchen nicht zu glauben, ich käme mit unfreundlichen Absichten, sagte Marga.

Herrgott, dachte sie, was rede ich für einen Unsinn.

Sie konnte nicht mehr stehen. Und es war so heiß, draußen war Winter, sie knöpfte ihren Pelzmantel auf.

Darf ich mich setzen? fragte sie. Es kam keine Antwort, sie setzte sich unaufgefordert.

Setzen Sie sich doch auch, sagte Marga, und wenn ich meinen Mantel ausziehen dürfte, es ist so heiß hier.

Sie ließ den Mantel über die Schultern gleiten, er fiel hinter ihr auf die Lehne des Stuhles. Sie zog ihn unter sich weg, weil sie nicht in dem Pelz sitzen wollte, und warf ihn neben sich auf den Boden. Diese Geste reizte Rosemarie. So ging man nicht um mit so einem Stück. Das war so die Art von diesen reichen Leuten.

Mein Bruder hat mir von Ihnen erzählt, sagte Marga, und wieder war es falsch.

So, sagte Rosemarie.

Ja. Nichts, was Sie nicht hätten hören können.

Weiß er, daß Sie hier sind? fragte Rosemarie. Diese Frage hatte Marga befürchtet. Was sollte sie sagen?

Er hat mich nicht gebeten, zu Ihnen zu kommen, antwortete sie unbestimmt, aber ich hatte den Eindruck, daß er auch nichts dagegen haben würde.

 Er weiß es also nicht? sagte Rosemarie.

Nein, sagte Marga, und er braucht es auch nicht zu erfahren, wenn Sie es ihm nicht sagen. Ich weiß nicht, ob Sie eine Schwester haben …

So ging es nicht weiter. Diese Person auf familiäre Bande anzusprechen, idiotischer konnte man es nicht anfangen.

Ich muß so direkt sein, wie sie selber ist, sagte sich Marga, sonst habe ich schon verspielt, ehe ich angefangen habe.

Meinem Bruder geht es nicht gut, sagte Marga, ich habe mit ihm gesprochen. Er macht einen abgespannten Eindruck. Es wäre besser, er würde nicht mehr zu Ihnen kommen.

Wieso? fragte Rosemarie, er kommt gern.

Das bezweifle ich gar nicht, sagte Marga, aber deshalb braucht es doch noch nicht gut für ihn zu sein. Oder tun Sie nur Dinge, die gut für Sie sind?

Das kann Ihnen wohl egal sein, sagte Rosemarie.

Es war keine Frage, sagte Marga. Es interessiert mich nicht, wie Sie leben. Ich möchte mit Ihnen nur darüber sprechen, unter welchen Bedingungen Sie bereit wären, meinen Bruder nicht mehr zu sehen.

Ich habe doch gar nicht …, sagte Rosemarie, er hat noch nie was verlauten lassen, daß er wegwill. Er geht auch nicht weg.

Aber es wäre für ihn besser, er würde es tun, sagte Marga, und ich glaube, daß ich die Dinge richtig einschätze, wenn ich es für notwendig halte, daß wir beide uns erst einmal darüber einigen.

Worüber? Daß er nicht mehr kommt?

Daß Sie nichts unternehmen, wenn er nicht mehr kommt.

Pause.

Er hat schwer zu arbeiten, er braucht seine ganze Kraft für den Betrieb, sagte Marga, vielleicht denken Sie, weil er der Chef ist, kann er sich's leichtmachen, aber das ist nicht wahr …

Nichts dergleichen dachte Rosemarie. Sie kannte sich in der Arbeitswelt der Hartogs und Schmitts mindestens so gut aus wie Marga, wahrscheinlich besser.

Es kam keine Antwort. Die Wand war stark, die Marga nach hohlen Stellen abklopfte, und sie fand keine.

Sie wollen mich nicht verstehen, sagte Marga.

Ich versteh Sie sehr gut, sagte Rosemarie; ich versteh bloß nicht, was Sie für ein Interesse daran haben. Sie sind doch nicht seine Frau? Oder schickt Sie die?

Jetzt hätte Marga sagen müssen: Ja. Damit hätte sie Rosemarie zu verstehen gegeben, daß Adelheid Bescheid wußte und daß sie sich nichts mehr von einer Erpressung in dieser Richtung zu versprechen hatte. Aber Marga schüttelte den Kopf.

Und Konrad hat Sie auch nicht geschickt, warum kommen Sie eigentlich? fragte Rosemarie.

Sein Name in ihrem Munde, Konrads Name so selbstverständlich von dieser Person ausgesprochen, das brachte Marga in Wut.

Das habe ich Ihnen deutlich genug gesagt, was meinen Bruder betrifft, erwiderte Marga, meine eigenen Motive können Ihnen völlig gleichgültig sein. Ich habe Sie nur gefragt, unter welchen Bedingungen Sie damit einverstanden wären, daß mein Bruder künftig nicht mehr kommt, und das sollten Sie mir nun beantworten, damit wir zu einem Ende kommen.

Von mir aus gehen Sie, sagte Rosemarie, je eher, desto lieber. Wenn Ihr Bruder abhauen will, soll er's mir direkt sagen, er hat es ja schon einmal getan.

Wieviel wollen Sie? fragte Marga.

In jedem anderen Falle wäre die Frage richtig gewesen. Aber in bezug auf Hartog war sie so falsch, wie sie nur sein konnte. Rosemarie verriet ihn an Bruster, aber nur, weil sie es tun konnte, ohne Gefahr zu laufen, ihn zu verlieren. Sie verdiente von ihm, sie machte durch ihn Geschäfte, aber sie wollte ihn sich nicht abkaufen lassen, sie wollte ihn nicht verlieren, ganz und gar nicht, und insgeheim war schon der Wunsch in ihr, sich seiner vollständig zu bemächtigen und ihn zu zwingen, sie zu heiraten.

Er ahnte es, und wenn er es auch Marga gegenüber nicht ausgesprochen hatte, so hatte sie doch begriffen, was er eigentlich fürchtete, und eben dies hatte sie zuletzt bewogen, den Schritt zu tun und mit Rosemarie zu reden.

Hartog hätte sich jetzt nicht einmal mehr mit einem weißen Cadillac freikaufen können. Die Frage, wieviel Geld er ihr wert sei, von dieser Frau, die ihr beim ersten Anblick im Gartenrestaurant unangenehm gewesen war, als sie, die Reitgerte in der Hand, Hartog entgegengekommen war – diese Frage bewirkte, daß Rosemarie einer jener jähen Wutanfälle überkam, in die sie sich aus viel geringeren Ursachen hineinsteigern konnte.

Sie sprang auf und war in der Verfassung, in

der sie selbst abgebrühte Männer zu erschrecken vermochte. Das kann ich Ihnen genau sagen, schrie sie Marga an, aber vorher sagen Sie mir, was Ihnen das wert ist…

Sie ging zum Schrank, riß ihn auf und schob mit einer Handbewegung die Kleider beiseite. Dabei fiel Brusters Glas um, das sie eben hineingestellt hatte. Sie zerrte den ‹Star Reporter› heraus.

Was machen Sie denn? rief Marga.

Das werden Sie gleich hören, brüllte Rosemarie.

Sie machte mit fliegenden Händen den Deckel des Gerätes los, schloß es an eine Steckdose an, kniete nieder und ließ das aufgelegte Band im Schnellgang durchlaufen. Dann schaltete sie um und erhob sich. Es war nichts zu hören, die Röhren waren noch nicht warm. Nach Sekunden fing der Apparat an zu arbeiten. Eine Stimme, eine noch ferne Stimme … und jetzt kam der volle Ton. Liebling … stöhnte die Stimme.

Rosemarie hörte nichts Neues. Marga brauchte eine Weile, bis sie die Stimme ihres Bruders erkannte; bis sie begriff, wessen sie hier zum Zeugen gemacht wurde.

Das Gerät stand auf dem Teppich. Marga, aus deren Gesicht jeder Blutstropfen gewichen war, sprang von ihrem Stuhl auf und trat mit voller Kraft auf das Gerät, einmal, noch einmal, und noch einmal. Sie trug Pelzstiefel. Die Spulen zerbrachen, die Deckplatte aus weißem Kunststoff zersplitterte unter ihrem Fuß. Der Apparat schwieg.

Rosemarie schrie auf und stürzte sich auf Marga, die aber war die stärkere von beiden. Sie stieß das Mädchen

zurück, das weiterschrie, als wollte ihm jemand

an die Kehle, und sie mit einem Sturzbach von Beschimpfungen überschüttete.

Marga hob rasch ihren Mantel vom Boden auf und eilte hinaus. Zitternd und verstört lehnte sie an der Wand des Lifts, der sie hinabtrug, und als er stand, verließ sie ihn nicht, bis sie jemand kommen hörte. Da zog sie ihren Mantel an und verließ das Haus.

Im Zimmer saß Rosemarie vor den Trümmern des Apparates. Den wird mir Konrad neu kaufen, dachte sie, und witterte und tastete und jagte ihre Gedanken herum, immer herum und herum um einen Punkt, und alles, was Marga erreicht hatte, war, daß Rosemarie sich ihrer Macht über Hartog jetzt bewußter war als zuvor.

Sie trieb es danach noch ungefähr ein halbes Jahr vor vieler Augen, aber niemand übersah vor ihrem Tod ihr Leben ganz. Sie raffte das Geld zusammen, sie verlor Geld und wurde immer unruhiger und immer gewalttätiger. Und eines Tages, aber erst als die Dinge für Hartog einer Katastrophe zutrieben, redete Marga und sagte ihrem Bruder, daß sie bei Rosemarie gewesen sei, und sie sagte ihm auch, was Rosemarie von ihm besitze. Ob er das wisse? Er wußte es nicht. Keiner wußte, wieweit er Rosemarie benützte, wieweit er benützt wurde, Hartog erfuhr es als erster, dann Bruster, dann Schmitt. Und so fort. Damit kam der Stein ins Rollen, der über dem Abgrund hing; er rollte schneller und schneller, und schließlich traf er Rosemarie in seinem blinden Lauf und erschlug sie.

Anhang

1957

Stuttgart-Sendung. 14.11.

Geburt Rosemarie-Film 15.11.
16.11.

treatment Hitribitt 18.11.

Nitribitt-Text mit
Thiele (begeistert!) 9.12.

1958

35 Gäste,
Lese gegen Morgen aus 29.1.
Urfassung „Nitribitt" vor

Schliersbergalm ab 20.3.
(Film-Ms.)

Film fertig 1.4.

Vortrag im 2.4.
Rhein-Ruhr-Club
über Wiedervereinigung
3.4.

Erich Kuby, geboren 1910 in Baden-Baden, studierte Volkswirtschaft in Hamburg, Erlangen und München, war «degradierter Obergefreiter und Wehrkraftzersetzer von Rang» (Heinrich Böll). Er war Chefredakteur der Nachkriegszeitschrift «Der Ruf» und arbeitete als Journalist unter anderem für die «Süddeutsche Zeitung», «Die Welt», für «Stern» und den «Spiegel». Er ist Autor zahlreicher Bücher, Hörspiele, Fernseh- und Filmdrehbücher. Erich Kuby lebt heute in Venedig und München. Werke u.a.: Rosemarie – des deutschen Wunders liebstes Kind (1958); Mein Krieg (1975); Mein ärgerliches Vaterland (1989); Deutsche Perspektiven (1991).

◄ *Erich Kuby: Handschriftliche Notizen aus dem Tagebuch*

Zur Entstehung und Wirkung des Buches

Ein Nachwort, das als Vorwort gelesen werden sollte

Als 1957 die Zeitungen die Ermordung Rosemarie Nitribitts gemeldet hatten, schrieb ich in der «Süddeutschen Zeitung», deren Redaktion ich damals angehörte, eine 50-Zeilen-Glosse, die bereits Film und Buch über «des deutschen Wunders liebstes Kind» vorwegnahm. Irgendwelche Recherchen über Rosemaries reales Leben, ihre Kundschaft, den nach wie vor nicht aufgeklärten Kriminalfall habe ich weder vorher noch nachher angestellt.

Der Film wurde zum Zugpferd des Buches, aber das Buch ist in mehr Ländern als der Film verbreitet worden, übersetzt in 17 Sprachen, sogar ins Japanische. Er wurde am 25. Januar 1958 an der Bar eines Stuttgarter Hotels geboren. Ich hatte an jenem Abend eine Sendung mit Filmschauspielern moderiert; später saßen neben mir an der Bar Nadja Tiller und der Produzent Luggi Waldleitner, und ich sagte zu ihm: Warum machen Sie nicht den Rosemarie-Film? Warum sollte ich ihn machen? fragte er, und ich sagte: Erstens ist es ein fabelhafter Stoff, zweitens wäre Nadja Tiller Ihre Rosemarie.

Ich mußte die Hunde richtiggehend auf die Jagd tragen. Damals wurde in der Kinobranche Geld gemacht mit «Der Förster vom Silberwald» und ähnlichem Schund. Trotzdem kam es zwischen Waldleitner und mir zu einem Vertrag. Der Produzent roch das ganz große Geschäft

 nicht, wollte das Risiko klein halten und bot mir

einen Beteiligungsvertrag für «Das Mädchen Nitribitt» an – ich entschied mich jedoch für einen Honorarvertrag. Somit bekam ich 25000 DM (aufgeteilt in fünf Raten) statt 250000 DM, welch ein Unterschied damals!

Im Dezember wurde mir Rolf Thiele als Regisseur präsentiert. Er hat viele Filme, aber nur einen guten, eben «Rosemarie», gemacht. Am 22. März 1958 bezog ich mit Thiele das Hotel «Schliersbergalm», die Straße vom See hinauf war noch verschneit. Dort schrieb ich das Drehbuch, ging mit Thiele Szene für Szene durch. Von den Songs, die dem Film zusätzliche Würze geben, war noch nicht die Rede; sie sind auch nicht von mir und kommen im Buch nicht vor.

Für den 31. März 1958 vermerkt mein Tagebuch: «Endspurt Film bis 4 Uhr früh», und am 1. April: «Film zu Ende nachmittags, Arbeit mit Thiele war nett». Das Genre, nicht das Thema «Wirtschaftswunder» wechselnd, schrieb ich noch in der Nacht das Manuskript zu einem Vortrag, den ich am nächsten Abend in Düsseldorf vor dem «Rhein-Ruhr-Club» hielt. Ich machte mich damit bei den Zuhörern nicht gerade beliebt.

Am 16. Mai war ich dann Zaungast bei den Aufnahmen im Atelier von Brauners CCC-Film in Berlin-Spandau, sah am 17. Mai den ersten Rohschnitt und begriff, daß ich den falschen Vertrag gemacht hatte. Vom Buch gab es noch keine Zeile.

Erst am 25. Juni notierte ich: «Beginne Rosemarie für Goverts». Henry Goverts war ein charmanter Verleger, Albrecht Knaus sein Lektor.

Inzwischen war ich für die Branche ein offen-

Das Mädchen Rosemarie (Nadja Tiller)

bar ganz brauchbarer Autor geworden, den auch das Angebot Axel Springers erreicht hatte, in die «Welt» einzutreten. Ich folgte dieser Offerte, denn es war noch jener Springer, dessen Botschaft lautete: Seid nett miteinander. (Als er bald darauf mit Zehrer aus Moskau zurückgekommen war, wo man ihnen entgegen ihren Erwartungen nicht die

 DDR auf einem silbernen Tablett angeboten hatte, wurde er der «Macht-das-Tor-auf-Springer». Darauf schied ich als erster von etwa zehn Mitarbeitern der «Welt» wieder aus. Dies gehört ebenso zum Kolorit der Zeit wie, daß ich für eine Münchner Filmfirma – nicht Waldleitner – im Laufe eines halben Jahres neun (!) Drehbuchfassungen für einen Anti-Strauß-Film, «Der Herr aus Bonn», schrieb, was sie etwa 150000 DM gekostet hat; schließlich verließ sie der Mut. Verdientermaßen ging sie bald darauf pleite.

Am 18. Juli fuhren wir mit Kind und Kegel für einen Monat nach Elba. In einem Bauernhaus schrieb ich abends das Buch, dem es gutgetan hat, daß ich das Drehbuch nicht mitgenommen hatte. Am 23. August notierte ich: «Heute Rosemarie vormittags fertig, während gepackt wird.» Abends waren wir bereits in Siena, und am 25. August nahmen wir, meine erste Frau und ich, an der Uraufführung von «Rosemarie» auf dem Filmfestival in Venedig teil.

Inzwischen hatte sich herumgesprochen, es handele sich um eine Abrechnung mit dem «Wirtschaftswunder». Mercedes war dem Film böse, weil Rosemarie so reizend im 190 SL posierte, desgleichen der «Frankfurter Hof», dessen Foyer bei CCC-Film nachgebaut worden war. Sogar die hohe Politik hatte sich eingemischt: der Außenminister Heinrich von Brentano und der Innenminister Gerhard Schröder; es war versucht worden, die Vorstellung in Venedig zu verhindern. Das waren noch Zeiten! Damit wurde dem Film bei der internationalen Presse eine übertriebene Bedeutung verschafft. Ich wurde gefragt, ob das Buch – ich hatte es erwähnt – ein

Roman werde. Ja und nein, sagte ich, aber man wird es so nennen.

Goverts nannte es so. Mir wurde von ihm am 29. August in München ein Umschlagentwurf gezeigt den ich «nach hartem Kampf nur mit bedingungsloser Pression gewinne». Der Entwurf war mir zu sexy, und zwar nicht aus Prüderie, Sex war nicht das Thema des Buches. Wäre es nur das gewesen, welcher Hahn würde danach krähen?

Es krähten viele Hähne: Im gesamten Ostblock entstand eine Art Mythos um den Film, mir wurden selbst in Moskau die Türen aufgerissen. Für die deutsche Presse war ich der «Starautor» geworden, der mit einer Hure Geld verdient hat. Und in der Tschechoslowakei wurde ich vorübergehend sogar fast wohlhabend. Von der Buchhandels- und einer Buchclubausgabe wurden über 200000 Exemplare verkauft. Das war noch die Zeit, in der man in Prager Glas-, Pelz- und Antiquitätengeschäften fündig werden konnte. Mit meinem bis unters Dach vollgepackten Citroën kam ich schließlich an die österreichische Grenze. Der tschechische Zöllner sagte: Um Gottes willen, da brauchen wir ja einen Tag für die Kontrolle. Was Sie da sehen, ist ein Teil meines Rosemarie-Honorars, sagte ich. Bitte, fahren Sie weiter, sagte der Zöllner, hob den Schlagbaum und grüßte zackig.

Noch im Frühjahr 1968 war nicht das ganze tschechische Honorar verbraucht. Rudi Dutschke mit Frau und Kind und einer meiner Söhne finanzierten mit dem verbliebenen Honorar eine Prag-Reise, sie wollten über den «Prager Frühling» ein Buch schreiben. Als mein

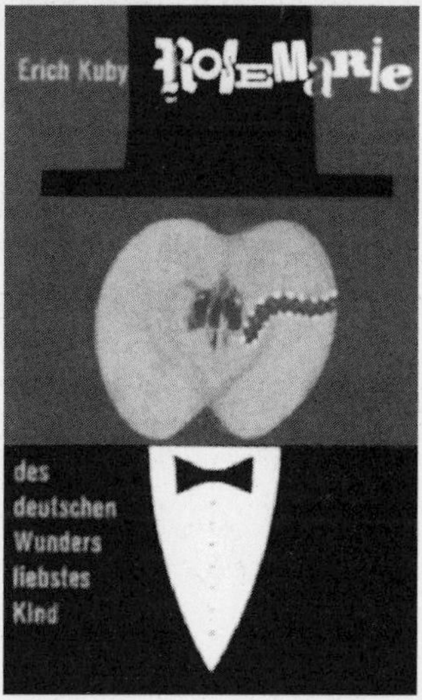

Schutzumschlag der Erstausgabe,
1958; Henry Goverts Verlag

Sohn in Berlin mit dem Manuskriptentwurf zu den Dutschkes ging, war Rudi eine Stunde zuvor das Opfer eines Attentats geworden.

Diese Neuauflage in der Rotbuch Bibliothek kommt vielleicht nicht zur Unzeit. Zunehmend häufiger wird der Film im Fernsehen und auf Sonderveranstaltungen gezeigt. Im Sommer 1995 besuchte ich zum Vergnügen eine Vorführung im Münchener Stadtmuseum und fand den Saal ausverkauft. Der Regisseur und Produzent Bernd Eichinger dreht jetzt, zu Beginn des Jahres 1996, für die Neue Constantin ein Rosemarie-Remake fürs Fernsehen. Ich frage mich, was daraus werden wird. Auf eine so primitive Art, wie es Rosemarie Nitribitt – wenigstens im Film – geschafft hat, sind heutigen Industriellen ihre Geheimnisse wohl nicht mehr abzumelken, abgesehen davon, daß jetzt auch Waffengeschäfte in Deutschland mit größerer Offenheit betrieben werden können.

Mit dem Buch ist es allerdings etwas anderes. Der Text verkündet, wenn ich es hochgestochen ausdrücken darf, noch immer zwei Botschaften: Zum einen ist – mehr denn je – jedes Mittel recht und erlaubt, schnell zu möglichst viel Geld zu kommen. Um sich mit Gewinnsucht Ärger einzuhandeln, muß es einer schon so dumm anstellen wie der Vater einer bekannten Tennisspielerin. Die echte Rosemarie hatte es freilich leichter, sie brauchte ihr erhebliches Einkommen nicht zu versteuern. Mein Buch beschreibt einen Skandal, in dem Rosemarie und ihr Beruf nur das dramaturgische Vehikel sind.

Zum anderen ist der Typus des Neureichen von heute hinsichtlich seiner Befindlichkeit und seines sozialen Verhaltens immer noch identisch mit jenem, den das Buch mit dem «Isoliermattenkartell» vorführt. Die Gestalter unserer Welt, die gewiß nicht die durch Wahlen nach oben gespülten Politiker sind, betreiben ihre Machtgeschäfte abgeschottet gegen alles, was man Kultur nennen könnte. Trotzdem kaufen sie Kulturprodukte, zum Beispiel berühmte Bilder, finanzieren Musikfestivals für das Prestige. Jener amerikanische Computer-Milliardär ist ihr Prototyp. Nach seiner zehnten Milliarde hat er kostbare Da-Vinci-Autographen gekauft, die er in Ausstellungen zeigt, womit er einen Teil der aufgewendeten Summe wieder einspielt.

Nur oberflächliche Lektüre macht dieses Buch bloß «historisch» – was mir so klar erst geworden ist, nachdem ich den Film im vorigen Jahr wieder gesehen habe. Womit die reale, die ermordete Rosemarie und jene des Films und des Buches ihre Kunden erpressen konnte, ist zwar der Schlamm von gestern, aber daraus ist in vierzig Jahren die Sumpflandschaft geworden, in der Unternehmer und Ban-

ker ihre Zentralen errichtet haben. Für sie sind Milliardenunterschlagungen und -verluste zu «peanuts» geworden. Man wird sich erinnern, daß selbst ein Herzstück unserer demokratischen Institutionen, nämlich der Bundestag, faule Tricks anwendete, um noch etwas tiefer in die Taschen der Bürger greifen zu können. Mit Busch ließe sich zitieren, was er allerdings nur auf Zahnschmerzen angewendet hatte: Vergessen … ist das Einmaleins, kurz, jede Form gewohnten Seins (denn einzig in der engen Höhle des Banktresores weilt die Seele).

Es gab sie zwar nie, die «gute alte Zeit», aber sogar noch bis 1933 gab es Reste der bürgerlichen Gesellschaft des 19. Jahrhunderts (die mit der Inflation 1923 ihr Fundament verloren hatte) – Reste eines im 19. Jahrhundert noch verbindlichen Kodex des Besitzbürgertums. Selbst in den fünfziger Jahren konnten Film und Buch nur deshalb Erfolge werden, weil man sich mit einem gewissen Bedauern ein letztes Mal einer Epoche erinnerte, in der die Bürger ihrer vorgetäuschten Wohlanständigkeit noch einen so hohen Wert beimaßen, daß sie zur Aufrechterhaltung dieser Fassade ihre Frauen und Kinder terrorisierten und nur in Bordellen ihre Sexualität auslebten.

Nun sind wir nach der Aufkündigung jenes Kodex an einem Punkt der moralischen wie der sozialen – im neuen deutschen Staat auch politischen – Verunsicherung angelangt, an dem ich mich, ersichtlich auch der Verlag, was diese Neuausgabe betrifft, der Erwartung hingeben kann, sie werde nicht nur amüsierte, sondern auch interessierte Leser finden. Für diese könnte das Buch zu einer Parabel werden, hilfreich auch für ein gewissermaßen naives, realistisches Begreifen des Hier und Heute, das heißt der eigenen Situation, wozu man durch die Überflutung mit Mord- und Gewaltszenen, vom Fernsehen frei Haus geliefert, deshalb nicht mehr fähig ist, weil man zwischen der im Wortsinn vorgespielten Wirklichkeit und der erlebten nicht mehr unterscheiden kann.

Das Buch hingegen spiegelt noch scheinbar harmlose gesellschaftliche Verhältnisse, von denen aus sich Verbindungslinien zu den heutigen ziehen lassen. Diese Fall-
 studie blockiert das Wahrnehmungsvermögen

nicht, im Gegenteil, sie schärft es. Mit «Rosemarie» läßt sich noch um den Berg der TV-Leichen herumgehen, durch sie kann man die Wirklichkeit noch erkennen und daß an der Giftbrühe, die uns von den «Medien» nächtelang vorgesetzt wird, zwar die Gartenzwerge auf dem Rasen vor dem Reihenhaus nicht erkranken, jedoch seine Bewohner, obwohl sie fern von Kriegen und Zerstörung die Umweltvernichtung nicht ernst nehmen – kurz, warum eine Mehrheit unseres Volkes eigentlich ein ganz normales Leben führt und doch das Gefühl hat, bedroht zu sein.

So blüht das Geschäft der «Geistheiler» und zahlloser Sekten, blüht mit Scheingeschäften und uneinklagbaren Versprechungen, bei denen der «Käufer» immer der Betrogene ist, der sich selbst betrügt. Diese tiefe Verunsicherung ist nicht die Summe individueller Charakterschwächen, sondern ein historisch festzumachendes Phänomen, ist die Konsequenz der Niederlagen in zwei verursachten Weltkriegen und der Zerstörung des ökonomischen Fundamentes, das in rund 150 Jahren geschaffen worden war. Die gängige Meinung, der mit dem «Wirtschaftswunder» entstandene neue Reichtum sei gleichwertiger, politisch und psychisch tragender Ersatz, ist nichts anderes als eine leicht durchschaubare – aber von wem durchschaute? – Selbsttäuschung, mit der die Vergangenheit planiert wird.

Von hier aus schlage ich einen vielleicht zu kühnen Bogen zu diesem wiederauferstandenen Buch: Ich glaube, in der «Rosemarie»-Nußschale ein Modell im Maßstab 1:10, wenn nicht 1:100, unserer erlebten, mitverursachten Welt sehen zu dürfen, die in die Perspektive eines halben Jahrhunderts gestellt werden kann.

Möglicherweise lade ich «Rosemarie» eine zu schwere Last auf ihre Schultern, wenn ich, was man die «sozialpolitischen Bedingungen ihrer Karriere zum Tod» nennen kann, als homöopathische Aufklärungsmedizin geschluckt sehen möchte. Denn ich bedenke wohl, daß vor dem Hintergrund des Zustandes der Welt, vor dem der USA insbesondere, wo auch eine Mehrheit seit dem verlorenen Vietnamkrieg, durch den sich der amerikanische Traum in einen Alptraum verwandelt hat, ihr Land nicht mehr versteht, wo 300 bis an die Zähne bewaffnete rechtsradikal-pseudochristliche Organisationen wie Pilze aus dem Boden geschossen sind, wo Oklahoma mit 168 Ermordeten möglich geworden ist ... ja, daß im Vergleich dazu «Rosemarie», als therapeutisches Rezept verstanden (verstanden?), zu den «peanuts» gehört. Aber ganz so weit wie unsere «Schutzmacht» sind wir denn doch noch nicht. Unsere Verunsicherung ist nicht infolge einer vergessenen Niederlage, sondern des geschenkten und mißbrauchten Sieges von 1990 erst so richtig ins Kraut geschossen. Die zu Morden ausufernde Fremdenfeindlichkeit hat noch kein Oklahoma provoziert, es gibt noch keinen voll entwickelten deutschen Alptraum (bei unseren europäischen Nachbarn gleicht er bislang vorbeiziehenden Gewitterwolken), und so kann «Rosemarie» vielleicht noch immer sein, was sie vor gut 40 Jahren unzweifelhaft gewesen ist: Verkörperung eines gesellschaftlichen Zustandes. Käme ein entsprechender Erkenntnis-

 prozeß nicht in Gang – dann bleibt unterm

Strich der Lektüre (und auf dem Mercedes-Strich) immer noch das Lesevergnügen, ist doch die Pille mit Zuckerguß schmackhaft gemacht.

Erich Kuby
Januar 1996

IRISCHE ERZÄHLER

bei ROTBUCH

William Trevor
Felicias Reise
Roman
Gebunden mit Schutzumschlag
270 Seiten

William Trevor
Die Kinder von Dynmouth
Roman
Gebunden mit Schutzumschlag
255 Seiten

William Trevor
Mein Haus in Umbrien
Roman
Gebunden mit Schutzumschlag
208 Seiten

Patrick McCabe
Der Schlächterbursche
Roman
Gebunden mit Schutzumschlag
260 Seiten

Patrick McCabe
Von Hochzeit, Tod und Leben des Schulmeisters Raphael Bell und wie dem Affengesicht Malachy Dudgeon die Liebe abhanden kommt
Roman
Gebunden mit Schutzumschlag
292 Seiten

Patrick McCabe
Stadt an der Grenze
Roman
Gebunden mit Schutzumschlag
240 Seiten

Dermot Bolger
Journey Home
Roman
Rotbuch TB 1027
336 Seiten

Eoin McNamee
Belfaster Auferstehung
Roman
Gebunden mit Schutzumschlag
275 Seiten

Dónall Mac Amhlaigh
Das Alphabetagam
Getreuliche Lebensbeschreibung des Dichters Schnitzer O'Shea
Rotbuch TB 1042
234 Seiten